JN059530

CFOポリシー

財務・非財務戦略による価値創造 〈第 **3** 版〉

柳 良平〔著〕

The Y Model text in background image

中央経済社

は じ め に

2018年3月，早稲田大学に IMA（米国公認管理会計士協会）の CEO である Jeffrey Thomson 氏の姿があった。IMA 日本支部のイベントの基調講演で彼は CFO の役割を強調した。

「CFO は Value Steward（企業価値の番人）であれ，

　そして Value Creator（企業価値を創造する者）であれ」

まさに財務の専門家としての CFO の企業価値に対する受託者責任を表しているだろう。

本書では，筆者の早稲田大学会計研究科の客員教授としての理論と，過去の CFO や金融機関の実務経験に依拠した知見を融合して，新時代の CFO の「財務戦略」と「非財務戦略」にフォーカスして論述する。今回の改訂では，投資家アンケートの更新や ESG（環境・社会・統治）[1] の定量化を大幅に加筆しての第3版となるが，本書は一般のファイナンスの教科書や CFO 論とは一線を画する（執筆時現在はシニアアドバイザー）。

なお，筆者は2022年6月のエーザイ株式会社の株主総会で専務執行役 CFO を退任しているので，本書のエーザイに関する記述は主に CFO 在任当時の実践である。

はじめに本書で紹介するリサーチデザインは，「グローバル投資家サーベイ」である。上場企業の CFO は，その受託者責任に鑑み，まずは企業価値評価の実態を知るべく，スタートラインとして，資本市場のパーセプション，つまり世界の投資家の声を理解するべきだろう。筆者は早稲田大学の非常勤教員という独立した立場で，研究のために2007年から2022年まで15年間にわたり，毎年100

1　本書では「ESG（環境・社会・統治）」，「CSR（企業の社会的責任）」，「SDGs（国連の定める持続可能な開発目標）」，「非財務資本」，「インタンジブルズ（無形資産）」，「自己創設のれん」などを厳格に定義して区別することはしない。国際統合報告評議会（IIRC）は，「知的資本」，「人的資本」，「製造資本」，「社会・関係資本」，「自然資本」の5つの非財務資本と「財務資本」の6つの資本を定義している（IIRC（2013））。

名前後の世界の投資家の意見を収集した。そのバックグラウンドとして，筆者
は累計では述べ3,000件以上，海外投資家と意見交換を行った実績があり，その
人脈から世界の投資家に直接コンタクトができ，本音の意見が入手できる立場
にあった。

　第3版になる本書の前段の第1章，第2章では，2022年まで更新した世界の
投資家サーベイを分析して紹介している。

　その意味では，本書の「共著者」は数百名の世界の機関投資家の皆様である。
たとえば，いちごアセットマネジメントのCEOであるスコット・キャロン氏
は，第1回から15年間，熱心に筆者のサーベイに参加し，他の投資家への呼び
かけや紹介なども含めて多大な貢献をしてくれている。あるいは，本書のテー
マとも言える「非財務資本とエクイティ・スプレッドの同期化モデル（柳モデ
ル）」[2]と同じ趣旨で，現代版「論語と算盤」を唱えるコモンズ投信の会長である
渋澤健氏（渋澤栄一翁の末裔）も長年の盟友として投資家アンケートの協力者で
ある。

　2008年のACGA（アジア諸国のガバナンス改善を促進する投資家団体）の日本に
関する白書（ACGA（2008））が「日本企業は貯金箱（saving box）モデルだ」と
揶揄してから約15年が経過したが，第3章では「日本企業の保有現金100円の価
値評価は50円」という衝撃的な事実が定性的・定量的証拠と共に明かされる。
この背景には，一部の企業における資本コストの意識の欠如に代表されるよう
なCFOの財務リテラシーの不足もあるのではないだろうか。

　その解決策の一助とすべく，第4章では筆者がCFOポリシーとして策定し
た「財務戦略マップ」を提唱している。さらに，その戦略マップの3本柱であ
る「ROE経営」，「投資採択基準」，「配当政策」について，第5章，第6章，第
7章で詳説している。世界の投資家の視座も織り込み，ファイナンス理論を応
用したロジックに加えて，「エクイティ・スプレッド」，「200種類のハードルレー
ト」など，実際のエーザイCFO（当時）の実務において，企画・立案・実行し

2　このモデルは，G7 Impact Taskforce の英国政府あて答申書（G7 Impact Taskforce
（2021）），ハーバード・ビジネス・スクール（HBS）のインパクト加重会計イニシアティブ（IWAI）
の論文（Panella and Zochowski（2021）），2022年に話題となったサステナビリティ専門家の
著書 "The Impact Challenge"（Falsarone（2022）），"The Case for Impact"（Haut（2022））
等の海外の著書や論文，報告書でも「柳モデル」として引用され，世界のESG投資家の一定層
から「柳モデル（The Yanagi Model または The-Y-Model）」と呼ばれていることから本書
では「柳モデル」とする。

て世界の投資家に説明して評価を得た実践も可能な限り紹介したつもりである。

　一方，いまや企業価値の過半は無形資産に依拠するとも言われ，「見えない価値を見える化」することが重要になっている。本書第3版でも大幅にESGの定量化へフォーカスをシフトしている。ESGブームの中，経営者も非財務情報のアピールには熱心であるが，日本企業のPBR（株価純資産倍率）は1倍程度で推移しており，これは日本企業の潜在的な非財務の価値が十分に顕在化されていないということなのだ（PBR仮説）。世界第3位の経済大国にとって「不都合な真実」ではないだろうか。ここから，本書のテーマとしてESGと企業価値を繋ぐ「柳モデル」を提唱して第8章で紹介している。

　本書の第9章では筆者の「柳モデル」を裏付けるために自身の関与した実証研究をエビデンスとして詳説した。ハーバード・ビジネス・スクール（HBS）のGeorge Serafeim教授によれば，世界初の一企業のESGと企業価値に係る重回帰分析[3]の詳細開示である。そして，「柳モデル」は採択企業も数十社へ増加中であり，今回，第3版第9章で補記している。エーザイのみならず日本企業全体にも同モデルは適用可能という示唆が得られている。

　もちろん「ESGジャーニー」と呼ばれるように我々は完璧な解のない旅の途中，試行錯誤の段階であり，「柳モデル」も魔法の杖ではなくて，「モデル，実証，開示，対話」のトータルパッケージで相関と因果を繋いでエンゲージメントに生かしていくべきものである。

　今回の第3版で新たに追加した第10章では，筆者とHBSのインパクト加重会計（IWAI）関係者の共同研究で，エーザイの「雇用インパクト会計」，「製品インパクト会計」を掲載してる。いずれも日本初の試みである。

　筆者は日本企業のESGをはじめとする非財務資本の潜在価値の高さを確信しており，それを「柳モデル」の訴求を経由して解き放ちたいと考えている。「日本企業の実力はこんなものじゃない。もっと資本市場から，世界の投資家から評価してもらいたい。それによって日本企業の長期的な企業価値は倍増できる」という思いがある。企業価値評価という点では，ESGと相関するはずの

3　もちろん，サンプル数不足など統計学的には課題もある。また統計的に有意差がつかなかった項目や結果が想定とは異なるKPIも多々観察された。さらにこれは相関であって因果の証明ではない。したがって，実務の中で具体的な自社の事例，開示，説明を重ねる努力を継続する必要がある。それでもHBSのGeorge Serafeim教授は「これは世界初となる，一企業のESGと企業価値の相関を示唆する画期的な回帰分析であり，実務との融合で相関が因果になる」と評価している。

PBR のトレンドが，大雑把にいえば，過去10年，概ね日本１倍，英国２倍，米国３倍程度になっている。日本企業が潜在的な ESG の価値を顕在化すれば，少なくとも英国並みの PBR２倍の国になれるのではないだろうか。ESG が救世主になり「日本企業の価値は倍増できる」，「令和の時代に日経平均は４万円になる」と筆者は信じたい。そして，その鍵を握るのは高度な財務・非財務戦略を具備した CFO なのである。

　こうした志をもって，筆者は20年来のメンターである早稲田大学会計研究科長の清水孝教授と共に2022年に「早稲田大学会計 ESG 講座」をコーディネーターとして立ち上げている。清水先生は当講座において「柳モデル」や ESG をご自身のご専門の「バランスト・スコアカード」に結び付けて昇華している。

　今回，投資家アンケート更新と ESG の定量化を大幅に加筆した集大成の書籍となっているが，多くの素晴らしい方々のご支援・ご協力を得てきた。

　筆者の描くモデルの実証研究に協力してくれた論文共著者の野村アセットの上崎勲氏，ニッセイアセットの吉野貴晶氏，SMBC 日興証券の伊藤桂一氏，アビームコンサルティングの杉森州平氏らには改めて感謝申し上げる。また，「柳モデルと Digital ESG」の普及ではアビームコンサルティングの今野愛美氏の貢献が極めて大きい。

　また，テレビ東京「モーニングサテライト」の「ESG 大解剖」のコーナーでは，筆者も2022年10月より準レギュラーで生出演させていただき，番組でも「柳モデル」をプロモートしていただいた。担当キャスターの塩田真弓氏にも感謝したい。

　その「柳モデル」の支援を表明している BlackRock の Eric Rice 氏，Pine-bridge の Alessia Falsarone 氏，Wellington の Jean Hynes 氏，M&G の Carl Vine 氏，野村 AM の荻原亘氏，日興 AM の中野次朗氏，三菱 UFJ 信託の兵庫真一郎氏，東京海上 AM の菊池勝也氏など内外の投資家にも御礼申し上げる。

　そして「柳モデル」の支援と「インパクト加重会計」の共同研究では HBS の George Serafeim 氏に加えて，筆者の「エーザイの顧みられない熱帯病治療薬の無償提供の製品インパクト」の論文共著者である David Freiberg 氏にも大変お世話になった。

　さらに，国際統合報告評議会（IIRC）[4] の CEO を2019年に退任した Richard Howitt 氏には，筆者の「柳モデル（IIRC–PBR モデル）」に関して，IIRC の５つ

の非財務資本と企業価値を同期化する概念を長年支援していただき，筆者の英文論文（Yanagi（2018a））の IIRC のウエブサイトへの掲載，IIRC の国際会議での登壇，英文図書（Yanagi（2018b））への推薦文掲載やロンドンでのプロモーションでもご協力いただいた。

　なお，本書の読者は，日本企業の現在あるいは未来の CFO をはじめ，経営者，経営企画，経理財務，サステナビリティや IR 部門で働くコーポレートスタッフなどの企業人，投資家，アナリスト諸氏，コーポレートガバナンスを担う立場にある取締役・監査役，あるいは研究者，学生等を幅広く念頭に置いている。さまざまな分野の読者の皆様に本書に対する高い識見からのご示唆をいただければ，著者としては望外の喜びである。

　末筆ながら，企画段階から今回の第3版出版まであたたかく導いてくれた中央経済社の小坂井和重氏に厚く御礼申し上げたい。なお，最終的な文責は全て著者にあり，読者諸氏の叱咤激励をお待ちする。

2023年　春

博士（経済学）　柳　　良　平

（なお，本書はあくまで，筆者の独立した私見であり，筆者が過去および現在所属する組織の見解ではないこと，また本書で取り上げるケースについては，筆者はあくまで独立した中立の立場であり，言及した企業の評価や発行する有価証券の売買の推奨などには一切関係がないことはご銘記いただきたい。）

4　国際統合報告評議会（IIRC）とサステナビリティ会計基準審議会（SASB）は，合併を完了し Value Reporting Foundation（VRF）を設立したことを，2021年6月9日に正式に発表した。さらに2022年には VRF は IFRS 財団の国際サステナビリティ基準審議会（ISSB）へ発展している。

【参考：柳モデルのイメージ（一部）】

・ESG と企業価値の関係を数値化 →「見えない価値」を可視化
・ESG と PBR（株価純資産倍率）の関係を証明

　柳モデルは ESG と企業価値の関係を数値化して，「見えない価値」を可視化するモデルである。純資産（会計上の簿価）は，財務諸表記載の財務資本＝「見える価値」であり，PBR（株価純資産倍率）1 倍の部分に相当する。一方，PBR 1 倍超の部分は，純資産を越える市場が認めた市場付加価値＝財務諸表に掲載されない「見えない価値」であり，非財務資本である。非財務資本は，知的資本，製造資本，人的資本，社会・関係資本，自然資本がこれに該当し，ESG の価値とも言いかえることができる（PBR 仮説）。経営者の使命は単なる会計上の簿価だけではなくて，それを越える付加価値を創造すること，PBR 1 倍超を確保することになる。そのため，見えない価値の可視化は必須である（柳モデルでは ESG と企業価値の関連性を証明するための重回帰分析を行う）。

　　※ただし，PBR 仮説によって「見える化」される「見えない価値」は，「潜在的な ESG の価値」や「経営者の思い」の一定部分，つまり，あくまで市場が評価した部分に限られる。だからこそ，ESG の定量化とその説明責任には大きな意味がある。

目　　次

| 第2章 | 近年の世界の投資家の声
：2018年コメントと2022年速報 |

215

第10章　インパクト加重会計（IWA）による定量化

日本企業の価値創造に係る資本市場の視座の変遷
：グローバル投資家サーベイ時系列分析（2007-2022）

第1章

　上場企業の CFO は，その受託者責任に鑑み，まずは企業価値評価の実態を知るべく，スタートラインとして，資本市場のパーセプション，つまり世界の投資家の声を理解するべきである。

　筆者は2007年から毎年,世界の投資家サーベイを継続的に実施しており,2022年のアンケートで最終調査になる。第1章では，当初の2007年から最終2022年のグローバル投資家サーベイ[1]までの15年分のアンケート調査から，共通する9つの質問に対する世界の投資家の回答を可能な限り，あるいは便宜上抜粋して，「日本企業の価値創造に係る資本市場の視座の変遷」として報告する[2]。

　この15年間，株主アクティビティストの台頭，アベノミクスのガバナンス改革（スチュワードシップ・コード，コーポレートガバナンス・コード，伊藤レポート），株主資本主義からステークホルダー資本主義への変遷など，上場企業を取り巻く環境は激変する一方，世界の投資家の視座も変化をたどってきた。かかる背景から，ESG 投資の隆盛も相まって，ステークホルダー主義の時代における，日本企業の経営者の新しいアカウンタビリティのメカニズムはどうあるべきだろうか。本章では，15年間の定点観測で得られた資本市場のパーセプションを把握して，その示唆を考察する。

　グローバル投資家サーベイの9つの質問と回答の集計結果を2007年から2022

1　2022年サーベイの調査期間は2022年2月9日－4月14日である。回答者は日系投資家52名，外資系投資家45名，合計97名（無効回答を除く）で，回答者の所属機関の日本株投資総額は約100兆円（2022年3月現在の数値で推計）。投資家の秘匿性は高く，当該サーベイには希少性がある。因みに，前年2021調査の回答者は日系70名，外資系70名，合計140名であった。このように COVID-19の影響が長期化して，対面での投資家面談回数が激減したため，（オンライン面談では限界があり），投資家の回答の入手が困難になってきた。

2　本稿で紹介する投資家数は，2007年192名，2012年115名，2014年110名，2015年122名，2016年183名，2017年139名，2018年141名，2019年181名，2020年144名，2021年140名，2022年97名。

年までの調査において，同一基準でデータが入手可能な限り時系列分析で以下に紹介する。

1　一般に日本企業のコーポレートガバナンスに満足しているか

図表1　Global Investor Survey 2007-2022

設問1．一般に日本企業のコーポレートガバナンスに満足していますか？
　　　A．株主価値を大いに意識しており大変満足している
　　　B．株主価値を多少意識しており一般的に満足している
　　　C．株主価値を意識せず不満である
　　　D．株主価値を無視しており大いに不満である
　　　E．コーポレートガバナンス自体が重要でない

　2007年時点では日本企業のガバナンスに満足している投資家は僅かに2％，そして，大変不満に思っている投資家が27％も存在していた。当時はこうした投資家の不満も反映してアクティビティストの攻勢も見られた。しかしながら，近年のガバナンス改革の進展，社外取締役の増加等を受けて，直近では約3割がガバナンスに満足しており，大変不満に感じている投資家は約1割前後にま

で減弱した。しかしながら，依然として過半数の投資家がガバナンスに不満を抱いている。昨今の ESG ブームの中にあって，やはり「G」が基盤であることを忘れてはならない。

2　一般に日本企業の ROE に満足しているか

図表 2　Global Investor Survey 2007-2022

設問 2．一般に日本企業の長期的（例：10年平均）ROE・ROIC に満足していますか？
　　A．資本コストを大幅に上回っており，大いに満足している
　　B．資本コストを多少は上回っており満足している
　　C．資本コスト以下のレベルであり不満である
　　D．資本コストを大幅に下回っており大いに不満である
　　E．ROE・ROIC 自体が重要でない

　2007年時点で日本企業の ROE に満足している投資家は 2 ％に過ぎず，大変不満に思っている投資家が約 3 割存在した。その後2014年に「伊藤レポートのROE 8 ％ガイドライン」が発表され，ROE の向上とともに満足度は2017年，

2018年をピークに一時向上したが，その後弱含んでいる。近年は不満を持つ投資家が徐々に増加傾向にある。一時急速に改善した日本企業のROEの持続性や経営者の財務リテラシーに不安もあることから評価は停滞していると思料され，一段の改革が必要である。

3　一般に日本株にはどれくらいの株主資本コストを想定するか（個社別には異なるが，ベータ1の前提で日本株平均として）

図表3　Global Investor Survey 2007-2022

（回答の平均値を表示）

設問3．一般論で，長期的視野（例：10年平均）で，日本株にはどれくらいの株主資本コスト（個社別には異なるがベータ1の前提で平均として）を想定しますか？　資本コスト＝投資家の要求利益率から，最低ROEの要求水準と読み替えても結構です。
　　　A．10％以上　　　　E．6％
　　　B．9％　　　　　　F．5％
　　　C．8％　　　　　　G．4％
　　　D．7％　　　　　　H．3％以下

　日本企業の株主資本コストあるいは最低ROE要求水準についてのコンセンサス（平均値）は，伊藤レポートの「8％ガイドライン」を裏付ける形で，近年おおよそ8％である。このように長期的に多数の投資家のコンセンサスが8％であることは，「資本コスト＝投資家の期待収益率」の観点から重要な定性的エビデンスである。これはいくつかの実証研究の定量的な結果とも合致しており示唆に富む。

4　エクイティ・スプレッド（＝ROE－株主資本コスト）が価値創造の代理変数として「伊藤レポート（2014年8月）」でも紹介されているが，資本コストを上回るROEの啓発のためにこのエクイティ・スプレッドをアニュアルレポートや東証の決算短信で自主的に開示・議論するという提案を支持するか

図表4　Global Investor Survey 2007-2022

設問4．エクイティ・スプレッド（＝ROE－株主資本コスト）が価値創造の代理
　　　変数として管理会計上のKPIの1つにありますが，「資本コストを上回る
　　　ROEの啓発のために」このエクイティ・スプレッドを統合報告書や決算
　　　短信で自主的に開示・議論するという提案を支持しますか？
　　　A．強く支持する　　　　D．中立である
　　　B．一応支持する　　　　E．関心がない/重要とは思わない
　　　C．支持しない

　エクイティ・スプレッドは，残余利益モデルから導き出される管理会計の指標であるが，財務的価値だけでなく ESG（非財務資本）とも関連性のある企業価値の代理変数である。このエクイティ・スプレッドを利用した開示や対話の提言は特に海外投資家が近年強く支持している（2022年調査では海外投資家の55％が強く支持）。やはり投資家は資本コストを上回るリターンによる長期的な価値創造を求めている。

5　一般論で日本企業の保有する現金・有価証券の水準をどう思うか

図表5　Global Investor Survey 2007-2022

設問5．一般論で日本企業の保有する現金・有価証券の水準をどう思いますか？
　　A．過剰に現金・有価証券を保有している（多くの場合，過剰資本）
　　B．必要以上に現金・有価証券を保有している（やや過剰資本）
　　C．必要な，あるいは適切な範囲内の現金・有価証券を保有している（最
　　　　適資本構成）
　　D．やや過小な水準の現金・有価証券しか保有していない（やや過小資本
　　　　に陥っている）
　　E．過小な水準の現金・有価証券しか保有していない（過小資本）

　2021年12月末現在でも上場企業（金融を除く）のバランスシートに約236兆円もの現金・有価証券（広義の現金と定義）が積み上がっている。また上場企業の241社（6.5%）においてネットキャッシュが時価総額を上回る。2022年調査では49%の海外投資家が過剰資本を指摘している。全体としては COVID-19への配慮もあり，この数年で投資家の見方は若干緩和されたものの，キャッシュリッチな日本企業には説明責任があるだろう。

6　バリュエーション（PBR）から勘案して帳尻を合わせると，現在の日本企業の保有する現金，有価証券100円をいくらぐらいで価値評価すると適切か

図表6　Global Investor Survey 2007-2022

（回答の平均値を表示）

　設問6．VALUATION から勘案して帳尻を合わせると，現在の日本企業の保有する現金，有価証券100円をアバウトに，いくらぐらいで価値評価すると適切だと思いますか？

　　A．現金，有価証券の金額が時価総額よりも大きい企業も多く，ガバナンスディスカウントや価値破壊投資のリスクが著しいので，ゼロに近い評価：（100円≒0円）

B．日本企業の相当が PBR 1 倍割れであり，ガバナンスディスカウントや価値破壊投資のリスクを勘案して一定のディスカウント（50％以上）：（100円≒25円）

C．日本企業の相当が PBR 1 倍割れであり，ガバナンスディスカウントや価値破壊投資のリスクを勘案して一定のディスカウント（50％前後）：（100円≒50円）

D．日本企業の相当が PBR 1 倍割れであり，ガバナンスディスカウントや価値破壊投資のリスクを勘案して一定のディスカウント（50％以下）：（100円≒75円）

E．監査法人が担保する有価証券報告書の貸借対照表の現金，有価証券の価値は絶対的なので，等価で見る：（100円＝100円）

F．現金，有価証券は正の NPV を生む価値創造投資に使われる（あるいは自社株買い増配になる）ので，プレミアム評価：（100円≒125円～）

　日本企業の保有する現金の価値に関するガバナンスディスカウントという点では，柳・上崎 (2017) の実証で，ガバナンス評価が平均的な企業の保有する100円の限界的価値は約50円になるという結果が得られている。さらに，毎年の投資家サーベイという定性面もその定量的証拠と合致している。2022年の調査では，外国人投資家は日本企業の保有する現金100円を平均では約52円で評価している。

7　一般に日本企業の配当政策で一番大事なことは何か

図表7　Global Investor Survey 2007-2022

設問7．一般に日本企業の配当政策で一番大事なことは何ですか？
　　A．安定配当（配当絶対額の維持）
　　B．安定配当性向（業績連動配当）
　　C．最適資本構成（BS マネジメント）からの最適配当政策
　　D．エージェンシーコストの低減（コーポレートガバナンス）
　　E．配当政策自体が重要でない，配当無関連命題

　世界の投資家は日本企業の配当政策に関して，「バランスシート・マネジメント」，「最適資本構成を踏まえた最適な配当政策」を求めている。一方，日本企業は安定配当や「平均配当性向30％」に固執している傾向があり，企業と投資家の株主還元に係る考え方にはギャップがある。2007年時点ではガバナンス問題から，エージェンシーコストを指摘する声も多かったが，近年は最適資本構成を求める声が圧倒的である。

8 日本企業の ESG（非財務資本）および統合報告によるその開示についてはどう考えるか

図表 8 Global Investor Survey 2007-2022

無条件で ESG に注力して
積極開示すべき
- 4%
- 2%
- 4%
- 3%
- 5%
- 8%
- 5%

ROE より優先して ESG
を開示説明してほしい
- 1%
- 2%
- 3%
- 4%
- 3%
- 2%
- 1%

ROE と ESG を両立して
価値連関性を示してほしい
- 48%
- 73%
- 73%
- 75%
- 74%
- 77%
- 86%

まずは ROE を優先して
記述すべき
- 24%
- 19%
- 18%
- 16%
- 17%
- 10%
- 6%

どちらでもよい/重要とは
思わない/その他
- 23%
- 4%
- 2%
- 2%
- 1%
- 3%
- 2%

■ 2016　■ 2017　■ 2018　■ 2019
(n=183)　(n=139)　(n=141)　(n=181)

■ 2020　■ 2021　■ 2022
(n=144)　(n=140)　(n=97)

設問 8．日本企業の ESG（非財務資本）および統合報告によるその開示についてはどうお考えですか？
A．無条件で ESG に注力して積極開示すべきである
B．財務情報より優先して ESG を開示して説明してほしい（非財務＞財務）
C．財務情報と ESG を両立して価値関連性を示してほしい（非財務＆財務）
D．日本は周回遅れなのでまずは財務情報を優先して記述すべき（非財務＜財務）
E．ESG や非財務情報の開示は不要または関心がない

　回答者の圧倒的多数が「ESG と企業価値（財務情報）の関連性を示してほしい」と引き続き要請している。2022年の調査では，86％の投資家が ESG と企業価値の証明を要請している。一方，投資家の「日本企業は周回遅れなので ESG よりも ROE をまず優先すべき」「ESG は重要でない」という意見は，2016年には25％近くあったが，近年は急減している。日本企業には ESG の定量化が求められているが，本書では「柳モデル」による重回帰分析やインパクト加重会計（IWA）事例を紹介していく[3]。

9　日本企業のESG（非財務資本）の価値とバリュエーション（PBR）の長期的関係についてはどう考えるか

図表9　Global Investor Survey 2007-2022

設問9．日本企業の ESG（非財務資本）の価値とバリュエーション（PBR）の長期的関係についてはどうお考えですか？
　　　A．ESG の価値は，資本コスト低減や将来業績の増分・安定化などを通じ

3　「エーザイ価値創造レポート2021」ではエーザイの事例を開示している。「柳モデル」に依拠したエーザイの回帰分析（協力：アビームコンサルティング）では人件費，女性管理職比率，研究開発費などが5-10年程度遅延して PBR を高める正の相関が示唆された。また IWA の日本第一号のハーバード・ビジネススクールとの共同研究でもある「エーザイの従業員インパクト会計」は英国政府あての G7 Impact Taskforce 2021の答申書でも紹介されている。

> て，本来ならすべて PBR（1倍以上の部分）に織り込まれるべきだと考える
>
> B．ESG の価値の相当部分は，資本コスト低減や将来業績の増分・安定化などを通じて，本来は PBR（1倍以上の部分）に織り込まれるべきだと考える
>
> C．ESG の価値を多少は PBR に織り込むべきだと考える
>
> D．ESG の価値は別物なので，資本コスト低減や将来業績の増分・安定化なども関係はなく，PBR や株価に織り込まれるべきではないと考える
>
> E．ESG の価値評価には関心がない・重要とは思わない

ESG と PBR に関連がないと考える投資家は1割程度に過ぎない。世界の約7割の投資家が「本来すべて」,「相当部分は」ESG の価値を長期的に PBR に織り込むべきと考えていることは，本書の主張する「PBR 仮説」,「柳モデル」と整合する。このことは潜在的な ESG の価値の高い日本企業にとっては大きな意味がある。すなわち，ESG の定量化により日本企業の長期的な価値評価は向上すると期待される。

近年の世界の投資家の声
：2018年コメントと2022年速報

第2章

　本章では本書の主張を裏付ける定性的証拠として，最新の資本市場参加者の声を具体的に紹介したい。筆者はUBS証券勤務時代の2007年より毎年世界の投資家サーベイを行っているが，2018年調査[1]の定性的コメント（2018年の集計結果は第1章を参照）と2022年調査の集計速報については，第1章のフォローアップとして報告して，次世代CFOの財務戦略・非財務戦略の議論の基盤としたい。

　それでは，投資家サーベイの質問と回答結果，および匿名を条件に寄せられた投資家のコメントを以下に紹介する。

第1節　世界の投資家サーベイ2018のコメント

1　日本企業のコーポレートガバナンスに対する満足度

　初めに世界の投資家の日本企業のコーポレートガバナンスに対する満足度を尋ねた。

　匿名を条件とした投資家の具体的なコメント（外国人投資家の英語によるコメントは筆者の責任で日本語に翻訳している）も示唆に富む。

1　2018年グローバル投資家サーベイの調査期間は，2018年3月22日－5月29日である。回答者は国内投資家66名，外国人投資家75名，合計141名で，回答者の所属機関の日本株投資総額は約100兆円（2018年3月現在の数値で推計）にも上る。回答者の属性は世界の大手機関投資家（年金，運用会社）に所属して，管理職以上の権限のある役員，CIO，ファンドマネジャー，アナリスト等で，筆者の面識のある人物である。なお，集計数値は第1章に記載してある。

　なお，外資系国内拠点は外国人投資家に分類した。投資家の戦略の秘匿性は高く，こうしたグローバルサーベイには希少性がある。また英文図書でもYanagi（2018b）が2017年の投資家サーベイ調査までを英語で世界に向けて発信している。近年の投資家の意見，傾向に著変なく，本章のサーベイ結果は一定の頑強性を有すると言えよう。

《コメント》

「満足している」（外資）

- 過去5年の大改革を鑑みれば，満足と言えるだろう。現在は，旧態のごとく株主が軽視されることなく，大半の企業が配当や自社株買いという形で株主リターンをプライオリティ（最優先事項）に据えている。

- 総論としては，3年前あるいは5年前に比べ，伊藤レポートならびに関係者の皆様の尽力により，株主価値を意識せざるを得ない状況となり，ROE改善努力の開示，同目標の設定と進捗状況の説明，コーポレートガバナンスとESG（環境，社会，統治）に関する取り組みに対しても前向きな企業が増えたという印象である。

- 公的年金によるフィデューシャリー・デューティーと投資側のスチュワードシップに対する意識の高まりにより，投資先に対する議決権行使を細かく吟味する土壌が生まれつつあることも，企業のガバナンス改善につながっているものと思われる。

「不満である」（日系）

- 株主価値を全く考えず，マルチステークホルダーの利益などの詭弁を用いる経営者がいる。決められたことを守っていれば良いという発想から抜け出せない。

「不満である」（外資）

- 日本企業全体としては持続的な企業価値創造よりも法人格の存続に重きが置かれており，したがって事業ポートフォリオ管理をはじめとした資源配分において特にガバナンスが効いていない（＝株主の望む資源配分が達成されていない）と考えている。

- ガバナンスの改善がマージン（利益率）に見られる一方で，本来あるべき体制の実現はまだ道半ばとも言い難い状況である。例えば，取締役の半数以上が社外取締役で占められるような構成となることや，真の指名・報酬委員会が実現されることを願う。

- 「進展」は見られるが，いまだ随所に改善の余地がある。多くの企業が旧態依然とした形式主義で，取締役はファイナンスの理解不足の傾向にある。

経営戦略や企業価値創造への貢献力に乏しい学者や法律家が「社外取締役」
として採用されるケースが多すぎる。

「大いに不満である」（外資）

- 過剰資本のバランスシートマネジメントや（利益を追求しない）経営層への
  インセンティブの欠如，社外取締役が少ない取締役会が問題だ。また，資
  本コストの基本的理解が欠如しており，多くの経営者は資本コストが 6 ％
  かそれ以下で良いと思っている。
- いまだに多くの日本企業が終身雇用を使命だと考えているが，これは株主
  にとって好ましくないのみならず，人材活用という観点から社会全体とし
  ても好ましくないと考える。

2 日本企業の ROE に対する満足度

次に日本企業の ROE について投資家意見を尋ねている。

《コメント》

「満足している」（日系）

- 平均の ROE が 8 ％を超えてきている点を評価する。ただし堅調な内外経
  済の追い風を受けた一過性の可能性もあるため，一定水準を今後も継続的
  に達成し得るかという点では未知数の部分が残る。
- 上場企業として ROE 8 ％程度を概ねクリアしていれば，上場企業として求
  められる資本コストの一般的な水準はクリアしていると思われる。
- ROE を KPI に設定している企業は多い。そのような企業はエクイティ・ス
  プレッドへの意識も高いため，資本コストを上回る ROE を維持できてい
  るように見える。一方で，株主を意識した経営をせず 1 桁台前半の ROE に
  とどまり，なかなか改善の意識が芽生えない企業も散見される。

「満足している」（外資）

- 日本の ROE は 8 〜 9 ％，もしくは辛うじて株主資本コスト（CoE）を上回
  る程度だと見ている。ROE が 4 〜 5 ％だった日本が数年で，著しい発展を
  遂げていることは認識しており，実際のパフォーマンス改善を期待してい
  るが，円安続きのため，この ROE 改善拡大の動きが一過性のものとなるの

ではと懸念している。ブルームバーグによれば，ROEは現在9.2%から8.3%に落ちている。

- 平均ROE水準は7%〜8%レベルにまで向上している。米国企業の13%〜15%，欧州企業の11%〜13%前後に比べるとまだ低いものの，ROEを引き上げるためには売上高利益率改善が欠かせないことに全く異論が聞かれなくなったことは，大きな進歩だと思う。更に一歩踏み込んで，資産効率を真剣に考えるところも出てきていると感じている。

- 自らの企業をキャッシュ・フロー（CF）から語れる企業は極めて少ない。必要なワーキング・キャピタル，キャッシュ・コンバージョン・サイクル（CCC）という概念がまだ乏しく，通年でROEをどの程度にするかが緒に就いたレベルかと感じている。これは，表面的なROE向上ブームに終わるリスクにもつながると考えている。

- ROE向上ブームのリスクとして，財務と資本市場との対話力を持った経験豊富なCFOが不足していることと，経営陣のCFOの存在に対する意識がまだ低いのではないかとやや危惧している。年度ベースでのROE目標とその達成に目を奪われ，各事業に必要なワーキング・キャピタルの水準から実際に現金化されるまでのプロセスとフローを管理できなければ，結局，「景気が回復，円安になっているからROEが改善している」ことになり，今後起こり得る事業環境の変化でROEの変動が大きくなるリスクは，投資家が背負うことになる。

「不満である」（外資）
- 直近では10%を超えてきたが，長期平均ではまだ不十分。ボラティリティやシクリカリティを考えると今の景況感では15%程度は必要。

「大いに不満である」（外資）
- 一般的に，ここ数年の改善を踏まえても，日本企業はまだROE改善の余地があるのではないか。問題なのは，日本企業がリターンを高める潜在能力を持ちながら，前時代的な保守主義体制がそれを阻んでいることだ。バランスシート上の過剰現金保有のような説明不足の保守主義は許されない。保守主義を貫くのであれば，戦略に基づく企業活動の根拠を説明する必要があると考える。

3　日本企業の保有する現金・有価証券の水準の妥当性

　次に，日本企業のバランスシートの現金や有価証券のレベルについての投資家の認識を尋ねた。

《コメント》

「過剰資本」（日系）

- ゼロ金利で過剰な現金保有は，価値を生む「資本」ではなく，万が一のための「保険」と考えている思想が一般的である。銀行は融資に困っているはずなので，万が一のための資金繰りのコミットメントラインは好条件で結べるはずだ。

「過剰資本」（外資）

- キャッシュ余剰でフリーキャッシュフロー（FCF）過剰企業が多い。資本コストに対して理解がなく，キャッシュが積み上がってしまっているケースが見受けられる。
- エクイティ（内部留保）見合いの現金を持ち過ぎている点は，社会のリスクマネーを無駄遣いしていると考えている。
- 投資家は資本市場で日本企業への不信感をあらわにしている。日本企業は，必要に応じて資本調達を行う一方で，万が一に備えて現金保有も行っているが，過剰資本は深刻な問題である。この過剰な現金保有は，貨幣流通による経済循環の妨げであり，また有事に対応すべき財源レベルをはるかに超えている企業経営目的にそぐわない現金保有だ。これは，妥当な根拠を欠く大きな「ネットネガティブ」と言わざるを得ない。
- 配当や自社株買いはありがたいが，明確な理由なき株式持ち合いはいまだ根強く，日本はガバナンス改善に消極的だと言わざるを得ない。確かに，必ずしも全ての業界がレバレッジを活用する必要はないが，幾多の企業が「万が一」のために現金貯蓄が必要だと妄信しているのが現状だ。これは，必要な時に融資を行わない銀行や不十分な債券市場も一因のため，日本企業がグローバルな競合企業より現金保有に走りがちな姿勢に一定の理解はできる。しかしながら，その保有率は依然として過剰であり，CF が安定している産業にこの傾向が顕著である。

- 適正な自己資本比率という考え方が，まだ多くの企業にはないように感じられる。これは，プロのCFOが少ないことにも起因すると考えられる。
- 企業経営者は，過剰資本を保有することによる株主の安心感を主張することがあるが，過剰な現預金を保有することによる経営者の慢心，事業環境変動時に起こる対応の遅れ，役職員の間に起こる危機対応意識の欠如など，過剰資本がもたらす負の側面に対する意識は極めて希薄と感じている。

「やや過剰資本」（日系）

- 財務状況が改善し，ネットキャッシュの企業が比較的増えている中，現金・有価証券の多寡自体は必ずしも問題ではないのだが，要は成長資金（有価証券投資ならシナジーを生みだす資産）としてどう活用していくのかという説明責任が総じて果たされていないことに対して，過剰資本の疑いを持たざるを得ない。
- 配当性向を指標とする企業は増えたが，配当性向3割程度だと金余りになる企業もあり，自社株買いを含め機動的な株主還元ができれば良いと思う。

4　日本企業の保有する現金・有価証券の価値

　次に現在の企業価値評価（バリュエーション）の視点から，たとえば低迷するPBRなどに鑑みて，日本企業の保有する現金・有価証券100円がいくらぐらいに相当するかを尋ねてみた。PBRの1倍割れに加えて，いまだに時価総額よりも現金・有価証券のほうが大きい企業が数百社存在することへの一定のインプリケーションを探ってみた。

《コメント》

「100円≒50円」（日系）

- 相変わらず持ち合い株が多く，現金を額面では受け取れない。
- キャッシュ保有には，今後のM&Aや積極投資，景気減速への備えといった理由が考えられるが，日本企業は価値を上回る価格でのM&Aの結果，数年後に減損に追い込まれるケースが多く，好況時の積極投資も景気ピークアウト後にロスが生じるなどの例も多いため。
- 上場企業の多くがPBR1倍割れを起こしている現状は，株式市場が現経営者は現在のブックバリューを減価させる可能性が高いと見ている証左であ

り，その減価相当額が主に現金ディスカウント現象となって表れる可能性
が大きいと考えるため。
- 財務リテラシーの低い企業にとってのリアルオプション的価値は，投資家
にとってはディスカウント要因になり得る。

「100円≒50円」（外資）
- 資本市場から割引CF法（DCF）で評価されている企業によっては，保有現
金が現在価値に占める影響は僅少と想定される（ほとんど将来価値）。一方
で，ブックバリューをベースに価格形成されている場合は現金・有価証券
が一定の意味合いを持つが，企業のマネジメントに対する信頼性によって
評価は分かれ，その範囲はゼロから100の間ではないだろうか。

「100円≒75円」（日系）
- ひと昔前なら，BPS（1株当たりの純資産）と株価を見比べて割安かどうか
判断せざるを得ない程度の企業の現金同等物は半額評価の目線だったが，
多少はROEに対する意識も高まった。価値創造投資は期待できないので
ノーディスカウントにはならないが，価値破壊投資を疑うほどでもない状
況に現在はある。

「100円≒75円」（外資）
- 多くの会社において，1株当たりの簿価と時価の純資産の現在価値は異な
り，その不透明性はディスカウントに値する。そうは言っても，もし純資
産が8％の収益をあげていれば（ROE8％以上なら），PBR1倍はフェアで
ある。
- バリュエーション上，キャッシュは簿価を非事業資産価値として計算して
いるが，過去ずっとキャッシュを活用できていない，または下手な投資で
減損を発生させている会社の場合，経営力が低いことを割引率の引き上げ
要因として考慮する場合がある。これは実質的にキャッシュの価値をディ
スカウントしているのと同様だと考える。

「100円≒100円」（外資）
- 現金は現金であり，ディスカウントはできないものと考える。しかしなが

ら，現金は本来事業に全額再投資されるか，でなければ，その他の戦略投資や買収等に使用されることが好ましい。そうでなければ保有現金は株主に返還すべきだ。

5　日本株投資に係る株主資本コスト：投資家の最低要求リターン

次に，日本株に世界の投資家が投資する場合の機会費用，最低要求リターン，あるいは最低要求 ROE 水準としての株主資本コスト（CoE）について尋ねた。もちろん，個社別に株主資本コストは異なるものの，日本株平均（TOPIX）として画一的かつ長期の時間軸でのイメージを聞いてみた。

《コメント》

「10％以上」（日系）
- 中長期的には持続的に10％以上（できれば10％台半ば以上）の ROE が見込める企業になってほしいと考えている（そのような中長期シナリオが描けない企業に対する投資にはより一層慎重になる）。

「10％以上」（外資）
- 10％もしくはそれ以上が望ましい。もし現在の市場期待が ROE 8 ％であれば，CoE はもっと高くてよいはずである。
- 見立てとして，8 ％から12％程度，個別のヒヤリングおよびモデリングの際，妥当と考えられる水準はこのレベルである。

「8 ％」（日系）
- 一般に PBR 1 倍以上が許容されるには，ROE 8 ％程度は必要と考える。
- 一般的な株式のボラティリティから考えて，CoE 相当水準が 8 ％だという認識である。
- 8 ％は複利計算で，10年経てば，倍以上になるので，長期的なリターンの目安としてよいのではないか。

「8 ％」（外資）
- エクイティ・リスク・プレミアムを過去から勘案すると 7 ～ 8 ％が適正だ。
- 平均的に 8 ％程度というのは，資本がまだ小さいために ROE25％以上にも

なる高成長企業や，長期成長を担保するアーリーステージ企業の赤字会社を包含する適正な水準と考える。したがって，安定成長を期待する上場大企業については，10％以上の ROE を期待する。

- 市場平均 PER（株価収益率）からの逆算や，株価と ROE の相関性が出てくる水準などから，8％が妥当だと考える。また，伊藤レポートをきっかけに，多くの経営者，投資家の間で8％が1つの共通認識になったことも実態面に影響を与えている可能性があると思われる。

- リスクフリーレート（RFR）＝2％，マーケット・リスクプレミアム（MRP）＝6％と見ているため。

- 日本のリスクフリーレートが近年2％に一度も届かない状況下にある一方で，投資家はグローバルに投資することができる。つまり，投資家は必ずしも日本に投資する必要はないのだ。CoE 比較はグローバル規模で平等であるべきで，そのために，リスクフリーレート2％とエクイティ・プレミアム6％を使う。グローバルエクイティ・プレミアムが恒久的に落ちない限り我々はこの水準を使い続ける。したがって，グローバル投資家の関心を集めたいのであれば，企業は8％基準を採用し続けるべきだろう。

「7％」（日系）
- 残余利益モデル等（オプション価値も含めて）で，インプライド資本コストを算出すると，この程度になるように思われる。

6　エクイティ・スプレッド（ROE－株主資本コスト）の支持率

　さらに，株主資本コストを上回る ROE（エクイティ・スプレッド）を自主開示して，投資家と議論すべきという筆者の東証への提案を支持するか世界の投資家に尋ねてみた。

《コメント》

「強く支持する」（日系）
- 上場企業である以上，資本コストを意識するのは当然であり，その1つの方法として，エクイティ・スプレッドを自主的に開示・議論することは，有意義と考える。

「強く支持する」（外資）

- 多くの日本企業が資本主義経済を受け入れながら，他方で資本コストという概念の受け入れを拒否してきたことで，バブル経済崩壊と過去30年近くにわたって変貌してきた世界経済の枠組みの中で取り残され，株価低迷とその副次的効果（年金の予定利率引き下げ等）に苦しんできた。年金基金が日本を代表する企業群に長期的に投資しても，得られる投資収益が債券投資から生まれるリターンを下回り続けた事実に即して考えると，上場・公開企業の責務としてエクイティ・スプレッドを自主開示し，継続的な資本コストの低減努力とROE向上努力を行うことは，結果的に年金財政も含めた国富創造につながると考える。
- 日本でゆっくりとROEが浸透していく一方で，ほとんどの経営層がCoEを理解していない。我々にはROIC（投下資本利益率）vs WACC（加重平均資本コスト）が好ましいが，ROEとCoEはよりシンプルなコンセプトであり，ここから始めることができるだろう。

「一応支持する」（日系）

- 一応支持するが，エクイティ・スプレッドよりもROEのほうが直感的に理解しやすい概念であり，まずはROEについて開示・議論すべきではないかと考える。
- 長期投資家にとって，企業が価値を生み続けるという観点では，この考え方は正しい。ただし企業にはさまざまな状況や，ステージがあり，それらを考慮した正しい評価をする必要がある。単純に指標として開示するだけでは，逆に市場のミスリードにつながるケースもある。
- 開示もさることながら，本邦でもCFO育成が課題と認識している。

「一応支持する」（外資）

- 企業が株主資本コスト（CoE）をどのように考えているのかを見るのに役立つため，一応支持する。また，資本コストをどのように削減できるかについてディスカッションすべきだ。
- 経営者教育が必要である。そして，経営者のKPIにエクイティ・スプレッドを入れるべきだ。

「中立」（日系）

- 企業がエクイティ・スプレッドを意識することは重要で，経営陣がこれらを語れるということが必要だと思う。一方で，資本コストの算出にはいろいろと前提が必要で，社員の労力を考えると文書に残す必要は現段階では感じていない。

「関心がない/重要とは思わない」（外資）

- 現在の CoE の理論的計算方法には納得がいかない。市場は毎分ごとに，リアルなエクイティ・コストを提供しており，これは PER の逆数である。学者は予想リスクプレミアムやベータ等の活用を主張しているが，これはもはや過去の遺物であり，必ずしも現在や将来と関連性があるとは言えない。

7　日本企業の ESG とその開示についての投資家意見

　CFO の非財務戦略の記載（第 8 章，第 9 章，第10章）で，詳細は深掘りするが，近年注目を集める ESG や見えない価値とも呼ぶべき非財務情報の日本企業による開示や対話について世界の投資家がどう考えているのかを尋ねてみた。

《コメント》

「ROE と ESG を両立すべき」（日系）

- ESG は本来，企業の成長戦略とセットで議論すべきものであり，ROE も同様である。それぞれに因果関係があるはずだ。
- 『論語と算盤』のように，ROE と ESG もどちら「か（OR）」ではなく，どちら「と（AND）」も，持続的な価値創造のために重要だ。
- 企業の活動において，さまざまなステークホルダーの要求を満たす社会的価値創造が最も重要と考えるが，一方で株式投資という側面において，株主に対する還元とその直接的な源泉となる財務的な利益の拡大・価値向上は不可欠である。よって，両立して示されるべきと考える。
- ESG だけでは企業価値へのつながりがわからないから，形だけになるため，ROE との両立が不可欠である。
- 各企業独自の ESG マテリアリティ（重要度）とそれによる ROE との連関や長期的な企業価値創造を示した統合報告書があると，各ステークホルダーがその企業に対して深い理解が得られるので，お互いに良いことだと思う。

ただし，投資家や政府が強制するのではなく，企業の自主的な開示を望む。

「ROE と ESG を両立すべき」（外資）

- ROE がなければ，ESG が成り立たない。
- ESG は一般的に言って，資本コストの低減に資する。
- ROE と ESG は両方とも大切な要素であり，この2つは相互に密接な関連 があるというのが我々の見解である。ESG の開示は，企業間で改善の余地 があり，特にリスクマネジメントの面が気になる。企業は事業の潜在的リ スクについて開示する義務があり，これは投資家にとって最も重要である。 私たちのような機関投資家は，アセットオーナーに対して受託者責任（ス チュワードシップ責任）の義務があり，企業の公開情報を基にリサーチする ことを通して，その責任を果たしているのである。

「ROE を優先して記述すべき」（日系）

- 説明が難しい ESG よりもまずは ROE への課題解決に注力すべきだと思 うから。

「ROE を優先して記述すべき」（外資）

- 多くの企業が ESG を隠れ蓑として利用しながら，G（企業統治）を注視して いない。我々は経営戦略についてディスカッションしたいと思っているが， その一方で統合報告書には全ての財務情報を記載してほしいと考えている。 大半の企業が我々の望む財務情報の開示ができていない。ROE は ROIC と同様 FCF 生成（または使用）の観点から重視すべき最も大切な指標であ る。しかしながら，キャッシュリッチ企業が ROE ではなく，ROIC につい て話したがるだろうか（それはないだろう）。
- ROE の向上を真摯に考えている企業の場合，ESG の向上は ROE に内包さ れると考える。今のように ESG や SRI（社会的責任投資）が盛んになる前か ら，優良企業は ESG についても配慮していたし，ディスカッションする能 力も有していた。したがって，ESG についても別途開示する状況は望まし い方向だが，ESG は ROE より優先されるべきものと考えるより，利益を 重視していただきたい。

8　日本企業の ESG を企業価値評価（PBR）に織り込むべきか

　後段で具体的な事例やモデル，実証研究は掘り下げていくが，日本企業の ESG を企業価値評価である PBR に織り込むべきかを世界の投資家に尋ねてみた。

《コメント》

「ESG の価値は全て PBR に織り込まれるべき」（日系）
- PBR 1 倍を上回る部分は非財務価値であることを強く支持しているから。

「ESG の価値は PBR に全て織り込まれるべき」（外資）
- ESG の価値は PBR に織り込むべきというのが我々の見解である。ESG は企業価値評価に影響を与えると考えているのだ。概して ESG は企業の安定性，持続性，質を表しており，長期では，評価に織り込むべき企業価値評価のファンダメンタルズの一要素だと考えている。しかしながら，短期的には，市場のモメンタムやファンダメンタルズ要素以外の何かが株価に影響を及ぼすと考えられる。

「ESG の価値の相当部分は PBR に織り込まれるべき」（日系）
- ESG は長期的には，財務情報となる。企業の長期的なキャッシュ・フロー予想や，株主コストの予想に必要になる。
- ESG の価値の中で，将来キャッシュ・フロー，および割引率に関連する部分は相当にあると考える。したがって，適切に反映されることで PBR へ織り込まれるものと考える。
- 企業の社会的な価値とは必ずしも財務面だけでは評価できない部分が大きいと考える。単なるチャリティー・無報酬の社会奉仕だけではない社会貢献がさまざまな形で行われており，その一部（または全て）は中長期的には「本業」の成長因子として，将来の財務的価値に反映される。環境保全・社会的義務・ガバナンスルールなど，求められている項目を満たしているか否か，という側面ではなく，その企業だからこそできる社会的価値創造という「ESG 価値」は，バリュエーションに反映されるべきと考える。

「ESG の価値を多少は PBR に織り込むべき」（日系）

- ESG については，バランスシートに現れない潜在的な企業価値であり，PBR に織り込まれるべきであると考えるが，その評価や測定が難しいため，全てを織り込むことは現状困難だと思う。しかしながら，一定程度であれば織り込むべきと考える。
- ESG の価値をどのように定義するかだが，ESG 活動を広義に理解すると，その中には企業価値にあまり影響のないものもあると思われる。一方で，新しい事業機会へのアクセスを高めたり，ステークホルダーとの協調を促進したり，ビジネスリスクを提言させるような活動であれば，ESG 活動は企業価値，つまり PBR に反映されるべきであると思う。
- 本来我々はもっと，ESG を企業価値評価に織り込みたいと考えていたが，アセットオーナーから100％の支持を得られない限り，ESG が時間とともに定量化される程度に応じて，ムービングターゲットとしての適切なバランスを見つける必要がある。
- 簿価純資産（BV）を超える価値創造は時価概念や将来獲得キャッシュ・フロー（CF）を反映したものなので，現在計算できる財務価値以外のものを織り込む可能性があると考えている。ESG はそのうちの重要な要素であるが，流動性など典型的な ESG 要素に還元できないものも多くあるため，あくまで「多少は」だと思う。
- E（環境）と S（社会）は新しいものであるが故に，近年のブームは少しばかり強調し過ぎているきらいがある。E と S は経営の通常のアセスメントとして企業価値評価に織り込むべきものだと考える。G のガバナンスこそが変革をもたらす要素であり，その変化は ROE の成長やフリーキャッシュフロー，バランスシートマネジメントに見ることができる。

「関心がない/重要だとは思わない」（日系）

- ESG は解釈の余地があまりに大きく，その受け止め方も人や会社によってバラバラなのが現状と認識している。よって，アクティブ運用者としてはネガティブチェック（不祥事リスク等の回避）には使えるが，直接的に中長期的な企業価値評価につながるものとは考えていない。また，そもそも長年構造不況事業を抱え，通常の IR の情報開示自体も悪いのに，ESG 的な取り組みとして『サステナブル経営説明会』なるものを熱心に開催する会社

（某流通大手）が出てきている昨今の流れには，正直なところ，どこか本末転倒になっていないかと違和感をおぼえている（植樹活動や女性管理職採用，健康経営だけを頑張っても，株価にプレミアムは付けられないと考える）。

　ここまで，2018年の投資家サーベイを紹介して，資本市場のパーセプションを詳細に明らかにした。長期の大手機関投資家の相当数をカバーしており，市場の声としては一定のイメージを把握できたであろう。

　本源的な企業価値は潜在的な価値を含み，企業と投資家には情報の非対称性が存在するものの，少なくとも上場企業の企業価値を具体的な数値で論じる場合は，やはり投資家の企業価値評価である長期的な時価総額が一定のインプリケーションを持ち得るであろう。

　そのためには，日本企業の実像を適切な開示や対話で投資家に訴えるとともに，世界の投資家が現在の日本企業をどう見ているかを把握することも CFO が財務・非財務戦略を構築するにあたっての座標軸になろう。こうした観点から本章の世界の投資家サーベイを，本書の主張の 1 つのベースとして念頭に置いていただきたい。

第2節　世界の投資家サーベイ2022の速報

　筆者は執筆時時点で2022年の投資家サーベイの取りまとめと投資家との対話を完了したところである。本節では資本市場のパーセプション・スタディの最新データとして，2022年調査のサマリーの集計結果[2]を速報で報告する。

2　2022年サーベイの調査期間は2022年 2 月 9 日 － 4 月14日である。回答者は日系投資家52名，外資系投資家45名，合計97名（無効回答を除く）で，回答者の所属機関の日本株投資総額は約100兆円（2022年 3 月現在の数値で推計）。投資家の秘匿性は高く，当該サーベイには希少性がある。因みに，前年2021調査の回答者は日系70名，外資系70名，合計140名であった。このように COVID-19の影響が長期化して，対面での投資家面談回数が激減したため，（オンライン面談では限界があり），投資家の回答の入手が困難になってきた。

1　日本企業のコーポレートガバナンスへの満足度

図表 2 - 1　一般に日本企業のコーポレートガバナンスに満足していますか？

■ A．株主価値を大いに意識しており
　　大変満足している
■ B．株主価値を多少意識しており一
　　般的に満足している
■ C．株主価値を意識せず不満である

■ D．株主価値を無視しており大いに
　　不満である
■ E．コーポレートガバナンス自体が
　　重要でない
■ F．無回答

　図表 2 - 1 のように，2021年調査と2022年調査では日本企業のガバナンスに関する投資家の満足度には大きな変化はなかった。2022年 7 月現在の東証資料では，プライム市場の約 9 割の企業で取締役会の 3 分の 1 を社外取締役が占めるが，約半数の企業で PBR 1 倍割れであり，「形式から実質」つまり企業価値向上のコーポレートガバナンスが求められている。いまだに十分にはガバナンス実効性が伴っていないこともあって，投資家の満足度は停滞しているように見える。

2　ROE の投資家満足度

図表 2 - 2 一般に日本企業の ROE に満足していますか？

■ A．資本コストを大幅に上回っており，大いに満足している
■ B．資本コストを多少は上回っており，満足している
■ C．資本コスト以下のレベルであり，不満である
■ D．資本コストを大幅に下回っており，大いに不満である
■ E．ROE 自体が重要でない
■ F．無回答

2021 RY Global Investor Survey

全体（n=140）
D 11%　E 1%　F 0%　A 1%　B 14%　C 73%

日系（n=70）
D 9%　E 1%　F 0%　A 0%　B 11%　C 79%

外資（n=70）
E 1%　F 0%　A 1%　D 13%　B 16%　C 69%

2022 RY Global Investor Survey

全体（n=97）
E 1%　F 1%　A 0%　B 11%　D 13%　C 74%

日系（n=52）
E 2%　F 0%　A 0%　B 10%　D 13%　C 75%

外資（n=45）
D 11%　E 0%　F 2%　A 0%　B 14%　C 73%

　　図表 2 - 2 にあるように，投資家の ROE への満足度は2021年と2022年では著変はない。2022年 7 月現在の東証資料でもプライム市場の約半数の企業で ROE が 8 ％を下回っていることから投資家の不満は根強い。2018年 6 月改定のコーポレートガバナンス・コードで，資本政策や経営計画で資本コストの意識を高めるように要請されたにもかかわらず，企業経営者の過半数がいまだに十分に資本コストを認識していない（JIRA（2018））ことなどが背景にあると推察され

る。企業と投資家のエンゲージメントも皮相的になってきているのかもしれない。

3　日本企業は過剰資本・過剰現金保有か

| 図表 2 - 3 | 一般論で日本企業の保有する現金・有価証券の水準をどう思いますか？ |

図表 2 - 3 のように，2021年と2021年では変化なく，大多数が過剰資本・過剰現金保有を懸念している。COVID-19の影響を勘案してもなお，一層積みあがる現金・有価証券への不満は根強いようだ。

4　日本企業が保有する現金100円はいくらの価値があるか

　VALUATION から勘案して帳尻を合わせると，現在の日本企業の保有する現金・有価証券100円をいくらぐらいで価値評価すると適切だと思いますか？

　図表 2 - 4 にあるように，日本企業の保有する広義の現金（現預金，有価証券）100円の価値は2021年も2022年も約59円と50円台の全体評価になった。海外投資家は2022年調査では日本企業の保有する100円は52円の価値しかないと言っている。積みあがる現金，有価証券，資本コストの意識の欠如，CFO の説明不足などが影響しているのだろう。コーポレートガバナンス・ディスカウント（ESG の G）あるいはエージェンシーコストとも言えるが，見えない価値，ESG の価

値が棄損されているのだ。「日本企業の保有する現金100円は50円の価値しかない」と資本市場は見なしているのだ。

5　配当政策の要諦

図表 2 - 5　一般に日本企業の配当政策で一番大事なことは何ですか？

2021年と2022年調査とでは著変はなかった。日本企業には「配当性向30％」の神話があるが，引き続き，知見の高い長期投資家は，最適資本構成に依拠した最適配当政策，あるいはバランスシートマネジメントを要求している。これも企業と投資家のダイコトミーの１つである。

6　株主資本コストのコンセンサス

図表 2 – 6　一般に日本株にはどれくらいの株主資本コスト（個社別には異なるが，ベータ 1 の前提で日本株平均として）を想定しますか？　資本コスト＝投資家の要求利益率から，最低 ROE の要求水準と読み替えても結構です。

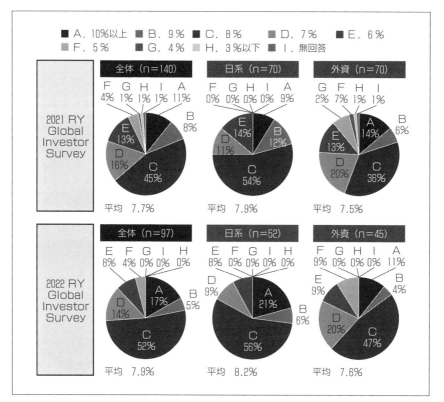

　図表 2 – 6 のように，株主資本コスト，最低要求 ROE についての世界の投資家のコンセンサスは，2021年は7.7%，2022年では7.9%と 8 %近くに収斂する。株主資本コストあるいは最低要求 ROE 水準は 8 %に近似する形で，世界の投資家に完全に受け入れられて定着している蓋然性が高い。

7　エクイティ・スプレッドの支持率

| 図表 2 − 7 | エクイティ・スプレッド（ROE−株主資本コスト）が価値創造の代理変数として「伊藤レポート（2014年 8 月）」でも紹介されているが，「資本コストを上回る ROE の啓発の為に」このエクイティ・スプレッドをアニュアルレポートや東証の決算短信で自主的に開示・議論するという提案を支持しますか？ |

　図表 2 − 7 のように，エクイティ・スプレッドの支持率についても2021年と2022年では大差はない。やはり日本企業の資本コストの意識が問われてる。エクイティ・スプレッドの統合報告書や決算短信での自主開示により，世界の投資家との議論が充実する可能性もあろう。

8　日本企業の ESG への要望

| 図表 2 - 8 | 日本企業の ESG（非財務資本）および統合報告によるその開示について はどうお考えですか？ |

- ■ A. 無条件で ESG に注力して積極開示すべき
- ■ B. 資本効率（ROE）より優先して ESG を開示してほしい（ESG＞ROE）
- ■ C. 資本効率と ESG を両立して価値関連性を示してほしい（ESG&ROE）
- ■ D. 日本は周回遅れなのでまずは資本効率を優先して記述すべき（ESG＜ROE）
- ■ E. ESG の開示は不要
- ■ F. 無回答

2021 RY Global Investor Survey

全体（n=140）
D 10%　E 2%　F 1%　A 8%　B 2%　C 77%

日系（n=70）
E 3%　F 0%　A 10%　D 12%　B 1%　C 74%

外資（n=70）
D 9%　E 1%　F 1%　A 6%　B 3%　C 80%

2022 RY Global Investor Survey

全体（n=97）
D 6%　E 1%　F 1%　A 5%　B 1%　C 86%

日系（n=52）
D 6%　E 2%　F 0%　A 2%　B 2%　C 88%

外資（n=45）
D 7%　E 0%　F 2%　A 9%　B 0%　C 82%

　図表 2 - 8 のように，日本企業の ESG への要望については，2021年と2022年で変化はない。大半の投資家が「柳モデル（PBR モデル）」，つまり ESG と企業価値の関連性を説明してほしいと要望している。一見，ESG は日本の企業文化と親和性が高く，近年，日本でも ESG がブームだが，「日本企業の一部は ESG を低い ROE や PBR の言い訳，隠れ蓑にしてはいないか」という海外投資家の批判もある。一方，時折，日本企業の一部は「近江商人の三方良し（＝ESG）が

36

日本では重要だからROEは低くてもかまわない」として低ROEを正当化する向きもあると聞く。

　ちなみに，2018年12月東証主催の「企業価値向上経営セミナー」で筆者と共に登壇したフィデリティ投信の三瓶裕喜氏（当時）は「滋賀大学と古文書を調査したところ，一貫して近江商人のROEは高かった」と語っている。近江商人は「三方良し＝ESG」とROEを両立していたとも解釈できるのかもしれない（東証編 柳・三瓶（2018））。

9　ESGをPBR（株価純資産倍率）に織り込むか

図表2－9　日本企業のESG（非財務資本）の価値とバリュエーション（PBR）の長期的関係についてはどうお考えですか？

　図表 2 - 9 のように，全体として約 9 割の投資家が多少は ESG の価値を PBR に織り込むとしており，見えない価値の見える化に光明がある。特に2022年調査では「ESG の価値を100％，PBR つまり企業価値評価に参入する」と回答した投資家の比率が28％と約 3 割となっており，顕著な ESG 投資の浸透がうかがえる。「ESG の価値の相当部分を PBR に織り込む」比率も引き続き約 5 割であり，ESG の潜在価値の大きい日本企業には大きな朗報である。ここから，いかにして開示と対話で ESG と企業価値の関連性を訴求し，「柳モデル」の道筋を伝えて企業価値評価（PBR）を高めるのか。それこそが真の CFO の非財務戦略の目的であり，ミッションである。

第**3**章 不都合な真実
：日本企業の保有現金100円は50円

第1節 日本企業のバランスシートに積み上がる 現金・有価証券

近年アベノミクスのガバナンス改革の影響もあり，日本企業の業績，株価，ROE 等は改善傾向にあるが，その一方，2019年3月末現在で，上場企業（金融を除く3,532社）のバランスシートには，約109兆円の現金が積み上がっている。これに投資有価証券（持ち合い株式を含む）を加えると，その総額は約185兆円にも上る[1]（**図表3-1**）。

一般論では，粉飾決算でもない限り，財務会計上は監査済有価証券報告書に記載されているこれらの数字は本来正確であり，現金100兆円は100兆円であると見なされ，現金および有価証券185兆円は185兆円の価値があると解されるのが普通であろう。

しかし，ファイナンス理論あるいは管理会計上は，企業が株主に返還しないでバランスシートに蓄えた現金・有価証券には機会費用がある。現実におよそ200兆円レベルの金融資産が日本の上場企業に保有されていて，その保有現金は内部留保を主な源泉としており，内部留保は本来株主に帰属する利益を蓄えたものである。

つまり理論上は，いったん株主に帰属した利益を再度エクイティファイナンスで調達したことに類似すると想定すれば，投資家の機会費用がある。第1章，第2章の世界の投資家サーベイから，日本企業に要求される一般的な株主資本コストを8％と仮定すると，おおまかに言って「200兆円×8％＝16兆円」の追加的な年間利益が本来は求められているとも言える。

---

1 2019年3月末 Bloomberg により筆者試算。

40

図表 3-1　積み上がる現金・有価証券

（出所）　Bloomberg より筆者作成。

　仮に価値を生む投資や株主還元に使われないとすると，毎年16兆円の逸失利益（価値破壊）が発生していることになる。

　こうした資本市場の視点，つまり株主価値創造理論の観点からは何が起こるのであろうか。参考データとして**図表 3-2** をご覧いただきたい。現金（プラス有価証券）の価値が時価総額よりも大きい企業の数に驚きを禁じ得ないだろう。

図表 3-2　日本では現金のほうが時価総額よりも大きい会社が多い

2019年 3 月東証上場企業（金融除く）3,532社	
保有現金	108.7兆円
保有現金＋有価証券	184.6兆円
現金≧時価総額	222社　（6.2％）
現金＋有価証券≧時価総額	499社 （13.9％）
現金＋有価証券－有利子負債≧時価総額	199社　（5.5％）

（出所）　Bloomberg より筆者作成。

　過剰に積み上がった現金・有価証券は市場からの評価が十分得られないケースも多い。つまり，エージェンシーコストとしてのコーポレートガバナンス・ディスカウントが起こり，ガバナンスやIRに課題のある企業の保有現金100円が，たとえば50円に見なされてしまう場合もある（第 1 章の投資家サーベイ結果と合致）。ESGの「G」が企業価値に影響を及ぼすのである。

　アベノミクスで株価が上昇した後の2019年 3 月末現在ですら，上場企業（金融を除く3,532社）のうち，バランスシート上の現金のほうが時価総額よりも大きい企業が222社存在し，また，現金および有価証券残高が時価総額よりも大きい企業が499社ある。上場企業の 6 ％強で保有現金が時価総額以上あり，14％で保有現金＋有価証券が時価総額を上回っている。

　保守的に有利子負債を差し引いたネットキャッシュで見ても，純現金保有額が時価総額より大きい会社が199社，全体の 6 ％弱もあるのである。たとえば「時価総額100億円の架空の企業 A 社を時価で買収すると，借入金を全て返済しても200億円の現金が即座に手に入る」ことも起こりうる理屈になる。これは驚くべきことではないだろうか。

　さらに，アベノミクスによる株価上昇前の2012年 9 月末現在で同様のデータを算出してみると，上場企業（金融を除く3,363社）のうち，保有現金のほうが時価総額よりも大きい企業が547社（16％）であり，現金および有価証券残高が時価総額を上回る企業が1,001社（30％）であった。つまり，約 3 割の上場企業で，金融資産に対する何らかの価値破壊を市場が（意識的あるいは無意識的に）織り込んでいるとも解される異常事態であったわけである。

　このように，わが国においては，相当数の上場企業において，保有現金および有価証券が株式市場からディスカウント評価されている現実がある。理論的には，こうした企業を時価総額で買収すれば，即座に買収価額を回収した上で多額のキャッシュ（利益）を得られる特殊な状況になっている。

　こうした現金価値のディスカウントは，日本企業のPBRがアベノミクス前では 1 倍あるいはそれ以下と解散価値を下回り，アベノミクス後でも 1 倍をやや上回る程度で，国際的に低位にあることと連関している蓋然性がある（**図表 3 - 3 参照**）。

　2019年 3 月末現在でも概ね 4 割の上場企業がPBR 1 倍割れ，解散価値を下回る企業価値になっている。これは不都合な真実ではないだろうか。

　それでは，管理会計上，日本企業の現金の価値はどの程度ディスカウントさ

図表3-3　PBRの国際比較

◆ TOPIX PBR　　■ S&P PBR　　▲ FTSE PBR

（出所）　Bloomberg より筆者作成。

れており，そうしたネガティブな評価はなぜ発生するのであろうか。本章では，それらを投資家サーベイという定性的証拠とを実証研究による定量的な証拠により解き明かしていく。そして，その解決策は次章以降の CFO の財務・非財務戦略とも言えよう。

第2節　ガバナンスディスカウントの定性的証拠
：「日本企業の保有現金100円の価値は50円」

　ガバナンスディスカウントの定性的証拠を訴求するには，柳（2014c）が詳しいが，筆者は「日本企業の現金の価値」にフォーカスした希少で本格的なグローバル投資家サーベイを2012年に行ったので本節で紹介したい。柳（2015d），Yanagi（2018b）でも日英でその概要を公表している。さらに本書第2章に2018年投資家コメントと2022年調査速報の最新サーベイ結果があるので，合わせて再読して参照いただきたい。

1　日本企業の保有現金の価値評価に係る投資家サーベイ結果

　日本企業の保有現金の価値評価に係るグローバル投資家サーベイの概要は次のとおり（有効回答82社：国内42社，海外40社）である。有効回答率は41％であった[2]。

図表 3 - 4

> **質問1.** 一般論として日本企業の保有するバランスシート上の狭義の現金（定義：現金および現金同等物）100を概ねいくらくらいで投資家としては価値評価（ディスカウント評価・プレミアム評価）しますか？　あるいは評価すべきだと考えますか？
>
> 　A. ゼロまたはマイナス評価する
> 　B. 0 - 50で評価する
> 　C. 概ね50前後で評価する
> 　D. 50 - 100で評価する
> 　E. 額面どおり概ね100で評価する
> 　F. 100 - 150で評価する
> 　G. 概ね150で評価する
> 　H. 150 - 200で評価する
> 　I. 200以上で評価する

〈現金の評価に係る質問 1 の回答結果〉

A	B	C	D	E
5 %	3 %	18%	29%	45%

　日本企業の保有現金の価値評価では，投資家の最多回答は額面どおり100での評価であった。一定数の投資家は日本企業の現金を額面通りで見ており，安心

2　（調査期間）　　2012年10月 1 日から2012年12月31日の 3 カ月間
　　（質問票）　　　筆者作成
　　（調査実施者）　筆者
　　（調査対象）　　日本株に投資する世界の主要機関投資家200社にサーベイを実施して，国内機関投資家42社，海外機関投資家40社，合計82社から回答を得た（有効回答率41％）。
　　（調査方法）　　電子メール，電話，インタビューによる意見聴取

感のある回答であった。しかしながら，その回答者の割合は45%[3]と過半数を割り込んでおり，日本企業の現金の価値を過半数の投資家が一定のディスカウントをしている，あるいはディスカウントすべきだと考えていることが判明した。

　なお，回答F，G，H，Iはゼロであった。つまり，プレミアム評価をすると回答した投資家は皆無であった。この結果は国際的なコーポレートガバナンスの劣位に鑑みればDittmar and Mahrt-Smith（2007）と整合するとも考えられるし，さらに日本企業における実証研究である山口・馬場（2012）とほぼ合致する。先行する定量的な実証研究が本研究の定性的な投資家サーベイによって確認できたと言えよう。

図表 3 − 5

質問2．質問1に対する回答の主な要因は何でしょうか？

　　　　A．コーポレート・ガバナンスに対する懸念あるいはエージェンシーコスト
　　　　B．価値破壊的な（資本コストを下回るリターンの）投資を行うことへの懸念
　　　　C．監査済み財務諸表のバランスシートの金額は原則そのまま使用する
　　　　D．企業のビジネスジャッジメントによるリアルオプション価値を勘案
　　　　E．価値創造的な（資本コストを上回るリターンの）投資を行うことへの期待

〈質問 2 の評価の要因に係る回答結果〉

A	B	C	D	E
20%	34%	43%	1 %	2 %

　想定された理由であるが，質問1で100評価をした投資家は基本的に「監査済み財務諸表のバランスシートの金額は原則そのまま使用する」と回答している点は納得感がある。ディスカウント評価をした投資家が要因としてあげたトップは「価値破壊的な（資本コストを下回るリターンの）投資を行うことへの懸

3　日本企業の狭義の現金の価値評価では，国内投資家では55%が額面通りの評価で45%がディスカウント，海外投資家では35%が額面評価で65%がディスカウント評価となっており，海外投資家のほうが厳しい目線を有している。

念」，次いで「コーポレートガバナンスに対する懸念あるいはエージェンシーコスト」であった。

図表３－６

質問３．一般論として日本企業の保有するバランスシート上の広義の現金（定義：現金および現金同等物＋持ち合い株式を含めた投資有価証券）100を概ねいくらくらいで投資家としては価値評価（ディスカウント評価・プレミアム評価）しますか？　あるいは評価すべきだと考えますか？

 A．ゼロまたはマイナス評価する

 B．0 - 50で評価する

 C．概ね50前後で評価する

 D．50 - 100で評価する

 E．額面どおり概ね100で評価する

 F．100 - 150で評価する

 G．概ね150で評価する

 H．150 - 200で評価する

 I．200以上で評価する

〈現金および有価証券の評価に係る質問３の回答結果〉

A	B	C	D	E
6 ％	13%	27%	31%	23%

やはり，持ち合い株式を含む有価証券残高まで勘案すると，投資家の評価はさらに悪化する。日本企業の保有現金および有価証券を額面どおり，100％で評価した投資家は23％と半減し，77％の投資家がディスカウント評価をしている[4]。「50-100」が31％，「概ね50前後」が27％となっている。なお，回答F，G，H，Iはゼロであった。つまり，プレミアム評価をすると回答した投資家は皆無であった。

 4　日本企業の広義の現金の価値評価においては，国内投資家では35％がパー評価で65％がディスカウント，海外投資家では15％が額面評価で85％がディスカウント評価となっており，狭義の現金の評価同様に海外投資家のほうが厳しい目線を有している。

図表 3 - 7

質問 4 . 質問 3 に対する回答の主な要因は何でしょうか？

- A．コーポレート・ガバナンスに対する懸念あるいはエージェンシーコスト
- B．価値破壊的な（資本コストを下回るリターンの）投資を行うことへの懸念
- C．監査済み財務諸表のバランスシートの金額は原則そのまま使用する
- D．企業のビジネスジャッジメントによるリアルオプション価値を勘案
- E．価値創造的な（資本コストを上回るリターンの）投資を行うことへの期待

〈質問 4 の評価の要因に係る回答結果〉

A	B	C	D	E
44%	25%	23%	1 %	7 %

　やはり質問 3 で100評価をした23％の投資家は基本的に「監査済み財務諸表のバランスシートの金額は原則そのまま使用する」と回答している点は合点がいく。一方で，ディスカウント評価をした投資家が要因として挙げたトップ 2 つの要因の順位は逆転して，「コーポレートガバナンスに対する懸念あるいはエージェンシーコスト」が第 1 位，「価値破壊的な（資本コストを下回るリターンの）投資を行うことへの懸念」が第 2 位であった。

　日本特有の株式持ち合いがコーポレートガバナンスを悪化させているという海外投資家の不満は強く（ACGA (2008)），投資有価証券による価値破壊を厳しく評価されたことが背景にある蓋然性が高い。一連のグローバル投資家サーベイによれば，過半数の投資家が「株主価値を意識していない」として日本企業のガバナンスに不満を表明しており，やはり過半数の投資家が「ROE が資本コストを上回っていない」として日本企業の投資効率に満足していないことが明らかになっている。

図表 3 - 8

質問5．一般論として，もしも，今後日本企業がコーポレートガバナンスを改善
し，財務のリテラシーを高めたら，日本企業の保有する現金（および有
価証券）の価値評価を引き上げ，日本株を現状よりも一層オーバーウエ
イトしようと思いますか？

A．大いにオーバーウエイトしたい
B．ある程度オーバーウエイトしたい
C．投資行動は変わらない
D．逆にアンダーウエイトする
E．わからない

〈投資行動への影響に係る回答〉

A	B	C	D	E
17%	46%	26%	1 %	10%

　株主価値創造に係る財務のリテラシーを含めてコーポレートガバナンスを改
善すれば，6割以上の主要グローバル機関投資家が日本株投資を増やすとして
いる。これはアベノミクスのガバナンス改革が価値創造，日本企業の成長戦略，
国富の最大化に資する可能性があることを示唆しているのではないだろうか。

2　現金の価値に係るグローバル投資家の主要コメント：事例

　多忙を極める調査対象の投資家サーベイでは記号のみの回答（質問1 - 5）が
中心に回答され，具体的なコメントの記述は少なかったが，国内外のオピニオ
ンリーダーから下記の典型的な定性コメント（抜粋）が得られた[5]。

● エージェンシーコストを理由にしたディスカウント評価という考え方を，
当社は強く支持する。日本企業の場合，作為的に過剰現金等を保有してい
るというよりは，ファイナンス理論に関するリテラシーが低いために不作
為にそうなっている場合も散見されるようだ。株主還元の積極化が相応し
い企業に対しては，「資本効率の改善」と「エージェンシーコストの低減」

5　各ファンドの責任者からのコメント。外国人投資家の意見は投資家の匿名を条件とする引用
許諾を得て，筆者の責任においてできるだけ原文に忠実に和訳している。

に加えて，「金は天下の回り物」というキーワードも日本的にはピンとくるのではないだろうか。

- 一般にキャッシュリッチで低 ROE 企業のバリュエーションがディスカウントされがちなのは，現金評価がディスカウントされているからである。「どうせこの企業は無駄な投資や買収に金を使うのだろう」と感じた企業は少なくない。このような企業は定性評価の観点から投資判断にマイナス効果が発生しているが，事実上，現金評価をディスカウントしていることと等しい。さらに背景にあるのはガバナンスの問題に他ならない。

- 日本企業の保有する現金の評価は50％と考えるが，50％での評価というのは極めてざっくりとしたものである。大半の企業では保有現金を全て株主に返すということはあり得ず，また ROIC（投下資本利益率）を維持向上させるような投資・M&A に使うということも考えにくいため100％評価はできない，一方で全くゼロ評価ということもないというあたりから出てきたものだ。経験的にも，いわゆるキャッシュリッチ企業の株価を見ていると，保有現金を半分程度で評価するとバリュエーションの水準が適度な範囲に落ち着くことが多いように思われる。

- 多くの日本企業でバランスシート・マネジメントが疎かになっていると思う。広義の現金に対する考え方がルーズで，レバレッジは悪という考え方が依然根強いようだ。建前上 ROE を経営目標に掲げている企業こそ増えたが，バランスシートのスリム化という視点が圧倒的に欠けているように思われる。これは取りも直さず，資本コストという概念が企業経営者に欠如しているからである。現金の価値にエージェンシーコストとしてのディスカウントを要求する理由はここにある。株式持ち合いは言うに及ばず，企業の金融資産がディスカウントで評価されているのだ。こうしたコーポレートガバナンス（法令遵守ではなく，どちらかというとコーポレート・ファイナンスの領域）の問題に真剣に取り組む姿勢を見せれば，内外投資家からの評価が高まり，結果として現金の価値あるいは株価のディスカウントが縮小（あるいは解消）に向かう蓋然性が高いのではないか。

こうした世界の大手機関投資家の具体的なコメントは，投資家サーベイの質問1と3で確認した日本企業の現金（および有価証券）に対する市場のディスカウント評価要因の背景を裏付けていて説得力を持つと言えよう。また，先行研

究の実証結果とも合致していて示唆に富む。

2012年の当該サーベイ実施時点ではアベノミクス前ということもあり，株価の低迷も含めて環境が悪く，投資家のコメントも一層辛辣であるが，第2章で紹介した2018年調査の投資家の定性的なコメント詳細も再読していただきたい。

直近の2022年調査では，世界の投資家の大半は「日本企業は過剰資本である」と考えており，基本的な「日本企業の現金の価値のディスカウント評価」に著変はなく，平均値をとると，外国人投資家は日本企業の現金・有価証券100円を52円で評価している。全体でも100円が59円（国内投資家は100円を65円に評価）に見られており，前回サーベイ調査や後述する実証研究と整合性があることが再び最新のサーベイでも確認された。

投資家サーベイによるガバナンスディスカウントの定性的な証拠には一定の頑強性があると言ってよいだろう。その結果は，端的には「日本企業の保有現金100円は，たとえば50円レベルにまでディスカウント評価される傾向がある」，「そのディスカウント要因は主にコーポレートガバナンスと投資効率に対する懸念である」と要約することができる[6]。

第3節 ガバナンスディスカウントの定量的証拠

本節では，ここまでの投資家サーベイ結果という定性的証拠を裏付けるべく，日本企業の現金の価値のディスカウント評価に係る定量的な証拠として，筆者が直接関わった最新の柳・上崎（2017）の実証研究を紹介する。なお，この実証研究はYanagi（2018b）が英文で世界に向けて発信している。

1 先行研究

現金の価値に係るコーポレートガバナンスによるディスカウント評価の主な先行研究を整理してみる。

まず，Jensen（1986）のフリーキャッシュフロー（FCF）仮説によれば，多額の現金保有をしている企業は，利益率の低い（資本コストを下回り価値破壊する）

---

6 ACGAはACGA（2008）の白書で，「第一章 所有者としての株主」，「第二章 資本の効率的活用」を冒頭にして，日本企業に対してコーポレートガバナンスの改善と資本効率（ROE）の向上を求めている。また著名米国投資家のバフェットも「企業が内部留保を許される理由は1つ。その1ドルを1ドル以上にできるときだけである」といった趣旨を述べている（Cunningham（2008））。

プロジェクトに投資する可能性があるとして，コーポレートガバナンスが脆弱な企業は保有現金を有効活用できないことを示唆している。

具体的な保有現金のディスカウント評価に関する米国の実証研究では，Dittmar and Mahrt-Smith（2007）が，1990-2003年の米国企業1,958社（延べ13,250個のサンプル）を対象に実証研究を行っている。その結果，コーポレートガバナンスが劣後する企業グループの保有する現金の現在価値は1ドル当たり0.42-0.88ドルであり，ガバナンスの優良な企業の保有現金の現在価値は1ドル当たり1.27-1.62ドルと評価されることを明らかにしている[7]。

日本企業対象の調査では，山口・馬場（2012）の分析の結果，日本企業の保有するバランスシート上の現金1円は，0.55円から0.74円にディスカウント評価されていることが実証されている。そして，その要因としては，株主から銀行等の債権者への富の移転，エージェンシーコストの反映が示唆されている。

日本のコーポレートガバナンスに鑑みると，日本企業の保有現金の市場評価は概ね50％レベルという仮説が成り立つ。これは前述の市場データによる保有現金が時価総額を上回る，あるいはPBRが1倍割れしているという状況と関連しており，その主な要因は日本企業のガバナンスと投資の意思決定プロセス（資本コストを下回るリターンの投資を行う傾向）に対する投資家の懸念とも推測できるだろう。

2 柳・上崎（2017）の評価項目と重回帰分析モデルの設定

本節では日本企業の現金の価値を実証した学会論文から柳・上崎（2017）を紹介したい。当該論文では，コーポレートガバナンスの尺度として，日本証券アナリスト協会が公表する優良ディスクロージャー企業選定における「コーポレートガバナンスに関連する情報の開示」の項目の評価[8]を使用した。この評価

7　この他，グローバルなユニバースでは，Ammann et al.(2011)は，2007年時点のGovernance Metrics International（GMI）のコーポレートガバナンススコア（CGスコア）を用いて46カ国1,875企業の分析を行い，CGスコアが悪い企業ほど余分な現金を保有する傾向にあり，フリーキャッシュフロー仮説（Jensen(1986)）と整合的であること，またCGスコアが良い企業ほど保有現金の価値が高いことを報告し，コーポレートガバナンスが効果的に機能し，株主還元を含む適切な資金使途により過剰な現金保有状態が改善されることで，企業価値評価に好影響を与える蓋然性があることを示唆した。

8　当選定は業種ごとに担当する企業アナリストによって行われ，2016年度の評価対象企業は15業種242企業であり，東証1部に占める時価構成比は約60％であった。

の原数値を，時点および業種で規格化して，平均 0 ，標準偏差 1 となるようスコア化した（以下，CG1）。

　コーポレートガバナンスについては，株式保有構成が影響を与えるという指摘も多い。西崎・倉澤（2002）は，大口株主（海外投資家，機関投資家）がモニタリング活動を通して企業価値に影響を与えるとし，大口株主によるガバナンスへの役割を報告した。したがって，コーポレートガバナンスの代理指標の 2 つ目として，株式の外国人持ち株比率についても検証をした（以下，CG2）。

　現預金の定義としては 2 つを用いる。 1 つは「現金」であり，財務諸表上の現金・預金の値で，狭義の現金を表す。他方は「現金（グロス）」であり，現金・預金に短期性有価証券と投資有価証券を加えた値で，広義の現金である。なお，現金・預金に短期性有価証券と投資有価証券を加え，そこから有利子負債等を差し引いた「現金（ネット）」に対しても分析を行ったが，結果は変わらなかった[9]。

　柳・上崎（2017）では，コーポレートガバナンスが保有現金の価値に与える影響の検証は，Dittmar and Mahrt-Smith（2007）の方法に倣い，配当込みリターンを被説明変数として，現金，純資産，純利益，研究開発費，配当，利子，レバレッジ等を時価総額で除した数値を説明変数としてコントロールして重回帰式による推計を行った。この方法においては，ある期間での現金の変化に応じた株主価値の変化を計測し，その上で，CG1とCG2の良し悪しによって変化の程度が異なるかどうかを検証した。

　参考までに，本件で使用された回帰式は以下のとおりである（回帰式(1)）。

$$
\begin{aligned}
r_{i,t} = \gamma_0 &+ \gamma_1 \frac{\Delta C_{i,t}}{M_{i,t-1}} + \gamma_2 \frac{\Delta E_{i,t}}{M_{i,t-1}} + \gamma_3 \frac{\Delta NA_{i,t}}{M_{i,t-1}} + \gamma_4 \frac{\Delta RD_{i,t}}{M_{i,t-1}} + \gamma_5 \frac{\Delta I_{i,t}}{M_{i,t-1}} \\
&+ \gamma_6 \frac{\Delta Div_{i,t}}{M_{i,t-1}} + \gamma_7 \frac{C_{i,t-1}}{M_{i,t-1}} + \gamma_8 L_{i,t} + \gamma_9 \frac{NF_{i,t}}{M_{i,t-1}} + \gamma_{10} \frac{C_{i,t-1}}{M_{i,t-1}} \cdot \frac{\Delta C_{i,t}}{M_{i,t-1}} \\
&+ \gamma_{11} L_{i,t} \frac{\Delta C_{i,t}}{M_{i,t-1}} + \gamma_{12} \cdot Gov_{i,t} \cdot \frac{\Delta C_{i,t}}{M_{i,t-1}} + \sum_{sector} \gamma^{sector} \cdot \delta_{i,t}^{sector} \\
&+ \sum_{year} \gamma^{year} \cdot \delta_{i,t}^{year} + \varepsilon_{i,t} \qquad\qquad \cdots\cdots(1)
\end{aligned}
$$

　9　分析は東証 1 部上場（金融を除く）でデータが取得可能な銘柄を対象とした。サンプルは2005年から2016年の各 6 月末時点のデータで，各変数について上下 1 ％の異常値をサンプルから除外した延べ1,851銘柄・年である。

　ここで，$r_{i,t}$は計算時点までの過去12カ月対数リターン（配当込み），$M_{i,t-1}$は計算時点の1年前の時価総額，$C_{i,t}$は現金で，前述の通り「現金」または「現金（グロス）」の2通り，$NA_{i,t}$は純資産で総資産から負債を引いた額，$E_{i,t}$は純利益額，$RD_{i,t}$は研究開発費，$I_{i,t}$は支払い金利額，$Div_{i,t}$は配当総額，$NF_{i,t}$はネットファイナンスの額で，負債の借り入れから返済を引いた額と株式の発行から償還や償却を引いた額の合計，$L_{i,t}$はレバレッジで，負債を負債と株式時価総額の合計で割った値である。

　計算時点において取得可能な直近本決算期での値で，Δはその前期からの変化額を表す。$Gov_{i,t}$は前述の各CG尺度（CG1，またはCG2）を表す[10]。また，$\delta_{i,t}^{sector}$は業種ダミー[11]，$\delta_{i,t}^{year}$は年ダミー変数である。添え字のiは企業，tは時点を表す。財務データは野村総合研究所の分析データ・サービスより取得した。

　式(1)の左辺は該当期間の株式リターンであり，現金変化と同時期の株式価値変化を捉えるものであるが，Dittmar and Mahrt-Smith（2007）やその他の先行研究の多くは，Fama and French（1993）によるベンチマーク・ポートフォリオに対する超過リターンを用いている。本節では，業種ダミー変数，および年ダミー変数を回帰モデルに入れているが，これは，業種ごとに付与されるコーポレートガバナンス評価を検証とする点，および，分析サンプルが比較的大型企業に限られる点などから，Dittmar and Mahrt-Smith（2007）が意図した，株式リターンに影響を与えるとされるリスクの調整は本分析においても実質的に行われている[12]。

3　柳・上崎（2017）の重回帰分析の結果

　コーポレートガバナンス（CG）が現金の限界的価値に与える影響を検証したが，回帰式(1)の回帰分析では，現金の値として，「現金」と「現金（グロス）」を，また，CG尺度としてCG1とCG2の計4通りの結果を得ている（**図表 3 -**

10　コーポレートガバナンスの良し悪しによって，現金の変化に応じた株主価値の変化の程度の違いを計測するため，分析モデルでは変数 Gov は現金保有量の変化との交差項の中に含まれる。なお，ガバナンスが直接株主価値変化に影響する場合は変数 Gov を式(1)の説明変数に直接含める必要があるが，その場合にはどのような経路を通して影響を与えているかを検討する必要がある。

11　優良ディスクロージャー企業選定は業種ごとに評価が付与される。評価対象業種は必ずしも毎年一定ではない。

12　なお，式(1)の回帰モデルの説明変数に明示的に，バリューの代替指標として PBR やサイズの代替指標として対数時価総額を入れても，定性的な結果は変わらなかった。

図表 3 - 9	コーポレートガバナンス（CG）が株主価値に与える影響を示す回帰分析結果

計測対象 CG尺度	(1) 現金 CG1		(2) 現金 CG2		(3) 現金（グロス） CG1		(4) 現金（グロス） CG2	
	係数	p 値	係数	p 値	係数	p 値	係数	p 値
γ_1	59.7	3.7%	14.5	69.7%	30.9	12.0%	−16.9	52.5%
γ_2	101.9	0.0%	102.4	0.0%	106.5	0.0%	106.1	0.0%
γ_3	28.5	0.1%	28.0	0.1%	16.2	6.0%	15.9	6.3%
γ_4	−42.3	68.9%	−30.6	77.2%	−20.2	84.8%	−19.8	85.0%
γ_5	−437.4	11.3%	−444.6	10.7%	−532.7	5.3%	−511.5	6.3%
γ_6	399.0	0.5%	393.6	0.6%	396.6	0.5%	401.5	0.5%
γ_7	22.4	0.5%	22.6	0.5%	13.2	0.0%	13.1	0.0%
γ_8	−29.6	0.0%	−29.2	0.0%	−32.1	0.0%	−31.8	0.0%
γ_9	−10.7	11.0%	−11.0	9.7%	−12.9	6.1%	−12.6	6.6%
γ_{10}	−14.7	82.1%	−16.7	79.5%	−20.7	36.7%	−29.8	18.9%
γ_{11}	−27.5	58.7%	−10.2	84.3%	25.2	48.3%	44.6	22.3%
γ_{12}	4.1	70.9%	1.5	5.5%	16.7	2.4%	1.6	0.3%
δ^{sec}	Yes.		Yes.		Yes.		Yes.	
δ^{year}	Yes.		Yes.		Yes.		Yes.	
adj-R²[%]	58.0		58.0		58.4		58.5	

（出所）　柳・上崎（2017）より筆者作成。

9）[13]。γ_{12}の係数が正であれば, 現金保有の限界的増加に伴う株式価値の変化(ここでは株式リターン）は, CG尺度が高いほどより大きいことを示唆する。

　まず, 「現金」に対する影響を見ると, γ_{12}の相関係数は, CG1の場合は統計的な有意性は見られないが, CG2の場合は有意水準10％で正であった。狭義の現金に対しては, CG2, つまり, 外国人持ち株比率が高いほど, 相対的に高い価値評価を与えられていることになる。

13　相関係数 γ_{12}のコラムに注目頂きたい。狭義の現金に関しては, CG1では相関係数は正の値ながら p 値が0.709なので, 統計的に有意でない。しかし, CG2では P 値が0.055なので, 10％水準で有意である。一方, 広義の現金（グロス）においては, CG1は p 値が0.024なので 5 ％水準で有意, CG2は p 値が0.003なので 1 ％水準で有意に正の関係がある。たとえば, p 値が0.01未満の場合, 「 1 ％水準で統計的に有意」という。これは, 相関関係が, 実際には偶然に過ぎないのに誤って「意味がある」と判断している可能性が 1 ％以下という示唆である。もちろん, 利益額や配当総額と株価リターンの相関関係は最も強い。

　一方,「現金（グロス）」を対象とした結果は, γ_{12}の係数はCG1, CG2のいずれを用いても有意（p値0.05未満）に正である。したがって, コーポレートガバナンスが良い企業の現金・有価証券は, 悪い企業のそれよりも高い価値があることを意味する。

　また,「現金」での結果と比較して「現金（グロス）」のほうが, 投資家はガバナンスの良し悪しによってその価値がより左右される, と考えている可能性が示唆されている。企業のバランスシートにおいて,「現金（グロス）」は「現金」より平均的には実額が2倍以上の大きさであること, それゆえに, 改定コーポレートガバナンス・コード（東証（2018））が明記するように, いわゆる株式持ち合いである投資有価証券等の保有目的を厳しく問う資本市場の姿勢が浮かび上がる。

　ここから導かれる結論として, 企業が保有する現金100円の限界的価値がコーポレートガバナンスの水準によってどのように異なるかにつき, 分析結果を**図表3-10**に示す。ここでは平均的な企業を想定した値を掲載している。いずれの場合もガバナンスが良いほど保有する現金の価値も高く, 多くの場合, 統計的にも有意であった。

　「現金」では, コーポレートガバナンス（CG）が平均的な企業では100円が約44〜48円と評価されるのに対し, CGが良い（ここでは＋2標準偏差）企業では100円が約52〜86円と見なされるという結果となった。そして, CGが悪い（－2標準偏差）企業では100円が約10〜37円と見なされる。

　また,「現金（グロス）」では, CGが平均的な企業の100円では約36〜37円と評価されるのに対し, CGが良い企業では100円が約67〜78円と見なされるが, CG

| 図表3-10 | 日本企業の現金100円の限界的価値 |

計測対象 CG尺度	現金 CG1	現金 CG2	現金（グロス） CG1	現金（グロス） CG2
CG 良い（＋2σ）	52.3	86.0	67.1	77.8
平均	44.5	47.8	35.5	36.8
悪い（－2σ）	36.7	9.5	3.9	−4.2

（注）・CG1：アナリストCGのスコア　CG2：外国人持ち株比率
　　　・2005年-2016年6月末データ：東証一部（金融除く）
　　　・異常値を除く1,851銘柄・年

（出所）　柳・上崎（2017）より筆者作成。

が悪い企業では100円が約 0 ～ 4 円と,ほぼゼロに見なされるという衝撃的な結果となった。

「現金」と「現金（グロス）」を比較すると後者のほうが評価は低くなっており,本書で紹介した世界の投資家サーベイでも明らかになった投資家の声（株式持ち合いへの懸念）と整合的な結果になっている。これらの定性的・定量的な証拠に鑑みて,コーポレートガバナンス・ディスカウントから,概ね「日本企業の保有現金100円は50円に評価されている」と言ってよいだろう。これも「不都合な真実」である。ESG の「G」が企業価値に影響している。

なお,直近の2022年11月15日付 SMBC 日興証券レポート「クオンツ：良い自社株買い,悪い自社株買い」（伊藤桂一チーフクオンツアナリスト）の実証では TOPIX を対象に「現金100円の価値が44円あるいは33円になっている」としており,柳・上崎（2017）と整合的である。

参考のために米国企業のケースを Dittmar and Mahrt-Smith（2007）から**図表 3 -11**に掲げる。

コーポレートガバナンス・スコア（CG スコア）[14]が平均的な米国企業では 1 ドルの現金の限界的価値がほぼ 1 ドル（1.09ドル）に額面通りに評価されており,日本企業との比較において大変興味深い。CG スコアの悪い米国企業ではやはり 1 ドルが0.42-0.88ドルにディスカウントされている一方で,CG スコアの良い企業は 1 ドルの価値が1.27-1.62ドルにプレミアム評価を享受していること

図表 3 -11 米国企業の現金 1 ドルの限界的価値

CG スコア	保有現金 1 ドルの価値
良い（＋ 2 標準偏差）	1.27-1.62ドル
平均	1.09ドル
悪い（－ 2 標準偏差）	0.42-0.88ドル

（注）・1990-2003年の金融・公益を除く米国株式
　　　・CG スコアは Gompers スコアを使用
　　　・機関投資家の大量保有がある場合は平均的に＋0.39ドル

（出所）Dittmar and Mahrt-Smith（2007）より筆者作成。

14　Dittmar and Mahrt-Smith（2007）では,Gompers et al.（2003）Index を CG の代理指標としている（CG スコア）。

| 図表 3 −12 | ESG の価値も包含した PBR の国際比較 |

（出所）　Bloomberg より筆者作成。

　も特筆すべきであろう。

　　結論として，米国やその他の国の企業を対象とした先行研究と比較して，日本の企業は概して現金の価値は低い評価にとどまっている。これは，コーポレートガバナンスが相対的に弱く，良質な投資機会があったとしても，有効に活かせないと見なされており，また，配当等の形でのペイアウトに対する要求が強いことを示唆する。特に，ガバナンスが悪い会社の「現金（グロス）」に対するより厳しい評価には，伝統的な「株式持ち合い」に対する投資家の懸念が反映されている。その中でも，コーポレートガバナンスが良いほど現金の価値は有意に高くなる。ガバナンスを有効に機能させることで投資家の期待を回復し，企業価値を高めることができるという証左であろう。

　　こうした背景を受けて，**図表 3 −12**に PBR の国際比較を掲載する。

　　第 8 章で詳説するが，PBR 1 倍以上の「市場付加価値」が，見えない価値，ESG の価値，あるいは国際統合報告評議会（IIRC）の定義する 5 つの非財務資本と関係していると考えられる（IIRC-PBR モデル）ので，本章で実証したように ESG の「G（ガバナンス）」が現金・有価証券の市場価値に影響を及ぼして，

PBR にも反映されているとも解釈できよう。

　柳・上崎 (2017) の実証[15]のように日本企業の保有現金100円の限界的価値が約50円で評価され，Dittmar and Mahrt-Smith (2007) の示唆のように米国企業の保有現金１ドルの価値が約１ドルの評価と仮定すると，CFO の財務・非財務リテラシーも含むガバナンスの質が PBR の彼我の差の一因になっているとも考えられるだろう。

　現金の価値は広義のコーポレートガバナンスに関連しているが，言い換えれば，バランスシート・ガバナンスとして企業価値を最大化するような CFO ポリシーの最適な株主還元政策とも価値関連性があるはずである。これについては，本書の第７章で詳説する。CFO の財務・非財務戦略でバランスシート・ガバナンスを改善すれば，日本企業の「保有現金100円が100円（以上）に評価」され，PBR（企業価値評価）が向上する蓋然性が高いのである。

15　本章の実証研究（柳・上崎 (2017)）は Dittmar and Mahrt-Smith (2007) の数式に依拠してるが，その数式の通り，正確には「現金の価値」（ストック）ではなく「現金の限界的価値」（フロー）を検証したものである。鈴木 (2024) が懸念するように，近年「現金100円が50円になる」と曲解する向きもあるので留意されたい。複数の実証研究，投資家サーベイ，個別企業の状況に鑑み，実務上は総合的視点からエンゲージメントを積み上げるべきである。

第4章 企業価値を高める CFO ポリシー
：財務戦略マップ

第1節　CFO の受託者責任と財務戦略マップ

　世界の投資家の厳しい意見や現金価値のコーポレートガバナンス・ディスカウントを解説した。それでは，CFO はどのようにして株主やその他のステークホルダーの負託に応えて，財務・非財務戦略から企業価値を持続的に高めていくべきなのであろうか。

　本章では，スチュワードシップ責任からの世界の投資家の視座の理解，PBR１倍割れや保有現金のガバナンス・ディスカウント（100円が50円になる）といった不都合な真実についての議論に基づいて，CEO の経営参謀としての CFO（経理・財務部門）がコーポレートガバナンスの観点から受託者責任・説明責任を果たし，企業価値を高めるための CFO ポリシーとしての「財務戦略マップ」の概要を提案して，コアとなる管理会計あるいは企業財務の施策を説明していきたい。それを「コーポレート・スチュワードシップ」と言い換えることもできよう。ここでは，ファイナンス理論に加えて，実務家の読者もイメージが湧きやすいように，エーザイの2019年統合報告書の公開資料の抜粋を紹介しながら筆者が CFO（当時）として実践していた開示事例も合わせて紹介していく。

　その前提として，初めに「企業と投資家の目的を持った対話」としての IR（インベスター・リレーションズ）について触れておきたい[1]。わが国において「銀行ガバナンス」から「株主ガバナンス」へと変遷が進む中で，上場企業の経営者，

---

[1]　ガバナンス改革直後の2016年の日本 IR 協議会（JIRA）の事業会社サーベイによれば，コーポレートガバナンス・コードとスチュワードシップ・コードにより「企業の持続的成長のための目的を持った対話」が促進されたと回答した企業が50.4％と過半数になった（前回調査30.2％）。また，中期計画で資本政策を策定する企業は60.7％（前回32.6％）となり，そのうち57.3％が ROE 目標を設定している。

そして CFO の受託者責任は持続的な企業価値の向上であることが認識され始めた。かつては日本企業の株式の過半数を所有していた金融機関による株式持ち合いが低下している一方で，持ち合い解消の受け皿となってきたのが，ファイナンスの理論に従って行動する外国人投資家である（外国人株主は日本企業の発行済み株式の約3割をストックとしては保有しているが，日本株売買フローでは過半数を占める[2]。つまり価格形成に大きく影響を及ぼす立場にある）。かかる変遷を踏まえて，上場企業は市場と対話し，市場が求める企業価値向上を目指すことがミッションになっている。

　ここ近年，IR の重要性が指摘されるようになった。「投資家向け広報」とも翻訳される IR の意味は何であろうか。全米 IR 協会（NIRI, National Investor Relations Institute）は，下記のように IR を定義している。

NIRI（2004）の IR の定義

「インベスター・リレーションズ（IR）とは，企業財務やコミュニケーション，マーケティング，証券法上のコンプライアンスを統合した戦略的な経営責務であり，それによって，企業とファイナンスコミュニティ（投資家層），その他のステークホルダー間の，最も効果的な双方向コミュニケーションが可能になる。そして，IR の最終目的は，当該企業の有価証券が公正価格（フェアバリュー）を達成することにある。」

　株主と上場企業はプリンシパル・エージェント（またはスチュワードシップ）の関係[3]にあり，所有者たる株主から，経営者は経営を委託されており，企業価値向上のために受託者責任を果たすべく努力する義務がある。その企業価値最

　2　柳（2015d）参照。
　3　所有と経営の分離では，経営者が株主から経営を委託されている「プリンシパル（依頼人）-エージェント（代理人）」関係がある。エージェンシー理論では代理人が自己の利益を優先して依頼人の利益を損ねる可能性がある（エージェンシー問題）として，そのモニタリングの仕組みとしてのガバナンスがある（不祥事防止のための社外取締役など）。一方，日本の社会的・文化的背景を考慮すれば，受託者たる経営者は，「自主的に」株主（プリンシパル）の意向に沿う企業価値最大化を目指すよう動機付けられているという仮説をスチュワードシップ理論という。単純化すれば，性悪説的な米国型ガバナンスはエージェンシー理論中心でルールベースのガバナンスを訴求し，集団主義的で性善説的な日本では英国にならい，スチュワードシップ理論を主にプリンシプルベースでガバナンスを求める傾向になっている（近年のガバナンス改革の趣旨）。

大化は株主だけのためのものではなくて，他のステークホルダーとのバランス
を前提にして「持続可能」な価値創造を行うことになる。当然，株主の求める
グローバルスタンダードと日本独自の文化や制度に基づく個々の会社ごとの事
情にはギャップがある。株主・投資家の要求に対して，それをあたかも法律の
ように受け止めて従う必要はないが，企業には説明責任がある。IR では，"Com-
ply or Explain"（投資家の求めるグローバルスタンダードを遵守するか，そうでな
ければ個別の事情を納得できるように説明してください）という原則が適用される
べきである。つまり，プリンシプルベースの精神である。そして，IR の目的で
ある，「適正株価（インサイダーとして CFO の算出する DCF：割引キャッシュフ
ローの価値）」の達成のためには，CFO が自社の本源的価値（Intrinsic Value）に
よる理論株価を把握した上でマーケットと向き合わなければならない。「自社の
本源的価値を知らずして IR を語るべからず」ということになろう。

　別の角度から IR の意義を定義すると，説明責任履行により情報の非対称性
を緩和して，ボラティリティやリスクを低減する，つまり資本コストを下げる，
ということが挙げられるだろう。ディスクロージャーが充実して説明責任を履
行している IR の良い企業は，リスクを低減して将来キャッシュフローの割引
率（株主資本コスト）を引き下げるルートを経由して，企業価値向上に貢献する
だろう。

　もう 1 つ付言すれば，IR とは双方向の株主・投資家との対話，エンゲージメ
ント（企業価値を高めるための投資家の関与）であり，投資家からのフィードバッ
クを真摯に受け止めて学ぶという姿勢も CFO にとって重要であろう（その意味
で第 1 章，第 2 章の投資家サーベイ結果を CFO は熟知すべき）。こうした IR を前提
としながら，上場企業の CFO は企業価値を高める財務戦略を遂行するスチュ
ワードシップ責務を負っている。

　ここで提案する「CFO の財務戦略マップ」（**図表 4 - 1**）では，企業価値最大化
のための施策として，特にその中核を担う ROE 経営，持続的成長のための投資
採択基準，残余利益の株主還元のあり方の 3 つを提案している。これは2019年
エーザイ統合報告書からの抜粋であり，筆者がエーザイの CFO（当時）として
考案し，日々財務理論を実践している CFO ポリシーの実際の骨子である。

　当該財務戦略マップの流れでは，まずバランスト・スコアカード（Kaplan and
Norton（1996））の「学習と成長の視点」，「顧客の視点」として，前章まで詳し
く述べてきたように，IR で CFO は世界の投資家の意見を理解，吸収し，それ

62

図表4-1　エーザイ CFO の財務戦略マップ

* 1　西川郁生編『企業価値を高めるための財務会計リテラシー』日本経済新聞出版社（2016）を一部改編
* 2　シグナリング効果：配当政策により経営者の将来収益予測に対する考え方が株価に影響をもたらすこと
* 3　ケータリング効果：配当を選好する株主の期待に応えることで株価に影響をもたらすこと
* 4　FAM：Fixed Asset Monetization（固定資産の現金化）
* 5　CCC：Cash Conversion Cycle（キャッシュ・コンバージョン・サイクル）
* 6　GCMS：Global Cash Management System（グローバル・キャッシュ・マネジメント・システム）
* 7　トレード・オフ理論：負債調達による限界的な損益と企業の倒産リスクが均衡する最適資本構成を求める理論

（出所）　エーザイ統合報告書2019。

を経営にフィードバックする。究極の目的としては「財務の視点」たる持続的な企業価値の最大化を目指すが、そのための「内部プロセスの視点」として、ROE経営，投資採択基準，株主還元政策の3つの柱にフォーカスする。そして、そのプロセスに関してIRで説明責任を果たしていくというサイクルを回すこととなる。

　厳しい意見を持ち、企業に関与（エンゲージメント）しようとする外国人投資家を回避して個人株主シフトを図る企業は価値創造を果たしていないことが、石川（2019）でも示唆されている。理論武装して世界の投資家に立ち向かう優れたCFOのIRは資本コストを低減するし、**図表4-2**にあるような関係図からも、中長期的に機関投資家が最重視するROEを高めれば企業価値評価、つまりPBRは向上する蓋然性が高い。

$$\text{PBR（株価純資産倍率）}=\text{PER（株価収益率）}\times\text{ROE（株主資本利益率）}$$

　国際的に日本のPBRは劣後し、1倍程度で付加価値の創造がほとんどないが、クリーンサープラス関係と定常状態を仮定すると、PERは理論的に「r（株主資本コスト）－g（利益成長率）」の逆数に収斂するので国際的に15倍レンジで大差はない（たとえば、株主資本コストを8％とすると、1.5％程度の利益成長が期待されている状況である）。したがって、PBRの彼我の差はROEの違いに帰結する（**図表4-3**）。

図表4-2　PBR，PER，ROEの関連性の図式

r：株主資本コスト　　　g：利益成長率

（出所）　筆者作成。

図表 4 - 3　PBR＝PER×ROE の国際比較

〈日米英　PBR 比較〉

〈日米英　PER 比較〉

〈日米英　ROE 比較〉

（出所）　Bloomberg より筆者作成。

そして，かかる観点から，企業価値評価を高める「内部プロセス」の改善を
担う 3 つの柱の要点をまとめると，次のようになる。

1．まず中核となる考え方に ROE 経営がある。長期的には株主のリターン，
つまり TSR（キャピタルゲインとインカムゲインの合計である株主の総合利回
り）に収斂する企業価値の代理変数としての ROE（およびエクイティ・スプ
レッド）を中長期的かつ持続的に高めることに CFO の使命は帰結する。そ
のためには資本コストを意識して，それを上回る資本効率を求めることに
なるが，社内の管理会計としては，デュポン分析によりマージン，ターン
オーバー，レバレッジに分解して，それぞれの具体的施策を嚙み砕いて現
場にカスケードダウンしていく ROE 経営が重要となる。伊藤レポートで
は最低 8 ％の ROE を中長期的に求めている。これについては，第 5 章で詳
しく述べる。

2．持続的成長を目指す事業会社として，根本的には，本業の本源的価値を
高めるための設備・IT 投資，研究開発，戦略的事業投資等を積極的に行う

　ことが前提条件である。一方で，財務規律を重視しながら価値創造を担保する高度な投資採択基準が要求される。この観点から，資本コストを意識したNPV（正味現在価値）やIRR（内部収益率）が重視されるべきだが，真に株主の負託に応えて企業価値を高めるには，ハードルレートはリスク調整後の割引率をプロジェクトのリスクに応じて適用することも求められるだろう。多くの日本企業の投資採択基準には改善の余地がある。これについては，第6章で深掘りしてみたい。

3．そして企業価値を高めるための投資を，価値創造を担保する高度な投資採択基準で採択して全てまかなった上で，余剰資金および内部留保の還元（残余利益配当方針：Residual Theory of Dividend）も重要である。さらに言えば，バランスシートマネジメントとして，株主資本と総資産のバランスも考慮の上で，「最適資本構成に基づく最適配当政策」も検討しなければならない。それは資本効率の改善に密接に結び付いてくるからである。もちろん，市場に対するシグナリング効果(配当政策がどのようなメッセージを市場に送るのか) や株主の要望に応えるケータリング効果（株主・投資家はどのような株主還元を望んでいるのか)も勘案する必要がある。石川 (2010)，石川 (2019) が実証するように，配当の株価への影響力は強い (コロボレーション効果)。第7章で詳説する。

　この3つが企業価値を高める戦略の支柱であると考える。これは，ファイナンス理論に加え，筆者の上場企業のCFOおよび外資系投資銀行幹部としての過去の経験や，世界中の機関投資家との延べ3,000件以上の面談におけるIRの議論にも立脚している理論と実践を融合したモデルでもある。エーザイでは筆者の主宰するグローバルCFO会議を四半期ごとに開催して，世界中のグループ会社の財務部門でこのCFOポリシーを共有化していた（当時）。

　そして，財務戦略マップは，会社運営における通常の会計上の純利益の最大化努力を所与のものとして，財務の視点にフォーカス(目的関数を一本化)した企業価値の最大化のための派生的戦略マップで,KaplanとNortonの主張するバランスト・スコアカードベースの全社的な戦略マップの一部を構成するものでもある。

　これらの価値創造の財務戦略を管理会計上の指標や施策に落とし込み，事業部の各現場に浸透していくことで有機的に結び付けていけば，全社的な企業価

値向上に向けた変革の一助となるだろう。その意味でも財務戦略を企画・実行する CFO（コーポレート・スチュワードシップ）とそれを監督して価値創造を担保する取締役会（コーポレートガバナンス）の役割は大きい。

第2節　現場に落とし込む CFO の日本型 ROE 経営 ：管理会計とのつながり

1　ROE のデュポン展開による全社への浸透

　本章の財務戦略マップの中核に ROE 経営がある。長期的には ROE は株主のリターン（TSR）に収斂し，機関投資家の9割が重視（生保協会 (2019)）し，エクイティ・スプレッドとオールソンモデル（残余利益モデル）からも株主価値との価値関連性は証明されている指標である。スチュワードシップ・コード（金融庁 (2014)），コーポレートガバナンス・コード（金融庁・東証 (2015)），伊藤レポート（経産省 (2014)）も資本効率の改善を求めているが，その代理指標は ROE である。

　したがって企業経営者，CFO は，株主およびその他のステークホルダーに対する受託者責任と説明責任を果たすために，企業価値の代理指標である ROE を持続的かつ中長期的に高める義務がある。

　ROE の定義を振り返ってみよう。

　　　ROE（％）＝純利益÷株主資本（簿価）

　柳 (2015d) によれば，「株主利益＝株主の総合利回り（TSR）＝キャピタルゲインとインカムゲインの合計」は会計上の株主持分の利益率である平均 ROE に長期的には収斂する傾向があるが，日本企業の資本効率（ROE）は国際的にも低位にある（**図表 4 - 4**）。

　それでは，いかにして ROE を高めることができるのだろうか。

　ここで，ROE を米国の化学会社が100年以上も使用する管理会計の手法である「デュポン分析」で3つに分解してみよう。実は ROE は**図表 4 - 5**の数式のように3つの要素に分解できる。

　CFO には ROE の3要素を管理会計の視点で分析して，経営プロセスを改善することが ROE 経営で求められている。

　エーザイの統合報告書2019では**図表 4 - 6**のように，CFO ポリシーからの

68

図表 4 - 4 日米の ROE と TSR の長期的関係

〈日本の Total Return と ROE〉

＊　83年末の各地域 MSCI を100とした値を基準に各地域の年次リターンを算出。

〈米国の Total Return と ROE〉

＊　83年末の各地域 MSCI を100とした値を基準に各地域の年次リターンを算出。

（出所）　Bloomberg より筆者作成（柳（2015d））。

「デュポン等式」を開示しており，これを実務ではさらに詳細に分解して全世界の子会社へ展開していた（当時）。

　日本の経営者から頻繁に聞かれる ROE 批判として，「アメリカの会社は株主

図表 4 - 5　ROE のデュポン分解

（出所）　筆者作成。

図表 4 - 6　エーザイの ROE のデュポン等式の開示

（出所）　エーザイ統合報告書2019。

原理主義が行き過ぎて，投資家も企業も近視眼的なショートターミズムが横行している。無理やりレバレッジを高めて，過度の借入金を利用することで，人工的に ROE を高めており，倒産リスクにさらされても株主だけが潤うように経営されている。それは極めて不健全で，持続的ではない。」というような意見もある。それが事実であればもちろん重大な問題であり，日本企業は見習うべきではない。

図表 4 − 7　デュポン分解の国際比較

〈日米英　ROE 比較〉

〈日米英　マージン比較〉

〈日米英　ターンオーバー比較〉

〈日米英　レバレッジ比較〉

（出所）　Bloomberg より筆者作成。

そこで，国際比較でROEを検証してみよう。デュポン分析により3つの要素に分解して，マージン（純利益÷売上高＝利益率），レバレッジ（総資産÷株主資本＝自己資本比率の逆数），ターンオーバー（売上高÷総資産＝回転率）で考える（**図表4-7**）。

デュポン分析で見てみると，ROEの国際格差（平均値）は主にマージンの差であり，レバレッジとターンオーバーには大差がない。平均値で日本企業のROEが米国の半分以下であるのは，レバレッジではなくて，マージンが半分以下であることが主因である。これにはイノベーションの欠如，合従連衡が少ないための過当競争，終身雇用のコストや税務戦略の巧拙などの要因があろう。上記の「アメリカ企業のROEが日本よりも高いのは，レバレッジが高いからだ」という日本企業経営者が頻繁に発するROE批判は，少なくとも過去平均値比較では，必ずしも当てはまらない。

伊藤レポートも「ROE8％以上を目指すべき」としているが，「レバレッジをかけるべき」とは言っていない。アベノミクスのガバナンス3大改革であるスチュワードシップ・コード，コーポレートガバナンス・コード，そして伊藤レポートは持続的成長と企業価値向上のための資本効率の改善を求めているが，その根幹は2014年の日本再興戦略（アベノミクスの第3の矢）のテーマ，「稼ぐ力を取り戻す」である。これは，まさに日本企業の本業のマージン改善であり，過度のレバレッジによる株主偏重主義や短期志向ではない。利益率の向上に努めることに対しては，基本的にどんな経営者も異論がないだろう。やはり日本経済活性化のためには利益率の向上が急務であり，日本企業の長期的経営戦略，イノベーション，業界内での合従連衡，コストの最適化などを実行していくべきである。そして，それが成長戦略とROE経営の王道である。一方で，構造改革など，企業だけでなく当局の役割[4]も相当重いことも付言しておこう。

いずれにしてもROE経営において，CFOは新商品開発，コスト管理，ノンコア資産売却などのマージン改善策を第一に着手すべきであろう。そして，日本企業のCFOはレバレッジの最適解を求めて，財務の健全性を維持しながら資本効率も高める最適資本構成を勘案したバランスシートマネジメントを考え

4　KPMG河原茂晴氏（当時）の2015年7月3日経済同友会「2015年度資本効率の最適化委員会」での講演資料「ROEを超えて－コーポレートジャパン最新事情と改善に向けた課題－」によれば，日米ROE格差のうち，3.4％はエネルギーコスト，3.9％は社内失業（終身雇用）コスト，2％はタックスプランニングの差であるとも解釈できる。

る必要があるのではないか。

2　現場にカスケードダウンする日本型 ROE 経営と管理会計

　会計・財務の専門家たる CFO は，管理会計の手法による ROE 経営を現場に
落とし込んで企業価値向上を推進する責務がある。

　米国の名門化学会社デュポンは，今から100年以上前に有名な経営管理システ
ムのデュポン分析を管理会計に取り入れているが，ROE ツリー展開図（さらに
細かく分解することもできる）を見ると（**図表 4-8**），企業内部の各現場のミクロ
の管理会計の「カイゼン」が企業価値評価向上へとつながっていることがよく
理解できる。

　株主・投資家，特に外国人投資家は企業価値向上，端的には代理指標として
の ROE の改善を求めて，「目的を持った対話(エンゲージメント)」を通じて外側
から日本企業にアプローチする。社外取締役も，株主の代表として資本生産性
の向上を経営陣に問うだろう。日本企業の CFO はそうした声を受けて，ROE
改善策を企画・立案して管理会計の視点から現場のオペレーションの「カイゼ

| 図表 4-8 | 管理会計のカスケードダウンとしての ROE ツリー展開図

（出所）　筆者作成。

ン」に落とし込めるはずである。在庫を減らす，売掛金の回収を早める，設備稼働率を上げる，無駄な経費を削減する，利益率を上げる，経営者として当然の行動を改善することに違和感はないであろう。このようにして長期的な視野で企業と投資家は共生・協働が可能であろう。

伊藤レポートでは「ROEの向上は確かに経営者の責務であるが，それを各種指標に分解し，現場にまで落とし込むことによって，現場の高いモチベーションを引き出すことも重要である。現場力を伴ったROE向上こそ日本の経営スタイルに適合する。それは『日本型ROE経営』とも言える」としている。

財務会計をもとに，「社内の管理のため」に管理会計は存在するが，現場の「カイゼン」が「日本型ROE経営」につながり，最終的には企業価値を最大化して外部のステークホルダーに貢献することができるのである。そしてCFOの受託者責任・説明責任はここにある。

そして，ROE経営では，決してショートターミズムに陥らずに，長期の時間軸が重要である。エーザイの「統合報告書2019」ではCFOポリシーとして10年

| 図表 4 - 9 | 10年平均をベースとしたエーザイのROE経営 |

(出所)　エーザイ統合報告書2019。

平均[5]の ROE を KPI としている（当時）。そして，株主資本コスト（CoE）は世界の投資家のコンセンサス（第 1 章，第 2 章参照）である 8 ％を採用して，10年平均で正のエクイティ・スプレッド 2 ％を目指している（**図表 4 - 9**）。

■第3節■　価値を創造するための高度な投資採択基準を考える

　企業の成長には投資が必要である。費用計上される研究開発はもとより，設備投資，製品買収や企業買収（M&A）といった有形資産・無形資産取得の「資本的支出（CAPEX）」も重要である。そこでは，CFO はコーポレート・スチュワードシップとして企業価値向上を担保する投資採択基準を策定して運用する。経営資源は有限であり，採択できる投資も限られてくるので，優先順位をつけて，一定の基準で投資採択基準を定めることになる。

　そのためには，CFO の「資本コストを意識した投資採択基準」が企業価値創造理論あるいは世界の投資家の視座から前提条件になろう。したがって，企業価値向上を企図した資本支出予算では，資本コストを加味した投資採択基準を設定することが基本になるが，日本企業においては，SPP（回収期間法[6]）に比べて，資本コストの意識を前提とする NPV（正味現在価値法[7]），IRR（内部収益率法[8]）の普及率は決して高くはないようだ（第 6 章で詳説）。今，世界の投資家から次世代 CFO の財務リテラシーが問われている。

　筆者は新時代の CFO が検討すべき企業価値評価向上のための投資採択基準

5　エーザイの CFO ポリシー（当時）では，研究開発投資が実るのには10年以上かかることもあり，長期志向で「10年平均の ROE」を KPI に採択している。過去，ハードルレートの 8 ％を下回る ROE を計上した時期も一時あったが，ショートターミズム（たとえば過度に研究開発費を削減する裁量的利益調整）に陥らずに研究開発投資を積極的に行ったことで，早期の抗がん剤の新薬上市につながり，2018年度の ROE 実績は10.4％，2019年度の ROE 予想は13％超になっている（2019年11月第一版執筆時点）。

6　回収期間法（SPP：Simple Payback Period）とは，投資金額が何年で回収されるかを調べ，その期間がガイドラインとなっている期間よりも短ければ投資を実行し，長ければ投資を見送るという投資評価方法の 1 つ。回収期間法は計算が簡単で理解しやすい特徴を持つが，金銭の時間的価値を勘案できない，そもそも判断基準となるガイドライン期間を何によって決めるべきか曖昧，などの限界も指摘されている。

7　正味現在価値法（NPV：Net Present Value）とは，プロジェクトの投資から生み出される将来キャッシュフローを割引率を使って現在価値に割り引く，同じく，投資額についても割引率を現在価値に割り引く，そして，現在価値に換算した将来キャッシュフローから現在価値に換算した投資額を差し引いて，その計算結果である純額（NPV）の大きさで投資の判断を行う方法を指す。

8　内部収益率法（IRR：Internal Rate of Return）とは，NPV ＝ 0 となる割引率を指す。IRR が資本コストよりも高い場合は投資案件を採択して，低い場合は棄却する。

の基本原則を以下のように考える。

【資本支出予算における投資採択基準の基本原則】

１．NPV がプラスであること
２．IRR が資本コストを上回ること
３．NPV と IRR では NPV を優先する
４．複数案件は PI（Profitability Index）による比較が有効
５．さらにリアルオプションも検討する

　さすがに近年は，わが国でも NPV と IRR という資本コストベースの投資採択基準を利用する会社も増えてきてはいるが，ハードルレートが５％，８％や10％など一律であることが多い。しかし，プロジェクトのリスクは個別に異なるだろう。本章では投資採択基準で適用する割引率（ハードルレート）は，全社ベースで一律ではなく個別のリスク調整後ハードルレートを適用すべきという価値観を提案したい（Value Proposition）。エーザイの CFO ポリシーでは約200種類のハードルレートを定めて，全世界の投資案件の NPV 計算に適用して，CFO が採択の可否を審査している（当時）。

　リスクリターンを厳密に分析して価値評価する投資家の負託に応えるには，プロジェクトごとの投資採択基準において，「保守主義の原則」で，各投資プロジェクトのリスク，投資国，投資主体(本体か子会社か)，公開会社か非公開会社か等によって調整するハードルレートの基準を CFO が設定することでステークホルダーの信任をより得られるだろう。

　こうしたガイドラインでグローバルな案件を勘案すると数百種類のハードルレートを使いこなすことになるのである。**図表 4 -10**にエーザイの統合報告書2019から CFO ポリシーによる投資採択基準の開示事例（当時）を紹介する。

第 4 節　最適資本構成に基づく最適配当政策

　Miller and Modigliani（1961）の MM 定理によれば，完全市場の下では配当は企業価値に影響を及ぼさないことが知られている。ただし，こうした配当無関連命題は完全市場を前提としているので，現実の資本市場では様相が異なる。

　石川（2010），石川（2019）は，実証研究で，配当が株価に多大なる影響を及ぼしていることを証明している。強力な「シグナリング効果」あるいは「コロボ

図表 4 -10 ┃　エーザイ CFO ポリシーの投資採択基準の開示事例

●投資採択基準：VCIC（Value-Creative Investment Criteria）
　企業が成長するためには，投資の優先順位や選択が重要となります。そのため，エーザイでは，戦略投資に対する投資採択基準を定め，価値創造を担保しています。その際には，リスク調整後ハードルレートを用いた正味現在価値（NPV）と内部利益率（IRR）スプレッドを KPI としています。原則として NPV プラスの条件のみを採択することは当然ながら，IRR にも一定のスプレッドを設けて価値創造を担保します。なお，ハードルレートについては，投資プロジェクト，投資国，流動性などのリスク要因を加味して，およそ200種類のハードルレートを設定し，それぞれの投資案件に応じて，リスク調整後ハードルレートを採用しています。
　2018年 6 月に改訂された「コーポレートガバナンス・コード」において，自社の資本コストの的確な把握をもとにした経営資源の配分が求められていますが，エーザイでは2013年から VCIC を導入し，価値創造の担保を行っています。

リスク調整後ハードルレートの設定方法
リスク調整後ハードルレート＝リスクフリーレート＋β×リスクプレミアム（＋流動性プレミアム） 　- リスクフリーレート：各国別10年国債の過去10年平均利回り 　- β（ベータ）：投資カテゴリーに応じて設定（リスク特性）

（出所）　エーザイ統合報告書2019。

レーション効果」が確認されている。また，諏訪部(2006)も増配とその後の EPS（1 株当たりの純利益）の上昇を報告している。
　企業価値を生む投資を可能な限り採択して積極的に将来のための投資を行った後に，配当で株主に資金を返還する考え方（残余配当方針）もある。この原則から考えると FCF（フリー・キャッシュフロー）は全額株主還元に充てるべきだろう。
　また，Jensen(1986)の FCF 仮説では，過剰にキャッシュを積み上げるとエージェンシー問題が発生して経営者の保身につながるという。第 3 章で定性的・定量的な証拠を示したように「日本企業の保有現金100円は50円に見なされてい

る」のである。

　一方，ライフサイクル仮説では，成長企業は無配でも投資を優先し，成熟企業は株主還元を高めるべきという考えになるし，ケータリング効果に鑑みれば，顧客たる自社の株主の配当に対するニーズを理解して対応すべきかもしれない。

　Black（1976）が「配当はパズルである」と言うように，配当は単純ではないのである。

　ここで，本章の理解のために主な配当指標を掲げる。

【主な配当指標】

・配当性向＝配当支払額÷純利益（％）
・配当利回り＝配当金÷株価（％）
・自社株買い比率＝自社株買い金額÷純利益（％）
・総還元性向＝配当性向＋自社株買い比率（％）
・株主資本配当率（ＤＯＥ）＝配当総額÷株主資本（％）＝ＲＯＥ×配当性向（％）

（参考） 配当割引モデル（DDM）による理論株価（クリーンサープラスと定常状態を仮定）＝１株当たりの配当金÷（資本コスト－永久成長率）

　日本企業には配当性向神話が強く，「キーワードは配当性向30％」，「配当政策は米国に追いついた」という声もある。しかしながら，日米配当性向を詳しく見てみると同じ平均値が30％でも対照的な分布になっている。生保協会（2019）が「配当性向30％」を要請していることもあり，日本企業の配当性向は平均値かつ米国企業の平均値でもある30％に集中する傾向がある一方，米国ではライフサイクル仮説が機能して企業の成長ステージごとに配当性向がフラットに分散しており，一番多いのは無配企業になっている。「配当性向30％は魔法の数字」と考える日本企業の配当性向は横並び意識から平均値である30％レベルに集中する傾向がある一方，成長企業は無配でも良いし，高い ROE で再投資できるなら投資家は配当を求めない。また，現金を貯め込んだ成熟企業には100％以上の株主還元を求める。言い換えれば，企業ごとの最適資本構成を勘案する必要がある。配当性向10％でも高すぎる企業もあれば，配当性向300％でも低すぎる企業もある。ここでコーポレート・スチュワードシップともいうべき CFO の最適

な配当政策の立案が求められるのである。

　それでは，世界の投資家は日本企業の配当政策において何が一番重要だと考えているのだろうか。

　第 1 章の継続的な大規模サーベイにより明らかになった世界の投資家の求める配当政策は，圧倒的に「最適資本構成に基づく最適配当政策」である。これは，CFO のバランスシートガバナンスとも言えるだろう。ガバナンスと資本効率の観点からは，配当性向よりもフリーキャッシュフロー仮説[9]が示唆するエージェンシーコストの削減を企図した最適資本構成が重要なのである。

　それでは CFO が最適配当政策の企画・立案するにあたって，そのベースとなる最適資本構成はどのように考えればよいのだろうか。

　筆者は，第 7 章で詳説する「格付け類推法」による最適資本構成の模索と資金調達のペッキングオーダーも勘案した最適配当政策を CFO ポリシーで実践していた。

　実務上はクレジットを勘案した「信用格付け類推法」を簡便法として，信用格付け A（シングル A）になるような財務の KPI を追求することで，CFO は財務の健全性を確保し，トレードオフ理論（負債の活用は資本コストを低減するが，過度になると倒産リスクも高まるのでバランスが重要）やペッキングオーダー理論（企業は現金，負債，株式の順で資金調達する）に基づいて最適資本構成を目指すことになる。

　加えて，将来の投資機会，保有現金の水準，シグナリング効果，安定配当，ROE ターゲット，エクイティ・スプレッドなども用いて総合的に決定すべきであり，それに依拠して最適な配当政策を CFO は模索すべきであろう。

　こうした「最適資本構成に基づく最適配当政策」の具体的な KPI としては，たとえば，柳（2008）の推奨する DOE（株主資本配当率）がある。DOE は株主から預かった株主資本に対する配当総額の比率を示すもので，バランスシートマネジメントに適していると言える。

　財務戦略マップの 3 つ目の柱に掲げた「最適資本構成に基づく最適配当政策」は非常に重要かつ難易度の高い新時代の CFO の課題である。

　最後に実例として，上記を総合的に包含したエーザイの中期経営計画

9　Jensen（1986）により確立されたと言われる。プリンシパルたる株主はリスクマネーを拠出して，エージェントたる経営者に事業運営を委託しているが，手元資金が豊富になると経営者の保身や価値破壊の投資をする可能性がある。これをエージェンシーコストという。

| 図表 4 -11 | エーザイの中期経営計画の KPI の開示事例 |

エーザイ
統合報告書
2019
P.37

KPI	2020年度ターゲット
ROE	10%以上
エクイティ・スプレッド*1	2％以上
DOE*2	8％レベル
親会社所有者帰属持分比率	50〜60%
Net DER*3	−0.3〜0.3

2025年度　ROE15%レベル

* 配当金の決定は取締役会の承認を前提とします。

*1　エクイティ・スプレッド＝ROE−株主資本コスト，株主資本コストは保守的に 8 ％と仮定

*2　Dividend on Equity：親会社所有者帰属持分配当率

*3　Net DER：Net Debt Equity Ratio＝（有利子負債（社債および借入金）−現金および現金同等物− 3 カ月超預金等−親会社保有投資有価証券）÷親会社の所有者に帰属する持分

（出所）　エーザイ統合報告書2019。

「EWAY2025」の KPI をエーザイの統合報告書2019（当時）から掲載する（**図表4 -11**）。

　本章で概要を述べた ROE（目標10%以上），エクイティ・スプレッド（目標 2 ％以上）に加え，バランスシートマネジメントとしての最適資本構成（自己資本比率50-60％および Net DER マイナス0.3倍−プラス0.3倍），とそれに依拠した最低配当政策 DOE（ 8 ％レンジ）の具体的な目標値の開示があることに注目いただきたい。こうした CFO の理論と実践の融合による財務戦略の実践と説明で，世界の投資家の信任を得ることができれば，持続的な企業価値の向上につながる蓋然性が高いだろう。

　ここから，第 5 章，第 6 章，第 7 章で財務戦略マップの 3 本柱について，それぞれ詳しく解説していく。

第5章 ROE 経営と エクイティ・スプレッド

第4章では CFO ポリシーから財務戦略マップの全体像を示したが，第一の柱としてその中心にあるのは ROE 経営[1]である。

財務戦略マップ1

　中核となる考え方に ROE 経営がある。長期的には株主のリターン，つまり TSR（キャピタルゲインとインカムゲインの合計である株主の総合利回り）に収斂する企業価値の代理変数としての ROE（およびエクイティ・スプレッド）を中長期的かつ持続的に高めることに CFO の使命は帰結する。そのためには資本コストを意識して，それを上回る資本効率を求めることになるが，社内の管理会計としては，デュポン分析によりマージン，ターンオーバー，レバレッジに分解して，それぞれの具体的施策を噛み砕いて現場にカスケードダウンしていく ROE 経営が重要となる。伊藤レポートでは最低8％の ROE を中長期的に求めている。

1　価値創造の代理変数として資本生産性を測る KPI には ROIC 等，さまざまな指標が考えられるが，本書では簡便法として負債の影響を除いた ROE を議論する。ROE は変数が少なくシンプルかつ，決算短信で統一された計算式で，基本的に東証全上場企業が開示をしていること，「ROE 8％ガイドライン」から浸透度が高いことなどから採択した。ROIC は負債利用企業や複数の事業部を持つ企業の管理指標としての優位性もあるが，変数が多く，定義も企業によってまちまちであり，統一された開示がないために採択しなかった。たとえばオムロンの ROIC 経営が有名であるが，同社は多数の異なる事業部を有しており，その管理には適している。ちなみにエーザイの CFO ポリシー（当時）では，当社がほぼ単一事業（医療用医薬品）の企業かつ実質無借金であるので，開示に優位性のある ROE を選択していた（実質無借金企業の場合は，ほぼ ROE＝ROIC になる）。

■ 伊藤レポートの "ROE 8％ガイドライン"

　伊藤レポート（経産省 2014）の中で「個々の企業の資本コストの水準は異なるが，グローバルな投資家から認められるにはまずは第一ステップとして，最低限 8％を上回る ROE を達成することに各企業はコミットすべきである。もちろん，それはあくまでも『最低限』であり，8％を上回ったら，また上回っている企業は，より高い水準を目指すべきである」という記述が注目を集めた。これが，いわゆる「ROE 8％ガイドライン」であるが，筆者もその委員を務め，ROE や資本コストに係るドラフティングに関わったが，以下の筆者の文献がエビデンスとして採択されている。

　　「企業価値創造の KPI として，『エクイティ・スプレッド（ES）＝ROE－
　　CoE（株主資本コスト：株主の期待する投資リターン）』がある。投資家から見
　　ると，これがプラスであれば価値創造企業，マイナスであれば価値破壊企
　　業と評価される。」（出所：柳（2010））
　　「資本コストは，市場が期待する収益率であるが，絶対的な定義はなく，
　　妥当な資本コスト水準については議論が分かれる。1つの参考として，日
　　本株に対して，国内外の機関投資家が求める資本コストにかなりのばらつ
　　きがあること，平均的には7.2%（海外），6.3%（国内）を想定しているとの
　　調査結果がある。」
　　「上記の調査では，グローバルな機関投資家が日本企業に期待する資本コ
　　ストの平均が 7％超になっている。これによれば ROE が8％を超える水
　　準で約9割のグローバル投資家が想定する資本コストを上回ることにな
　　る。」（出所：柳（2013a））

　ROE が長期的に TSR と正の相関を持ち，PBR の説明変数でもあることから企業価値の代理指数となることは述べてきた。それでは，ROE 経営の理論基盤の一角をなす「ROE 8％ガイドライン」を深掘りしてみたい。なぜ ROE を重視して，8％以上の ROE を求めるのだろうか。ROE の重要性と留意点，エクイティ・スプレッドと株主資本コスト 8％の根拠の順で説明しよう。

第1節　中長期的な ROE 経営の重要性

それでは ROE（Return on Equity）とは何か？　ROE とは株主資本利益率のことであり，以下の式で計算できる（**図表5-1**）。

図表5-1　ROE（%）＝純利益÷株主資本（簿価）

ROE とは

・ROE＝Return on Equity

$$株主資本利益率＝\frac{純利益}{株主資本}$$

・株主から預かった資本を企業が事業に投資して，どれだけリターンをあげたかを示す（簿価ベース）。資本効率または資本生産性の指標。
・長期では株主の総合利回り（時価ベース）に近似する。
・投資家が最重視する KPI。

（出所）　筆者作成。

分子は会計上の当期純利益[2]で損益計算書（PL）の「利益」の数値であり，分母は貸借対照表（BS）の「資本」[3]の数字であり資本効率を表している。つまり ROE は会計の指標である。

実務上，株式投資家から見ると，企業がどのような資産に投資をしようが結局どの程度のリターンを株主に生んでいるかという点でわかりやすい。株式投資家の立場からは，長期の投資リターン（TSR）[4]は長期の ROE に収斂すること，また上場企業の決算短信でも開示があるので時系列比較，同業他社比較，

2　IFRS（国際会計基準）では包括利益も重視されるが，ROE の計算式の分子には純利益を用いる。包括利益の OCI（その他包括利益）には本業以外の為替・株式相場の影響で管理不能な要因も含まれるため変動が大きくなる。また包括利益も増分情報内容を持つが，純利益はより大きい増分情報を株価に対して持つことが実証されている。世界の投資家の実務においても ROE 計算には純利益を用いることがスタンダードになっている。

3　2005年12月に企業会計基準委員会（ASBJ）は，純資産の部の表示に関する新しい会計基準を発表し，「3つの資本」が混在している。「株主資本」は資本金，資本剰余金，利益剰余金，自己株式の合計，「自己資本（金融庁と東証の決定）」は株主資本に，その他有価証券評価差額金，繰延ヘッジ損益，土地再評価差額金，為替換算調整勘定を加えたもの，「純資産」は自己資本にさらに新株予約権と少数株主持分を加えたものである。つまり，3つの資本（株主資本，自己資本，純資産），3つの ROE（株主資本利益率，自己資本利益率，純資産利益率）が存在することになった。金融庁と東証は ROE 計算の過去からの連続性を保つために，ROE を「自己資本利益率」とした。本書では株主ガバナンスから企業価値を語ろうとしているので，計算式は自己資本ベースでも，あえて「株主資本」という言葉を使うこととする。

4　TSR とは，「キャピタルゲインとインカムゲインを合わせた株主の総合リターン（%）」を指す。

異業種比較が行いやすい指標でもあることから，一般に「資本効率」というと代表的にROEが使われることが多い。そして投資家はROEを最重視する。要するに，コーポレートガバナンスの原点に戻って，プリンシパルたる株主からの負託を受けて，エージェントたる経営者が預かった「株主から拠出されたお金」に対して，どれだけの金額を「株主の利益」として生み出したかを表す指標がROEなのである。資本効率とは株主の資本（会社経営者の資本ではない）に対する利益創出の生産性である。

しかし，株主だけが潤えばそれでよいということはない。本書で論じるROEは株主原理主義ではない。

ROE計算式の分子たる会計上の純利益を考えてみよう。PLの順番を思い起こしてほしい。まず売上げで顧客に報い，仕入れで取引業者に報い，研究開発費で将来の顧客に報い，人件費で従業員に報い，金利支払いで銀行（債権者）に報い，税金支払いで地域社会に報い，そして最後の残った純利益が株主に帰属する利益である（その蓄積される内部留保から配当金が得られる）。

株主は優先順位が一番低く，残余利益にしか請求権がない。ROEの分子はすべてのステークホルダーに支払い終えた後の残余利益である当期純利益を使う。これを持続的に得ていくために，株主以外のステークホルダーとの協働と共生が前提条件であり，そのバランスを欠かなければ，長期的なROEはすべてのステークホルダーとのWin-Win関係をもたらすはずだ（第8章で「柳モデル」を詳説）。

第2節 ROE経営に係るCFOの留意点 ：「良いROE」と「悪いROE」

本書ではCFOポリシーの中核に関して，ROEを価値創造の代理変数としてフォーカスしている。しかしながら，ROEには限界や欠陥もあり，「良いROE」と「悪いROE」[5]がある（**図表5-2**）。

本書では，原則としてステークホルダー間の調和のとれた長期的かつ持続的なROE（たとえば当時のエーザイのCFOポリシーのようにROEは10年平均で考え

5 「悪いROE」の具体例としてキャッシュリッチ企業の「リキャップCB」のケースについて，『週刊エコノミスト』2016年8月30日号「ROEブームで企業が食い物に　リキャップCB急増の裏側」（編集部：荒木宏香）では，筆者のコメント「技巧的な小手先のROE向上策では長期投資家の支持は得られない」が引用されている（当時）。

図表 5 - 2　良い ROE と悪い ROE

良い ROE	悪い ROE
中長期志向（たとえば10年平均） ＊中長期視点からの投資。	短期志向（裁量的利益調整） ＊投資の先送りや強引なリストラ。
成長見込みのある低 ROE ＊将来投資のための一時的な EPS 低下。	成長見込みのない低 ROE ＊収益回復シナリオのない低 EPS。
収益絶対額を伴う ROE ＊投資を行い持続的に利益も増加トレンド。	縮小均衡の ROE（デフレ要因） ＊リストラや分母対策で比率のみ重視。
中長期で会計平準化・修正 ＊特別利益・会計基準変更の影響も長期では平準化。	会計上の短期変動を重視した利益調整 ＊短期主義の特別利益，会計基準変更による一時的な利益かさ上げ。
バランスシートマネジメント ＊最適資本構成を求めてバランスシートを管理するガバナンスを持つ。	過剰レバレッジ（倒産リスク） ＊分母対策で借入金を過剰に利用して倒産リスクを負う。リキャップ CB などの技巧。
簿価主義 ＊ROE は簿価指標であるが長期では TSR に収斂する。時価と簿価は乖離が縮小する。	時価主義 ＊株価は時価なのに ROE は簿価だから不要だとする考え。
資本コストを上回る ROE ＊持続的に資本コストを上回る価値創造。	極大化・継続増要求 ＊毎年右肩上がりの ROE 上昇を求める。
アカデミック論文 ＊オールソンモデル等から ROE と株主価値の関係は証明済み。	感情論 ＊ROE は企業価値と無関係との誤った主張や，ROE を嫌悪する感情論。
日本企業（周回遅れ） ＊日本の低 ROE から投資家は対話の中で ROE 改善を強く求めるのは理解すべき。	米国企業では課題とされていない ＊米国では既に ROE は高い水準で定着しているから（宿題済み）。
業績予想・中期計画開示あり ＊東証の制度もあるが，日本の低 ROE から目標開示による底上げは必要。	米国では目標開示がない ＊目標開示がないから ROE 不要という暴論。米国企業内では極めて重視されている。
優れた財務リテラシー・管理会計 ＊社内に財務の専門家を擁し，中長期的 ROE 改善の戦略を自ら企画できる。	盲目的政府追従 ＊政府の指示に盲目的・形式的に追従しているだけの表面上の ROE 言及。
ESG/CSR との両立 ＊中長期的に win-win で全てのステークホルダーを満たす ROE 経営。	株主原理主義（株主だけの ROE） ＊株主だけが利益を得るための ROE 重視で短期主義や数字合わせが横行。

（出所）　筆者作成。

てもよい)を論じており，近視眼的に無理なリストラや，投資の先送り，あるいは過度のレバレッジを伴うショートターミズム（短期主義）のROEではないことには留意していただきたい。

たとえば，財務レバレッジをかけることでROE数値を高めることができるため，よく理解していないと本業のROIC（投下資本利益率）が低い（したがって，本業の事業そのものの競争力・収益性が低い）のに，株主にだけは高い利益率を提供することもできてしまう。

「ROEを高めるべき」という議論に対しては，「感情的なROE嫌悪」や「資本を減らし，財務の健全性を損なってまでROEを上げるべきなのか？」という心理的な反発[6]を生みやすいが，そのようにして高めたROEは長期持続的なものではなく，よって資本効率の代理指標としては10年など長期平均のROEを用いるべきだと考える。

伊藤レポートでも，下記のように，ROE8％以上を求める一方で，株主原理主義でも短期主義でもない，現場の従業員と一体となった「日本型ROE経営」，「非財務資本の資本効率」が重要であるとして，すべてのステークホルダーとWin-Winで，持続的な長期のROEを強調していることも理解しておかなければならない（本書では後段で「柳モデル」を議論する）。

> 「ROEの向上は確かに経営者の責務であるが，それを各種指標に分解し，現場にまで落とし込むことによって，現場の高いモチベーションを引き出すことも重要である。現場力を伴ったROE向上こそ日本の経営スタイルに適合する。それは『日本型ROE経営』とも言える。」
> 「国内外の資金供給者から集められる『金融資本』，経営・事業を担う人材である『人的資本』，イノベーション創出能力の源泉となる「知的資本」，サプライチェーンや社会規範等の『社会・関係資本』，環境等の『自然資本』等，さまざまな資本を有効活用しなければならない。つまり広い意味での『資本効率（Capital Efficiency）』を高めることは日本の存立に関わる重要課

6　伊藤（2015）は「こうしたレバレッジにかこつけたROE批判により日本株は四半世紀低迷した。こうした主観的な決め付けを続けるならグローバルな資金獲得競争に勝てない。時計の針を戻してはならない」と感情的なROE反対論に警鐘を鳴らしている。また，エクイティ・スプレッドの解説で詳細を後述するが，大阪公立大学の石川博行教授は「ROE至上主義に非を唱える主張もあるが，それは，理論モデルである残余利益モデル（RIM）に対する不理解に基づいている」と一刀両断にしている（西川編・石川（2016））。

題である。」

　それでは，こうした前提のもとにCFOは中長期的に，目安としてどれくらいのROEを確保しなければならないのか。伊藤レポートは「資本コストを上回るROE」としてROE8％以上を目指すべきとしている。以下，エクイティ・スプレッドの理論と共に，「ROE8％ガイドライン」を解析する。

第3節　株主資本コスト＝最低要求ROE8％の根拠

　本書では「株主資本コスト＝投資家の期待収益率」の原点に戻って，世界の投資家はどう日本株の平均的な株主資本コスト(CoE=r)を考えているのかを重視している（もちろん，資本コストは会社ごとに異なる）。

　価値創造の代理指標であるエクイティ・スプレッド（ROE−株主資本コスト）の構成要素のうち，ROEは個別企業ごとに決算実績・業績予想から把握できるとして，概念的な株主資本コスト：CoE（=r）をどのように設定すべきか。ヒストリカル，インプライド両面からCAPM（資本資産評価モデル）をはじめ多数の推計方法があるが絶対的な解はないだろう。参考までにCAPMの概要を**図表5−3**に示す。

　たとえばベータ（β）値1の前提でCAPMに従えば[7]，「リスクフリーレート（RFR）＋リスクプレミアム（RP）」に収斂される。問題はRPだが，ヒストリカ

図表5−3	CAPM（資本資産評価モデル）理論

株主資本コスト……自己資本の提供者である株主の期待収益率のこと

【推測方法】CAPM（キャップエム）……Capital Asset Pricing Model 資本資産評価モデル
株主資本コスト＝リスクフリー・レート＋株式市場全体のリスクプレミアム ×β

（i）「リスクフリー・レート（一般的には日本国債10年物の利回り）」
（ii）過去の株式データから推測される「株式市場全体のリスクプレミアム」
（iii）過去の株式データから推測される個別企業ベータ（β）値

（出所）　筆者作成。

7　個社別にベータ値および資本コストは異なる。ここでは日本株全体（ベータ値＝1）に対するCoEを論じている点には留意されたい。

ル RP はデータ対象期間によって変動する。持ち合い株式を中心とした安定株主時代が反映されるなど過去実績に依拠した推計は，将来志向のグローバル投資家の期待値を捕捉できない。したがって，本書では「将来志向」，「グローバル投資家の期待値」を重視して，サーベイにより CoE を推計する立場をとる（資本コスト＝投資家の期待収益率）。また，Fernandez and Campo（2010）から保守的に考えれば先進国の RP は約 6 ％と仮定できる[8]。本書では，RP を 6 ％と想定して，さらに，ゴーイング・コンサーンとして日本国債30年債の長期平均利回りから，RFR を 2 ％の前提とする。ここから本書の仮説として，日本株 CoE を「 2 ％＋ 6 ％＝ 8 ％」とする[9]（ 8 ％は日本株全体の平均資本コストであり，ベータ 1 の前提である）。

　それでは，「資本コスト＝投資家の期待収益率」の原点に戻って，世界の投資家はどう日本株の CoE を考えているだろうか。第 1 章で扱ったように，この「CoE ＝ 8 ％」仮説は筆者の行った時系列投資家サーベイで裏付けられる。

　伊藤レポートに採択された柳（2013a）の2012年の投資家サーベイではコンセンサスは 7 ％レベルであったが，近年は第 2 章の2022年調査にあるように，8 ％に収斂してきている。いずれも「CoE ＝ 8 ％」を投資家の期待収益率の最頻値としており，CoE 8 ％の前提で概ね 9 割のグローバルな日本株出資者の期待値を満たす。

　このように，時系列投資家サーベイのコンセンサスから日本株に対する平均的な CoE は 8 ％で概ね妥当であると言えよう。そして，価値創造には資本コストを上回るリターンを上げる（正のエクイティ・スプレッドを創出する）ことが重要である。「ROE 8 ％ガイドライン」の主旨はここにある。

　企業が「目的を持った対話」のアジェンダとして，たとえば東証の決算短信等でエクイティ・スプレッドを開示して投資家と対話すれば価値評価改善に資するだろう。企業は Comply or Explain の原則で，長期的な ROE の計画に加えて，個社別の資本コストのレベルを説明することが望ましい。

8　Fernandez and Campo（2010）の市場関係者2,400名サーベイでは，先進国 RP の水準は 5 - 6 ％に収斂している。AFP（2011）の米国 CFO のアンケート調査でも，RP は 5 - 6 ％との回答が半数を占めた。近年の株式益回りも RP 6 ％レベルを示唆している。

9　直近の10年物国債利回りから，RFR 1 ％以下を主張する投資家も多い。この場合は 1 ％＋ 6 ％＝ 7 ％が日本株 CoE になるが，2019年調査では CoE 7 ％での満足度は 3 分の 1 以下になる。ちなみに，実現可能性はともかく，アベノミクスにおける日本政府のインフレターゲットも 2 ％である。米国企業に対しては RFR 差異から10％超の CoE を求める声が多い。

　下記のように，2018年 6 月に改訂されたコーポレートガバナンス・コード（東証（2018））でも「資本コストの意識」が強調されている。

【原則 5 - 2 ．経営戦略や経営計画の策定・公表】

　経営戦略や経営計画の策定・公表に当たっては，自社の資本コストを的確に把握した上で，収益計画や資本政策の基本的な方針を示すとともに，収益力・資本効率等に関する目標を提示し，その実現のために，事業ポートフォリオの見直しや，設備投資・研究開発投資・人材投資等を含む経営資源の配分等に関し具体的に何を実行するのかについて，株主にわかりやすい言葉・論理で明確に説明を行うべきである。

（出所）　改訂コーポレートガバナンス・コード2018。

　一方で，**図表 5 - 4** にあるように，JIRA（2018）によれば過半数の企業が自社の資本コストを認識していない。

　また，生保協会（2019）によれば，ROE が株主資本コストを上回っているかという論点で，企業と投資家のダイコトミーは大きい（**図表 5 - 5**）。

　「株主資本コスト＝株式投資家の期待収益率」の原点に立ち返って，企業と投資家が，世界の投資家サーベイのコンセンサスも参考にしながら，エクイティ・スプレッドの理論も勘案した上で，建設的な資本コストについての対話を深めていく必要があるだろう[10]。

図表 5 - 4	**自社の資本コストがどの程度の水準か：認識の有無**

（n＝981）

	件数	割合（％）
はい	481〈422〉	49.0〈44.0〉
いいえ	458〈486〉	46.7〈50.6〉
無回答	42〈52〉	4.3〈5.4〉

〈　〉内は前々年データ

（出所）　JIRA（2018）。

10　留意点として，資本生産性から価値創造を測定する場合に，投下資本を株主資本とすれば「ROE－CoE＝エクイティ・スプレッド」を使用すべきであり，投下資本に株主資本と負債を合わせて用いるなら，「ROIC（投下資本利益率）－WACC（株式と負債の加重平均資本コスト）＝ROIC－WACC スプレッド」を適用すべきであり，両者を混同してはならない。

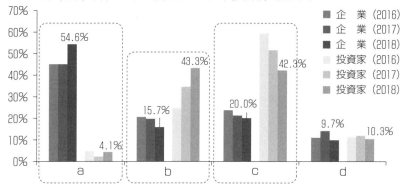

図表 5 - 5　資本コストに対する ROE 水準の見方（企業・投資家）

| 認識ギャップ大【企業＞投資家】 | 「上回っている」 |
| 認識ギャップ大【企業＜投資家】 | 「同程度」「下回っている」 |

ａ．上回っている　　ｂ．同程度　　ｃ．下回っている
ｄ．（企業）資本コストを把握していない／（投資家）わからない

企　業（2016）
企　業（2017）
企　業（2018）
投資家（2016）
投資家（2017）
投資家（2018）

54.6%　4.1%　15.7%　43.3%　20.0%　42.3%　9.7%　10.3%

（回答数【企業】：2018年度：515, 2017年度：553, 2016年度：541）
（回答数【投資家】：2018年度：97, 2017年度：110, 2016年度：89）

（出所）　生保協会（2019）。

第4節　価値創造の代理指標としてのエクイティ・スプレッド

　本節では ROE を展開して，価値創造の代理指標とされるエクイティ・スプレッドを軸に論じていく。エクイティ・スプレッドは米国管理会計士協会（IMA）により株主価値創造の KPI に採択されている管理会計の指標である[11]。筆者は米国公認管理会計士（USCMA）として，エクイティ・スプレッドの有用性を10年来唱え，東京証券取引所や GPIF（年金積立金管理運用独立行政法人）にもその KPI 採択や開示と対話の提言を行っている[12]が，筆者が伊藤レポートに記載して注目される以前から東証では重視されてきた経緯[13]がある。

　株式投資におけるリスクテイクをする株主にとっての価値創造の前提は，投

11　米国管理会計士協会（IMA）の管理会計基準（SMA）「株主価値会計」（IMA（1997））で採択。
12　日本経済新聞2016年8月7日「中外時評　広がるか価値創造企業　資本コストの自覚が〝先決〟」（論説副委員長：水野裕司）参照。
13　2012年度に開始された東証の「企業価値向上表彰」の選定基準の KPI の1つになっている。

資先企業が会計上黒字であるだけでは十分でなく，「株主資本コスト（CoE）を上回る ROE」を持続的に上げることである。エクイティ・スプレッドは下記のように定義される。

エクイティ・スプレッド（％）＝ROE−CoE（または r）[14]

一般に，株主価値（長期的な時価総額または理論値）は株主資本簿価（BV）に市場付加価値（MVA）を加えて算出できる。残余利益モデル（RIM）[15]では株主価値は下記の数式になる。

$$株主価値（SV）＝株主資本簿価（BV_0）＋\sum_{t=1}^{\infty}\left(\frac{当期利益_t−CoE×BV_{t-1}}{(1＋CoE)^t}\right)$$

SV：株主価値（時価総額）　　　BV：株主資本簿価　　　CoE：株主資本コスト
t：会計年度

この展開式は以下のようになる[16]。

$$SV_0＝BV_0＋\frac{(ROE_1−CoE)BV_0}{1＋CoE}＋\frac{(ROE_2−CoE)BV_1}{(1＋CoE)^2}$$
$$＋\frac{(ROE_3−CoE)BV_2}{(1＋CoE)^3}＋...$$

SV：株主価値（時価総額）　　　BV：株主資本簿価　　　CoE：株主資本コスト
t：会計年度

明らかに株主価値は理論的に ROE が説明変数であり，「ROE 不要論」は残余利益モデルとそのファクターであるエクイティ・スプレッドの誤解である。西川編・石川（2016）で大阪公立大学の石川博行教授は以下の趣旨を述べている。

「ROE 至上主義に非を唱える主張があるが，それは，理論モデルである残

14　エクイティ・スプレッドは比率で示すが縮小均衡に陥らないためには絶対金額である残余利益（当期利益−株主資本コスト金額）も勘案する。本書では比率と金額を論じる。ちなみに，理論的には残余利益モデル（エクイティ・スプレッド），EVA，DCF，DDM のどの方式を使用しても算出される企業価値は同一になる。

15　Ohlson（2001）でも取り上げられている。

16　展開した数式から明白であるが，残余利益モデル，エクイティ・スプレッドの前提は現在の短期的 ROE ではなくて，将来の長期的な ROE の流列であり，決してショートターミズムではない。

余利益モデル（RIM）に対する不理解に基づいている。ROE に対する誤解が多いので，あらためて，ROE の重要性を訴えたい。RIM は，株式の本質的価値を評価する代表的モデルである配当割引モデルに，会計の基本原則であるクリーンサープラス関係を代入して数学的に導出される。残余利益モデルの数式から明らかなとおり，株式価値を評価する上で重要なのは，現在の ROE ではない。将来の長期にわたる ROE の時系列である。たとえば，ROE は，自社株買いによって機械的に上昇させることができるが，重要なのは，その高まった ROE を長期的に持続させることができるかである。企業の実体が変わらなければ，高い ROE はいずれ平均回帰してしまう。」

さらに，この等式の両辺を株主資本簿価 BV_0 で除すると以下のようになる[17]。

$$PBR = \frac{SV_0}{BV_0} = 1 + \frac{ROE_1 - CoE}{1 + CoE} + \frac{(ROE_2 - CoE) BV_1/BV_0}{(1 + CoE)^2}$$

$$+ \frac{(ROE_3 - CoE) BV_2/BV_0}{(1 + CoE)^3} + \cdots$$

SV：株主価値（時価総額）　　BV：株主資本簿価　　CoE：株主資本コスト
t：会計年度

残余利益モデル（RIM）からもわかるように，株価純資産倍率（PBR）は長期的なエクイティ・スプレッド（ROE−CoE）に影響される傾向がある。つまり，正のエクイティ・スプレッド（ROE＞CoE）を織り込むと市場付加価値（MVA）が創出され，PBR は 1 倍以上になる(価値創造企業)傾向がある。逆に負のエクイティ・スプレッド（ROE＜CoE）を意識すれば MVA はマイナスになり，PBR は 1 倍未満（価値破壊企業）となる蓋然性が高まる。基本的に PBR が 1 倍以上になるかどうかは，エクイティ・スプレッドが正か負かに依拠しているのであ

17　石川教授は以下の要旨も主張している（西川編・石川 (2016)）。「株価純資産倍率（PBR）が 1 を割り込んでいることを根拠として，自社の株式が割安に評価されていると主張する経営者がいるが，その考えも間違いである。将来の期待 ROE が CoE を平均的に上回っていれば，PBR が 1 を超えることがわかる。逆に，将来 ROE が CoE を平均的に下回っていれば，PBR は 1 を割り込む。[PBR＜1]は，割安を意味しない。市場から，長期平均的に CoE＝r を下回る ROE しか達成できない価値破壊企業と見られているだけである。短期的に ROE が高くても，その後の企業成長が期待できなければ，「PBR 1 倍割れ」は十分に起こり得るのである。RIM は，ROE の重要性とともに，そのベンチマークである株主資本コスト (CoE) の重要性も訴えているのである」。エクイティ・スプレッドについても，ROE と株主資本コスト (CoE) を比較する点を批判する向きもあるが，それも残余利益モデルの不理解となる。

る。したがって，エクイティ・スプレッドは価値創造の代理変数とされる。

　図表 5 - 6 にクリーンサープラス関係と定常状態を前提とした残余利益モデル（RIM）の数学的根拠と価値関連性の概念フレームワークを示す[18]。これを見ると，企業利益の持続的成長率（g）が株主資本コスト（r）を上回る（r<g）ことがない限り（高成長企業でない限り），エクイティ・スプレッドがマイナスになれば，PBR が 1 倍割れ，つまり時価総額が株主資本を下回る価値破壊の状況になることが，より明白になる。また，株主資本簿価は「財務資本関連」，正のエクイティ・スプレッドが創出する市場付加価値は「非財務資本関連」であるとしているが，企業理念や人材の価値などの非財務情報を重視する企業サイドの視点ともエクイティ・スプレッドは同期化が可能であると考えられる（後段の「柳モデル」で詳説）。

> **図表 5 - 6**　残余利益モデル（RIM）とエクイティ・スプレッドの数学的根拠と価値関連性の概念フレームワーク（CoE＝r）

当期純利益 NI，株主資本 BV，配当 D，株主資本コスト CoE，残余利益 RI，企業価値 SV，t＝0 は現在，1 は 1 年後，利益成長率 g とする。

　　1 年後の残余利益率を次のように定義する。

$$RI_1 = NI_1 - BV_0 \times CoE \tag{1}$$

　(1)式を展開する（当期純利益の定義）。

$$NI_1 = BV_0 \times CoE + RI_1 \tag{2}$$

　1 年後の株主資本を次のように定義する（クリーンサープラス関係）。

$$BV_1 = BV_0 + NI_1 - D_1 \tag{3}$$

　(3)式を展開する（配当の定義）。

$$D_1 = BV_0 + NI_1 - BV_1 \tag{4}$$

　(4)式に(2)式を代入し，整理する。

$$D_1 = BV_0 + BV_0 \times CoE + RI_1 - BV_1 = (1 + CoE) \times BV_0 + RI_1 - BV_1 \tag{5}$$

　割引配当モデルを，次のように定義する。

18　株主価値評価の代表的モデルである配当割引モデル（DDM：株主価値は将来受け取る配当の流列を株主資本コストで現在価値に割り引いた金額の総和とする理論）にクリーンサープラス関係（期末株主資本簿価＝期首株主資本簿価＋当期利益－当期配当）および残余利益と当期利益の関係（残余利益＝当期利益－期首株主資本簿価×株主資本コスト）を適用して数学的に求めることができる（Ohlson（2001），西川編・石川（2016））。

$$SV_0 = \frac{D_1}{(1+CoE)^1} + \frac{D_2}{(1+CoE)^2} + \cdots \tag{6}$$

(6)式に(5)式を代入し，整理する。

$$SV_0 = \frac{(1+CoE)BV_0+RI_1-BV_1}{(1+CoE)^1} + \frac{(1+CoE)BV_1+RI_2-BV_2}{(1+CoE)^2} + \cdots$$

$$= \frac{(1+CoE)BV_0}{(1+CoE)^1} + \frac{RI_1}{(1+CoE)^1} - \frac{BV_1}{(1+CoE)^1} + \frac{(1+CoE)BV_1}{(1+CoE)^2}$$

$$+ \frac{RI_2}{(1+CoE)^2} - \frac{BV_2}{(1+CoE)^2} + \cdots$$

$$= BV_0 + \frac{RI_1}{(1+CoE)^1} - \frac{BV_1}{(1+CoE)^1} + \frac{BV_1}{(1+CoE)^1} + \frac{RI_2}{(1+CoE)^2}$$

$$- \frac{BV_2}{(1+CoE)^2} + \cdots = BV_0 + \frac{RI_1}{(1+CoE)^1} + \frac{RI_2}{(1+CoE)^2} + \cdots$$

さらに，両辺を BV_0 で割ると（$RI_1 = NI_1 - BV_0 \times CoE$ の関係から），

$$\frac{SV_0}{BV_0} = PBR = 1 + \frac{(ROE_1-CoE)}{(1+CoE)} + \frac{(ROE_2-CoE)BV_1/BV_0}{(1+CoE)^2}$$

$$+ \frac{(ROE_3-CoE)BV_2/BV_0}{(1+CoE)^3} + \cdots$$

数式を簡素化して，クリーンサープラス関係に定常状態を仮定する。

$$PBR = 1 + \frac{エクイティ・スプレッド}{CoE-g}$$

> エクイティ・スプレッド＝ROE－株主資本コスト

株主価値＝時価総額＝ 株主資本 ＋ 市場付加価値

財務資本関連　　非財務資本関連（インタンジブルズ）

＝ 株主資本 ＋ $\dfrac{株主資本×エクイティ・スプレッド}{株主資本コスト－永久成長率}$

$$PBR = \frac{時価総額}{株主資本} = 1 + \frac{エクイティ・スプレッド}{株主資本コスト－永久成長率}$$

> ・エクイティ・スプレッドが正の値なら PBR＞1
> ・エクイティ・スプレッドが負の値なら PBR＜1

（出所）　筆者作成。

　定量的な実証データを見ても，10年の時間軸で，予想 ROE が8％未満では PBR1倍以下（あるいはその前後）で付加価値評価が低迷するケースが多く，予想 ROE が8％を超えると PBR は1倍以上に向上して，その後右肩上がりに価

| 図表 5 − 7 | PBR と予想 ROE の相関図：「8 ％は魔法の数字」の実証データ |

(注)　日経平均ベースの予想 ROE と PBR（2005年 1 月〜2018年 8 月の毎月末）。
(出所)　柳・広木・井出（2019）。

値創造が高まる傾向があることが確認できる（**図表 5 − 7**）。

　定性的な投資家サーベイのコンセンサスに加え，定量的な実証データのエビデンスからも 8 ％の ROE が価値創造の分水嶺になっており，日本の株式市場においては「8 ％は魔法の数字」と言われる所以である。

　さらに，西川編・石川（2016）で大阪公立大学の石川博行教授は「イーストンモデル」による回帰分析で株主資本コスト（CoE＝r）の実証を行っている。残余利益が一定成長（g）すると仮定し，株主価値の代理変数で株価を用いると，1 期先の ROE 予想を被説明変数, 現時点の PBR を説明変数とする回帰モデルが得られる（Easton et al.（2002））。このモデルを推定すれば，市場が含意しているインプライド期待成長率（g＝切片）とインプライド資本コスト（r＝切片＋傾き）が同時に推定できる。1981年-1998年の米国企業の r と g は，それぞれ，13.4％と10.1％であった（Easton et al.（2002））。

　日本企業について石川教授が行った実証分析の結果は以下のとおりである（**図表 5 − 8**）。1997年-2015年の所定の条件を満たす 3 月期決算企業, 延べ45,419企業年に対して，年次決算発表で公表された経営者の次期純利益予想データを用いて，Easton et al.（2002）と同様の分析を行った。全企業を，PBR 1 倍以上の価値創造企業（延べ21,477企業年）と PBR 1 倍未満の価値破壊企業（延べ

96

図表 5 - 8 Easton et al.（2002）の回帰モデルが実証する「株主資本コスト 8 ％」

価値創造企業（21,477企業年）：直近 5 年平均 r＝8.8％, g＝6.4％

（出所） 西川編（2016）第 5 章（石川）140ページの図表 5 - 5 より筆者作成。

価値破壊企業（23,942企業年）：直近 5 年平均 r＝8.0％, g＝0.8％

（出所） 西川編（2016）第 5 章（石川）141ページの図表 5 - 6 より筆者作成。

23,942企業年）に分類して分析を行った結果，r と g の直近 5 年平均は，価値創造企業[19]が8.8％と6.4％，価値破壊企業は8.0％と0.8％であった。こうした統計学的に有意な実証分析からも「株主資本コスト 8 ％」の頑強性は担保されている[20]。

　このように，エクイティ・スプレッドは残余利益モデルの理論でもマーケットの実証データでも株主価値との関係があり，世界の投資家はエクイティ・スプレッドおよび，その主要コンポーネントである ROE を最も重視する。そして「 8 ％は魔法の数字」なのである。

　残余利益モデル（エクイティ・スプレッド）の株主価値との相関における優位性は，いくつかの先行研究でも証明されている。Francis et al. (2000) は，1989-1993年の米国企業のデータを用いて，残余利益はフリーキャッシュフロー（FCF）や配当よりも株価説明力が高いことを実証している。決定係数は，残余利益0.73，FCF0.40，配当0.54であった。残余利益モデルが割引キャッシュフローモデル（DCF）や配当割引モデル（DDM）に勝ることを示唆している。また，Stark and Thomas (1998) は，1990-1994年の英国企業データを用いて，残余利益が会計上の利益よりも株価をより有意に説明できることを示唆している。そして，藤井・山本 (1999) は，1983-1998年の日本の製造業のデータを分析して，残余利益は FCF よりも株価説明力が高いことを証明している。決定係数は，残余利益0.4-0.8，FCF0.2-0.6であった。

第 5 節　エクイティ・スプレッドとパフォーマンスに係る定量分析

　ここまで理論的背景を中心に説明してきたが，実務において，エクイティ・スプレッドは実際のマーケットにおける株価パフォーマンスとの関係でも優位

19　西川編・石川 (2016) で石川教授は「PBR 1 倍割れは株価が割安なのではなく，価値破壊である」と明言している。つまり，エクイティ・スプレッドがマイナス，管理会計上は赤字企業であることを意味する。石川氏の実証研究では PBR 1 倍を境に「価値創造企業」と「価値破壊企業」の 2 つに上場企業を分類している。

20　大規模な世界の投資家サーベイ結果が投資家の期待収益率としての株主資本コスト 8 ％を継続的に示唆していること，日本企業の過去10年間の ROE と PBR の実証データが株主資本コスト 8 ％を示していること，イートンモデルによる回帰分析が株主資本コスト 8 ％を実証していることから，「ROE 8 ％ガイドライン」には十分な証拠がある。8 ％に根拠がないとする情緒的批判はこうしたエビデンスの不理解によるものである（もちろん，株主資本コストは個社別に異なるものであり，ここでは日本企業全般のレベルを指している）。

性を発揮する。柳・目野・吉野（2015）の実証分析では，株価パフォーマンスは
エクイティ・スプレッドと正の相関関係にあることが示唆された。エクイティ・
スプレッドの高い会社をロング（買い）してエクイティ・スプレッドの低い会社
をショート（売り）するポートフォリオ戦略はベンチマークに対して統計的有意
差をもってアウトパフォームしたことが示された。「資本コストを上回る ROE」
が価値の源泉であり，「エクイティ・スプレッドは企業価値と関連性があるの
で，エクイティ・スプレッドを利用したポートフォリオ戦略は超過リターンを
生む」という仮説が実証されている。以下に実証研究の要旨を紹介する。

【分析方法】[21]

エクイティ・スプレッド[22]の銘柄選択効果を確認するため，5分位，10分位[23]
ポートフォリオによる分析を行った（ロングサイドで魅力的なのは第5分位，第10
分位で，ショートサイドで魅力的なのは第1分位と定義）。

① 前月末時点のエクイティ・スプレッドの水準に応じてユニバース（東証一
　 部）を5分位（あるいは10分位）し，分位ごとに同一金額でポートフォリオ
　 を構築して，当月リターン（単純平均）を観察
② 各分位ポートフォリオの当月リターンは対 TOPIX の超過ベース（ポー
　 トフォリオの平均リターン－TOPIX 平均リターン）
③ ポートフォリオのリバランスは月次ベース
④ ロングショートの効果を確認するスプレッドリターンは，第5分位－第
　 1分位（あるいは第10分位－第1分位）で算出
⑤ 期間は過去1年（2014年4月-2015年3月）と，過去3年（2012年4月-2015
　 年3月）

21　分析対象期間は，2012年4月から2015年3月の3年間とし，分析対象企業は東証一部上場企
　　業を投資ユニバースとする。
22　エクイティ・スプレッドの算出に用いる来期 ROE は「来期予想税引き利益÷自己資本」とし
　　た。来期予想税引き利益は東洋経済より取得可能なデータ，自己資本は直近発表の本決算デー
　　タを使用（連結優先）。CoE は「マーケット・リスクプレミアム×β＋10年国債利回り」とし
　　た。マーケット・リスクプレミアムは市場平均の資本コストを8％と想定し「8％－10年国債
　　利回り」とした。また，β は36カ月の月次サンプルにより算出した。
23　5分位（10分位）分析とは，対象となる数値（本件ではエクイティ・スプレッド）を低いほ
　　うから順番に並べ，それを合計サンプル数の上で5（10）等分して5（10）個のグループを作って
　　分析する手法を指す。数値（エクイティ・スプレッド）の低いグループから順次，第1分位，
　　第2分位……第5（10）分位階級とした。

　このような手法で，当該 2 期間における，第 5 分位（あるいは第10分位）と第 1 分位のスプレッドリターンの平均値を算出した（エクイティ・スプレッドの効果が安定しているかを見るには，リスク当たりの期待リターンという観点も重要であり，平均値÷標準偏差も算出）。平均値の検定については，第 5 分位（あるいは第10分位），第 1 分位，スプレッドリターンの平均値の統計的な有意性を確認した（リターンは TOPIX 平均の超過ベースなので，ゼロ（TOPIX 平均）から有意に乖離しているか否かを検証）。検定は両側 5 ％で有意判定（プラス側とマイナス側で2.5％）を行って p 値[24]を観察した。

　分析結果を**図表 5 - 9** に掲載する。

図表 5 - 9 　エクイティ・スプレッドのパフォーマンス比較結果

1 ．P1（第 1 分位），P5（第 5 分位），P5-P1のスプレッドリターン

(注)両側検定

	P1 (Low)				P5 (High)				High-Low スプレッドリターン			
	平均値	(p 値)	標準偏差	平均値÷標準偏差	平均値	(p 値)	標準偏差	平均値÷標準偏差	平均値	(p 値)	標準偏差	平均値÷標準偏差
過去 1 年(2014.4-2015.3)	−3.8%	0.20	2.8%	−1.36	5.7%	0.03	2.3%	2.52	9.5%	0.05	4.2%	2.23
過去 3 年(2012.4-2015.3)	−1.3%	0.77	7.4%	−0.17	4.9%	0.14	5.6%	0.87	6.1%	0.38	12.0%	0.51

2 ．P1（第 1 分位），P10（第10分位），P10-P1のスプレッドリターン

(注)両側検定

	P1 (Low)				P10 (High)				High-Low スプレッドリターン			
	平均値	(p 値)	標準偏差	平均値÷標準偏差	平均値	(p 値)	標準偏差	平均値÷標準偏差	平均値	(p 値)	標準偏差	平均値÷標準偏差
過去 1 年(2014.4-2015.3)	−5.9%	0.13	3.6%	−0.87	5.1%	0.17	3.5%	1.46	11.0%	0.02	4.0%	2.73
過去 3 年(2012.4-2015.3)	−2.3%	0.71	10.7%	−0.19	7.8%	0.07	7.4%	1.06	10.2%	0.26	15.3%	0.66

(出所)　柳・目野・吉野（2015）より筆者作成。

24　p 値とは，「もしある事象が偶然に起こり得る時，観察された値と同等か，より極端な結果が得られる確率」を指す。一般に p＝0.05 を基準とするが，これは「実際には偶然に過ぎないのに，誤って『意味がある』と判断している」可能性が 5 ％以下という意味である。

結論として，5分位分析と10分位分析のいずれにおいても，過去1年および過去3年の株価パフォーマンスはエクイティ・スプレッドと正の相関関係にあることが示唆された。エクイティ・スプレッドの高い会社をロングして，低い会社をショートするポートフォリオ戦略は有効に機能する蓋然性が高い。

重要なポイントとして，分析サンプルが少ない点は解釈の上で留意が必要なものの，過去1年の分析ではエクイティ・スプレッドのパフォーマンスはROEを上回り[25]，p値も5分位と10分位それぞれで0.05以下と統計的有意な結果になっている。

アベノミクスの奏功もあり2013年度から日本企業の平均ROEが向上して，ようやく正のエクイティ・スプレッドを計上し始めて正常化したので，過去3年よりも1年の実証結果が有意であったとも考えられる。あるいは，当時のガバナンス改革を受けて，市場がエクイティ・スプレッドを織り込み始めた時期とも言えるかもしれない。

いずれにしても，「資本コストを上回るROE」が価値の源泉であり，エクイティ・スプレッドを利用したポートフォリオ戦略は超過リターンを生むという仮説は実証されたといえるだろう。これは株式投資家の視座からの分析ではあるが，受託者としてのCFOも銘記しておくべきだろう。

一義的に企業の経営陣，特に財務のトップであるCFOは，コーポレートガバナンス（企業統治）の観点から，企業価値向上のための受託者責任を負っている。それはコーポレートスチュワードシップ（経営の受託者としての資本政策や財務戦略）ともいうべきものであろう。そして，本章で明らかになったように，企業価値の代理指標としてエクイティ・スプレッドの有用性が理論的にも実証的にも示唆されている。

日本企業も世界の投資家と同じ船に乗り，中長期的な企業価値向上を目指す「エクイティ・スプレッドの時代」を迎えつつあるのである。新時代のCFOは企業価値の代理変数としてのエクイティ・スプレッドの重要性をしっかりと理解しておくべきであろう。

---

25 Stark & Thomas (1998) は，残余利益（エクイティ・スプレッド）が会計上の利益（ROE）より株価の説明力が高いことを実証している。

企業価値創造する
投資採択基準（VCIC）

第 6 章

　第 4 章で提案した CFO ポリシーとしての財務戦略マップの第 2 の柱は企業価値を創造する投資採択基準である。これをエーザイの CFO ポリシーでは VCIC（Value-Creative Investment Criteria）と呼んでいる。

財務戦略マップ 2

　持続的成長を目指す事業会社としては，根本的には，本業の本源的価値を高めるための設備・IT 投資，研究開発，戦略的事業投資等を積極的に行うことが前提条件である。一方で，財務規律を重視しながら価値創造を担保する高度な投資採択基準が要求される。この観点から，資本コストを意識した NPV や IRR が重視されるべきだが，真に株主の負託に応えて企業価値を高めるには，ハードルレートはリスク調整後の割引率をプロジェクトのリスクに応じて適用することも求められるだろう。多くの日本企業の投資採択基準には改善の余地がある。

第 1 節　資本支出予算における投資採択基準の日米比較
：資本コストの意識が問われている

　CFO は企業価値を高める投資を可能な限り採択して，積極的に将来のための投資を行う。つまり，管理会計の資本支出予算が重要である。もちろん，価値創造的な投資案件がなく，余剰資金を抱える場合は配当で株主に返還すべきである（残余配当方針）し，追加投資を期首予算で見込んでいなかったとしても価値創造案件が期中で発生すれば，先送りすることなく，柔軟に採択すべきであ

る（柳（2011））。

　しかしながら経営資源は有限であり，採択できる投資も限られてくるので，優先順位をつけて，一定の基準で投資採択基準を定めることになる。企業の持続的成長のためには必須の資本支出予算であるが，そこでは「企業価値を高める」投資採択基準が重要になる。外国人投資家からは，日本企業は「高値づかみ」の価値破壊的投資を行うことがあると批判されている。プロジェクトの採択にあたっては，「資本コストを上回る利潤（正のエクイティ・スプレッド）」を上げて企業価値を増加させることが必須である。

　そのためには CFO が設定する「資本コストを意識した投資採択基準」が重要である。企業価値向上のための資本支出予算では，資本コストを加味した NPV，IRR をベースとした投資採択基準を設定することが多い。NPV と IRR のルールについては**図表 6 - 1** をご覧いただきたい。

　著名投資家のウォーレン・バフェットは「企業が内部留保を許されるのは，その 1 ドルを 1 ドル以上にできる時だけだ」という趣旨を述べている（Cun-

| 図表 6 - 1 | NPV と IRR |

正味現在価値法（NPV：Net Present Value）とはプロジェクトの投資から生み出される将来キャッシュフローを割引率を使って現在価値に割り引く，同じく，投資額についても割引率を現在価値に割り引く，そして，現在価値に換算した将来キャッシュフローから現在価値に換算した投資額を差し引いて，その計算結果である純額（NPV）の大きさで投資の判断を行う方法を指す。

内部収益率法（IRR：Internal Rate of Return）とは NPV ＝ 0 となる割引率を指す。IRR が資本コストよりも高い場合は投資案件を採択して，低い場合は棄却する。

NPV ルール
　　1．NPV がプラスなら，そのプロジェクトを採用する
　　2．NPV がマイナスなら，そのプロジェクトは棄却する
　　3．NPV がゼロなら，そのプロジェクトを実行しても企業価値は不変

IRR ルール
　　1．IRR が割引率より高いなら，そのプロジェクトを採用する
　　2．IRR が割引率より低いなら，そのプロジェクトは棄却する
　　3．IRR ＝割引率なら，そのプロジェクトを実行しても企業価値は不変

（出所）　筆者作成。

ningham（2008））が，NPV がプラスあるいは IRR が資本コストを上回る投資に使うときだけ企業は資金を留保できるという意味であろう。

　しかしながら，わが国企業の管理会計の投資採択基準においては，SPP（回収期間法）に比べて，資本コストの意識を前提とする NPV，IRR の普及率は低い（**図表 6 - 2**）[1]。

　投資採択基準の日米比較（芹田・花枝（2015））を見てみると，資本コストを意識して NPV や IRR を米国企業の約75％が採用しているが，日本企業の NPVや IRR の採択率は約25％と低く，彼我の差は大きい。日本企業は資本コストの意識が薄く，回収期間と会計上の利益を重視しているようである。「資本コスト＝投資家の期待収益率」の原則で考えると，日本企業の CFO は受託者責任を果たしているのか，昨今のクロスボーダーM&A における日本企業の「のれん代の減損計上」の歴史に鑑みて懸念が残る。

　2018年 6 月改訂のコーポレートガバナンス・コード（東証（2018））の趣旨を下記のとおり CFO は銘記すべきである。

| 図表 6 - 2 | 投資採択基準の日米比較 |

＊米国は IRR と NPV であるが，日本は回収期間と会計利益。

	日本企業	米国企業
回収期間	56.0%	56.7%
会計上の収益率	43.9%	20.3%
内部収益率（IRR）	26.5%	75.6%
正味現在価値（NPV）	25.4%	74.9%
財務担当者MBA 比率（参考）	4 %	40%

（出所）　芹田・花枝（2015）より筆者作成。

1　回収期間法（SPP：Simple Payback Period）とは，投資金額が何年で回収されるかを基準に投資判断を行う手法だが，資本コストの意識を含んでいない。正味現在価値法（NPV：Net Present Value）とは，プロジェクトの投資から生み出される将来キャッシュフローを割引率で現在価値に引き直して投資額と比較する，資本コストを意識した投資採択基準である。さらに，内部収益率法（IRR：Internal Rate of Return）も NPV＝0 となる割引率（IRR）が資本コストよりも高い場合は投資案件を採択して，低い場合は棄却するので，資本コストの視点を織り込んでいる。一般に投資家は NPV と IRR を重視する。

【原則 5 － 2 ．経営戦略や経営計画の策定・公表】
　経営戦略や経営計画の策定・公表に当たっては，自社の資本コストを的確に把握した上で，収益計画や資本政策の基本的な方針を示すとともに，収益力・資本効率等に関する目標を提示し，その実現のために，事業ポートフォリオの見直しや，設備投資・研究開発投資・人材投資等を含む経営資源の配分等に関し具体的に何を実行するのかについて，株主にわかりやすい言葉・論理で明確に説明を行うべきである。

　また，根源的な問題として，芹田・花枝(2015)から大まかに理解すると，米国の財務担当者のMBA比率が40％であるのに対して，日本企業の財務部門ではMBA比率が４％に過ぎないことは興味深い。やはり，財務リテラシー向上，金融教育の充実が必要ではないか。そしてCFOはエヴァンジェリスト（伝導者）として人材の育成を担うべきであろう。

図表6-3	投資採択基準に見る日本企業と国内投資家のギャップ

認識ギャップ大【企業＞投資家】	「売上・利益の増加額」「事業投資資金の回収期間」
認識ギャップ大【企業＜投資家】	「投下資本利益率（ROIC）」「内部収益率（IRR）」

ａ．売上・利益の増加額　　ｂ．事業投資資金の回収期間
ｃ．投下資本利益率（ROIC）　ｄ．内部収益率（IRR）
ｅ．正味現在価値（NPV）　　ｆ．その他

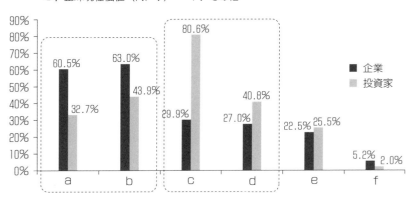

※複数選択から３つまで選択可へ変更
※企業にのみの選択肢である「ｆ．判断基準は特に設定していない」を削除し，「ｇ．その他」をｆ．に繰り上げた。

（回答数【企業】：2018年度：519）
（回答数【投資家】：2018年度：98）

（出所）　生保協会（2019）より筆者作成。

　さらに，生保協会（2019）の日本の企業と投資家へのアンケート調査を見ても，日本企業と国内投資家にはギャップがある。**図表6-3**を参照されたい。国内投資家は投下資本利益率（ROIC）や内部収益率（IRR）を投資採択基準にしてほしいと考えているが，日本企業は資本コストの意識が薄く，投資回収期間や売上・利益絶対額を重視している。そして外国人投資家はグローバルスタンダードなのでNPVとIRRである。改訂コーポレートガバナンス・コードの精神からも，今まさにCFOの真の資本コストの意識が問われているのである。

第2節　CFOポリシーとしての価値創造の投資採択基準（VCIC）

　世界の投資家はエクイティ・スプレッドに代表されるように，会計上の利益ではなくて「資本コストを上回るリターン」を価値創造の前提と考えている。したがって，CFOが検討するM&Aや製品買収などの資本的支出においては，回収期間法ではなくて資本コストを勘案した投資採択基準であるNPVとIRRが重要になってくる。

　筆者が財務理論から企画立案して，社内承認を得て世界中で実践したCFOポリシー（当時）から「企業価値評価向上のための投資採択基準＝VCIC（Value-Creative Investment Criteria）」のプリンシプルを，以下に具体例として紹介していきたい（実数は非開示につきダミー）。

【資本支出予算における投資採択基準の基本原則 VCIC】

1．NPVがプラスであること
2．IRRが資本コストを上回ること（目標IRRスプレッド2％以上）
3．NPVとIRRではNPVを優先する
4．複数案件はPI（Profitability Index）による比較が有効
5．さらに中止や変更の余地があれば，リアルオプションも組み入れる

NPV（Net Present Value：正味現在価値）＝Σ（n年度のプロジェクトのフリーキャッシュフローFCF）/（1＋割引率）^{n}－投下資本の現在価値

IRR（Internal Rate of Return：内部収益率）＝NPVがゼロになるような割引率

PI（Profitability Index）＝プロジェクトのFCFの現在価値÷投下資本の現在価値

　このように VCIC では，資本支出予算について NPV と IRR がゴールド・スタンダードになっている。キャッシュフローの見積もりはオペレーションのプロたる事業部が作成し，それを CFO チームが検証するとして，ファイナンシャルな理論で実務担当者が割引率を適切に設定することが重要である。わずかな割引率の変化で投資の意思決定の判断が変わってしまうからである。

　最近，日本企業でも NPV と IRR という資本コストベースの投資採択基準を利用する会社が増えてきてはいるが，ハードルレートが５％，８％や10％など一律であることが多い。一般のコーポレート・ファイナンスの教科書や公認会計士試験も NPV の定義はあるが，割引率の記載は「割引率を10％とすると」などと一般化しており，CFO の実務ではそのまま適用できない。実際に海外 M&A 含めて，プロジェクトのリスクは個別に相当異なるだろう。

　VCIC では，「コーポレートのハードルレート８％」とダブルスタンダードにはなるが，個別の投資採択基準で適用する割引率（ハードルレート）は，日本企業の株主資本コストで仮定した全社ベースの８％で一律ではなく個別のリスク調整後ハードルレートというスタンスを取る[2]。

　プロジェクトごとの投資採択基準では，「保守主義の原則」で，各投資プロジェクトのリスク，投資国，投資主体（本体か子会社か），公開会社か非公開会社か等によって調整するハードルレートの基準を設定するほうが，株主・投資家にリスクのあるプロジェクトへの投資を説明する際にも支持が得られるだろう。リスク調整後割引率（ハードルレート）[3]をプロジェクトごとに個別に適用することが企業価値評価向上に資するのである。また，IFRS（国際会計基準）採用企業が増え，のれんの定期償却がない中，アップフロントで減損リスクを低減する仕組みが CFO の受託者責任として必要である。

　こうしたリスク・リターンを勘案した投資採択基準のイメージを筆者の提案として下記に例示してみる。エーザイの CFO ポリシー（当時）の基本になっている。NPV と IRR をベースにしながら，そのハードルレートについてはリスク見合いで数百種類を使い分けるのである。

2　エーザイの CFO ポリシーでは世界の投資家の株主資本コストのコンセンサスである８％は資本的支出の投資採択基準の割引率の下限（フロアレート）として管理していた（当時）。
3　基本的に CAPM に依拠してプロジェクトごとのリスク調整後株主資本コスト（CoE）を適用する。通常の判定時には負債コストは考えないものとする。ただし，特別にひも付きで借入金が必要な投資を行う場合には，別途その時点の金利相場を勘案して加重平均資本コスト（WACC）を設定する場合もあり得る。節税効果も別途勘案する。

【より高度な価値創造の投資採択基準】

- ◆株主価値を創造する投資の採択
- ◆NPV プラスの投資を採択
- ◆IRR が資本コストを上回る投資を採択
- ◆NPV を優先する
- ◆複数案件比較では PI も利用
- ◆選択肢（Go or No Go）がある場合はリアルオプションを利用
- ◆*案件ごとのリスクを勘案したハードルレートを適用*
- ◆株主，投資家は他の選択肢もあることを銘記
- ◆財務会計上黒字が基準でなく，管理会計上の機会コストを考慮
- ◆NPV の意識があっても一律のハードルレートでは不十分
- ◆プロジェクトごとに β 値を変える
- ◆地域ごとにリスクフリーレートを変える
- ◆リスクプレミアムは原則として一定
- ◆子会社（非公開会社）リスクプレミアムを勘案する

【具体的な投資採択基準の設定】

＜必須基準＞
NPV プラスであること
- ◆累積 DCF（割引キャッシュフロー）－投資総額の現在価値 ＞０

＜付随基準＞
- ① 　IRR ＞ハードルレート＋２％[4]
- ② 　投下資金回収期間　５年以内（原則）＝参考情報
  - ＊必須基準をクリアすることを絶対条件としつつ，付随条件の達成度を総合的に判断しながら，投資可否を決定する。

ポイント
- ◆適切なキャッシュフロー（利益）を予測できるか
- ◆妥当なハードルレートを設定できるか（CAPM の応用）
  - ・キャッシュフロー，利益計画は事業部等の提案値を管理会計部署等が厳しくチェックする（本業の基本）。
  - ・ハードルレートを設定するに当たっては，事業・プロジェクト固有のリスク（β 値）の前提がポイント。

4　ヒアリングや先行研究から投資家が一般的に期待する収益スプレッドを想定。

・リスクフリーレートは各国の国債利回りの近年の平均値[5]，リスクプレミアムは本書の分析やFernandez and Campo（2010）から6％を使用する。
・β値は本来，個々の投資案件により異なっている。しかし，個々の案件毎に設定していては，実務が煩雑で負担が多い上，かえって恣意性を高め，判断基準としての利便性を落とすことになりかねないため，ベータは以下の3類型をモデルとして設定する（例）[6]。
・レベル3　ハイリスク・カテゴリー
　　　　　　投機的プロジェクト，ベンチャープロジェクト
　　　　　　β値2.0を使用（高リスク銘柄の市場平均）
・レベル2　ミドルリスク・カテゴリー
　　　　　　新規リスクプロジェクト
　　　　　　β値1.5を使用（中リスク銘柄の市場平均）
・レベル1　ローリスク・カテゴリー
　　　　　　現在販売中の製品の拡大・設備投資，子会社設立
　　　　　　β値1.0を使用
　　　　　　（当該上場企業自体のハードルレートでよい）
◆子会社における独自投資を判断する場合は，通常の各類型のβ値に追加で非公開会社リスクプレミアムの上乗せ（30％）をして判定する（"Private"と定義）

　この筆者のCFOポリシーからVCICの骨子を開示したエーザイの統合報告2019のスライド（当時）を**図表6-4**に掲載する。
　こうした基本方針に基づく世界の投資案件に対する投資採択基準のハードルレートのイメージをテーブルで**図表6-5**に掲載した。数字はダミーだが，実際にエーザイでは投資採択基準のNPVやIRR計算において約200種類のハードルレートを使用しており，CFOがその基準で最終審査を行い，そのレートから逸脱した案件は否決する。また，四半期ごとのグローバルCFO会議や個別セミナーを不定期に世界中で開催して全社へVCICを徹底的に浸透させているの

5　リスクフリーレートについては，通常の投資プロジェクトのタームを10年以内と想定して，投資国ごとの10年国債利回りを使用する。なお，為替リスクは金利平価（Interest parity）の考え方に基づき，金利差と相殺されるものと仮定して考慮しない。
6　リスク3類型に対しては，同等リスクの世界のヘルスケアセクターの上場企業群から得られるベータ値の平均市場データをベースに，3つにグルーピングして各々固有のベータ値を設定する。

エーザイ
統合報告書
2019
P.37

●投資採択基準：VCIC（Value-Creative Investment Criteria）

　企業が成長するためには，投資の優先順位や選択が重要となります。そのため，エーザイでは，戦略投資に対する投資採択基準を定め，価値創造を担保しています。その際には，リスク調整後ハードルレートを用いた正味現在価値（NPV）と内部利益率（IRR）スプレッドを KPI としています。原則として NPV プラスの案件のみを採択することを当然ながら，IRR にも一定のスプレッドを設けて価値創造を担保します。なお，ハードルレートについては，投資プロジェクト，投資国，流動性などのリスク要因を加味して，およそ200種類のハードルレートを設定し，それぞれの投資案件に応じて，リスク調整後ハードルレートを採用しています。

　2018年 6 月に改訂された「コーポレートガバナンス・コード」において，自社の資本コストの的確な把握をもとにした経営資源の配分が求められていますが，エーザイでは2013年から VCIC を導入し，価値創造の担保を行っています。

> **リスク調整後ハードルレートの設定方法**
> リスク調整後ハードルレート＝リスクフリーレート＋β×リスクプレミアム（＋流動性プレミアム）
> 　ーリスクフリーレート：各国別10年国債の過去10年平均利回り
> 　ーβ（ベータ）：投資カテゴリーに応じて設定（リスク特性）

（出所）　エーザイ統合報告書2019。

である。

　たとえば，日本国内で工場を建設するときの採算計算に用いるハードルレートはフロアの8.0％である。また，米国で子会社(非公開会社)が新製品を発売するときの NPV 計算のハードルレートは10.3％である。英国で上場しているベンチャー企業を買収する際には DCF 計算の割引率は14.2％である。あるいは，子会社を通じて中国で非公開のジェネリック企業を買収するなら17.3％をハードルにすることになる。インドで上場していないバイオベンチャーを買収する場合のハードルレートは21.6％になる。このように 8 ％から22％まで200種類の割引率を計算して，CFO は NPV や IRR の査定を行うのである。

| 図表6-5 | CFO ポリシーによる資本 |

Country	RFR[1]	Risk Premium	Category I (Low Risk)		
			beta	Hurdle[2]	Private[3]
日本	0.58%	6.0%	1.0	8.0%	9.8%
米国	2.50%	6.0%	1.0	8.5%	10.3%
カナダ	2.22%	6.0%	1.0	8.2%	10.0%
メキシコ	6.42%	6.0%	1.0	12.4%	14.2%
ブラジル	11.60%	6.0%	1.0	17.6%	19.4%
英国	2.19%	6.0%	1.0	8.2%	10.0%
ドイツ	1.39%	6.0%	1.0	8.0%	9.8%
フランス	1.86%	6.0%	1.0	8.0%	9.8%
オランダ	1.62%	6.0%	1.0	8.0%	9.8%
スペイン	3.21%	6.0%	1.0	9.2%	11.0%
イタリア	3.36%	6.0%	1.0	9.4%	11.2%
スイス	0.59%	6.0%	1.0	8.0%	9.8%
スウェーデン	1.58%	6.0%	1.0	8.0%	9.8%
ポルトガル	4.87%	6.0%	1.0	10.9%	12.7%
ベルギー	2.06%	6.0%	1.0	8.1%	9.9%
オーストリア	1.76%	6.0%	1.0	8.0%	9.8%
オーストラリア	3.59%	6.0%	1.0	9.6%	11.4%
ロシア	8.47%	6.0%	1.0	14.5%	16.3%
シンガポール	2.16%	6.0%	1.0	8.2%	10.0%
中国	3.53%	6.0%	1.0	9.5%	11.3%
香港	1.78%	6.0%	1.0	8.0%	9.8%
インドネシア	7.62%	6.0%	1.0	13.6%	15.4%
マレーシア	3.90%	6.0%	1.0	9.9%	11.7%
タイ	3.10%	6.0%	1.0	9.1%	10.9%
台湾	1.34%	6.0%	1.0	8.0%	9.8%
韓国	3.31%	6.0%	1.0	9.3%	11.1%
フィリピン	5.21%	6.0%	1.0	11.2%	13.0%
インド	7.78%	6.0%	1.0	13.8%	15.6%

注[1] リスクフリーレートは2019年3月末の各国10年国債利回りの10年平均を適用した。
注[2] ハードルレートには8％（日本企業全体の株主資本コスト）のフロア（下限）を定めた。
注[3] 日米欧の先進国証券取引所に上場していない会社買収，子会社が行う買収はリスクプレミ
（出所）　柳（2019a）より筆者作成。

コスト経営で200種類の割引率を使いこなす

Category II (Middle Risk)			Category III (High Risk)		
beta	Hurdle*2	Private*3	beta	Hurdle*2	Private*3
1.5	9.6%	11.4%	2.0	12.6%	14.4%
1.5	11.5%	13.3%	2.0	14.5%	16.3%
1.5	11.2%	13.0%	2.0	14.2%	16.0%
1.5	15.4%	17.2%	2.0	18.4%	20.2%
1.5	20.6%	22.4%	2.0	23.6%	25.4%
1.5	11.2%	13.0%	2.0	14.2%	16.0%
1.5	10.4%	12.2%	2.0	13.4%	15.2%
1.5	10.9%	12.7%	2.0	13.9%	15.7%
1.5	10.6%	12.4%	2.0	13.6%	15.4%
1.5	12.2%	14.0%	2.0	15.2%	17.0%
1.5	12.4%	14.2%	2.0	15.4%	17.2%
1.5	9.6%	11.4%	2.0	12.6%	14.4%
1.5	10.6%	12.4%	2.0	13.6%	15.4%
1.5	13.9%	15.7%	2.0	16.9%	18.7%
1.5	11.1%	12.9%	2.0	14.1%	15.9%
1.5	10.8%	12.6%	2.0	13.8%	15.6%
1.5	12.6%	14.4%	2.0	15.6%	17.4%
1.5	17.5%	19.3%	2.0	20.5%	22.3%
1.5	11.2%	13.0%	2.0	14.2%	16.0%
1.5	12.5%	14.3%	2.0	15.5%	17.3%
1.5	10.8%	12.6%	2.0	13.8%	15.6%
1.5	16.6%	18.4%	2.0	19.6%	21.4%
1.5	12.9%	14.7%	2.0	15.9%	17.7%
1.5	12.1%	13.9%	2.0	15.1%	16.9%
1.5	10.3%	12.1%	2.0	13.3%	15.1%
1.5	12.3%	14.1%	2.0	15.3%	17.1%
1.5	14.2%	16.0%	2.0	17.2%	19.0%
1.5	16.8%	18.6%	2.0	19.8%	21.6%

アムを30%上乗せした。

　もちろん，より精緻にすることもできるが，あまりに複雑なモデルでは実務が煩雑になり，適用不可能，あるいは関係者に混乱をきたすので，利便性と正確性はトレードオフ関係になる。改訂コーポレートガバナンス・コードにおいて，自社の資本コストの的確な把握を基にした経営資源の配分が求められているが，エーザイでは筆者が財務担当役員に就任して本件を提案した2013年からVCICを導入し，無形資産の減損リスクを低減し，継続的に価値創造の担保を2022年のCFO退任までの間，鋭意図ってきた。

第3節　M&AにおけるCFOの受託者責任

　企業が他社を戦略的に買収するケースを考えてみよう。CFOは自社の本源的価値の算出をする必要がある。自社の本源的価値をCFOが数値で把握していなければ，その企業価値向上は曖昧なものだ。たとえばM&A戦略においては被買収企業のバリュエーションを行う必要があるが，実際のM&Aの場面では投資銀行がフェアネス・オピニオンと称して企業の公正価値（フェアバリュー）を算定して，それに基づいて，買収金額や合併の統合比率（株式交換比率）が決まることが多い。

　しかし，買収企業側の経営者はアニマル・スピリッツを持ち，規模の拡大に過度に意欲的な場合が多く，一般株主の価値創造の検証よりも企業買収案件の成就そのものに執着しがちな面もある。そして，時には投資銀行サイドにも利益相反（conflict of interest）がある。通常のM&A提案の営業は基本的に無料のサービスであり，買収案件が完結してはじめて大半の成功報酬が得られるケースも多い。「何としても買収を実行する」，ここで経営者と投資銀行のバンカーの利害は図らずも一致する。CFOが高度な財務リテラシーを持って投資銀行とは一線を画して，より厳格な企業価値評価の算出をしていなければ，「金融のプロである証券会社の査定金額は正しいはずだ」という雰囲気で取締役会も通過してしまうのではないか。

　つまり，かかる環境下では，真のCFOが不在であるなら，あるいはそれを代替できる卓越した財務のプロとしての社外独立取締役がいなければ，経営者と投資銀行が「どうしても自己の利益のために企業買収案件を完結する」ことに腐心するあまり，一般株主の利益を十分に保護できないリスクが懸念されるのである。こうした視点から海外投資家は日本企業の買収案件に懐疑的であり，高値掴み（overpay）による価値破壊を危惧している。買収案件のプレスリリー

スが企業の広報から発表されるや否や，被買収企業の株価は上がるが，買収企業側の株価は下がることも多いのはこのためである[7]。

　こうした背景を踏まえて，コーポレートガバナンスとしては，取締役会での精査では，社外独立取締役が一般株主の利益を代表して価値創造を担保すべきであるし，その前に CFO が，投資家・株主の意見を伝達しながら議論に参画し，財務の専門家（Financial Expert）として，投資銀行のアドバイスに盲目的に従うことがないように独自の企業価値評価を行って意思決定に貢献すべきである。CFO は企業価値の番人であるべきなのだ。

　ただし，M&A の場合には資本支出予算における投資採択基準に加えて，追加して考えるべきポイントがある。それはシナジー（相乗効果）とプレミアムである。

　通常は現在の被買収企業の株価に一定のプレミアムを加算して買収価格とすることが多い。そうでなければ，現在の被買収企業の株主は株券を買収企業に売り渡してはくれない。

　現金による TOB（株式公開買い付け）の M&A の場合は，一般に30％程度のプレミアムが平均値とも言われている。被買収企業の株主は，株券を売ればそこでおしまいで，現金がすべてである。まさに「金の切れ目が縁の切れ目」で良いわけである。一方で，買収企業の株主の立場では当然，一定以上のプレミアムの支払いを好まないだろう。買収によってプレミアムを正当化するシナジーが得られることを買収企業は株主に説明する必要がある。

　一方で，株式交換による M&A では，一定の比率で被買収企業の株主は，買収企業，つまり新会社の株券と交換してもらえるので継続的に株主である。

　つまり，将来の企業価値の拡大のメリットを享受できる立場である。「金の切れ目が縁の切れ目」ではなく，「夢が買える」ということになる。新会社の将来に希望がもてれば，プレミアムはほとんどないケースもある。中にはプレミアムがマイナスになるディスカウントのケースも存在する。

　現金でも株式交換でも，M&A の狙いとしてのシナジーがプレミアムや将来

7　2018年12月28日付の日本経済新聞「私見卓見：M&A，売り手の経験積むべし」で，早稲田大学大学院客員教授の服部暢達氏は「日本企業の M&A の件数と金額が増加傾向にある中で，成功する確率は海外企業と比べて低い。たとえば，キリンホールディングスによるブラジルのビールメーカー買収は撤退に追い込まれた。日本企業の M&A で買収価格を上回るリターンを生み出せたケースは 2 割程度だ。海外企業は 5 割程度になる」と指摘している。

の夢を正当化する。それがなければ，２つの会社が１つになる理由がない。基本的に，シナジーには前向きな売上・利益の向上につながる「レベニュー・シナジー」とリストラによる「コスト・シナジー」がある。

　ここで，**図表 6 - 6** に M&A の経済的合理性とシナジー・プレミアムの関係から，企業買収における CFO の受託者責任としてのゴールデンルールを掲げてみよう。

　このように，買収会社の株主も被買収会社の株主もメリットを享受できる Win-Win の関係が成り立たないと，どちらかの株主が反発して基本的に M&A は成就しないはずである。こうした価値創造を M&A においても担保することも CFO の株主への受託者責任，ガバナンスである[8]。

図表 6 - 6　M&A における CFO の受託者責任

買収価格＝被買収会社の時価総額＋株価対比の表面プレミアム
　　　　＝ＤＣＦによる本源的価値＋実質のプレミアム
　　　　＝ＤＣＦによる本源的価値＋被買収会社の株主のメリットとしてシナジーの一部
　　　　　（残りのシナジーは買収会社の株主のメリット）

シナジー＝被買収会社の株主のメリット＋買収会社の株主のメリット
　　　　＝リストラによるコスト・シナジー＋売り上げ増加等のレベニュー・シナジー

（出所）　筆者作成。

8　2019年 8 月17日付の日本経済新聞「日本企業の M&A：対決型が新潮流」では，不動産会社ユニゾと HIS の対立，デサントと伊藤忠の対立，ココカラファイン特別委員会のマツモトキヨシHD（スギ HD を却下）の選択などを取り上げ，「企業統治への意識が高まり，あいまいな判断には投資家から NO の声が強く出るようになってきた」ために，「19年に入って買収価格などを巡って開かれた場で意見をぶつけあう対決型の M&A が目立つようになっている」としている。

　もう１つの M&A の投資採択基準の論点として，EPS（１株当たり純利益）の変化[9]がある。株式の値段として，頻繁に PER（株価収益率）が市場関係者に使われていることもあり，これも無視できないポイントである。

　たとえば，対価が現金による M&A で，被買収企業が黒字の会社であれば，EPS のアクリーションは容易であろう。問題は株式交換の M&A の場合である。ここでのゴールデンルールは，「PER の低い会社が PER の高い会社を買うとダイルーションが起こる」ということになる。

　「株式を通貨として交換する」わけだから，自分の通貨が高く評価されているほど有利であるし，逆なら不利なのは当然である。たとえば，為替相場での円・ドルレートを思い浮かべた場合，日本企業は円高なら有利なクロスボーダーM&A ができるし，円安ならその反対である。自社の通貨（株式）の価値が高いほど有利であり，経営者には株価を高めるインセンティブが M&A の見地からも存在するのである。

　次の**図表6−7**の例では，PER14倍の買収会社 A 社が株式交換で，PER16倍の被買収会社 B 社を買収するケースである。

　たとえば，プレミアムが０％でも，EPS は３％のダイルーションになっている。この場合，A 社の現在の EPS は333円だが，この B 社の合併を行うと新会社の EPS は323円になり，10円下がってしまう。

　仮に10%のプレミアムを与えた場合は，A 社の EPS は333円から，317円へと，16円も低下してしまう。５％のダイルーションである。

　まさに「PER の低い会社が PER の高い会社を買うとダイルーションが起こる」というゴールデンルールが該当する。シナジー創出で正当化しなければ，買収会社 A 社の株主は納得しない。

　参考にディスカウント/プレミアムを変化させてアクリーション/ダイルーションの変化も表にしている。ダイルーションを起こさないために必要なシナジー金額も例示してある。この場合，プレミアムがゼロの経営統合のケースでも19億円弱のシナジー創出が求められる。プレミアム10%なら30億円超のシナジー創出がないと A 社株主の賛同が得られないことになる。

　9　EPS が増加することをアクリーション（accretion），EPS が希薄化する，つまり低下することをダイルーション（dilution）とよぶ。もちろん，投資家はアクリーションを好み，ダイルーションを嫌うので，M&A の際には EPS がどのように変化するかをシミュレーションして，必要なシナジーなどの検討を行うことも重要になる。

　いずれにしても，CFO の受託者責任として，CFO は自ら自社および買収先の本源的価値のバリュエーションを in-house DCF で行い，矜持を持って交渉して，ステークホルダーのための企業価値の向上を担保しなければならない。それがコーポレート・スチュワードシップである。

| 図表 6 - 7 | EPS の感応度分析－PER の低い会社が PER の高い会社を買うとダイルーションが起こる |

| 株式交換による M&A の鉄則：低い PER の会社が高い PER の会社を買うと EPS の希薄化が起こる |

買収会社 A 社は被買収会社 B 社の株式を100%株式交換で取得するものと仮定

買収会社 A 社

現在の株価（円）	4,500
時価総額（百万円）	675,000
株数（千株）	150,000
EPS（円）	333
PER（倍）	14
予想純利益（百万円）	50,000

被買収会社 B 社

現在の株価（円）	800
時価総額（百万円）	160,000
株数（千株）	200,000
EPS（円）	50
PER（倍）	16
予想純利益（百万円）	10,000

ディスカウント/プレミアム(%)	ディスカウント 20%	ディスカウント 10%	プレミアム 0%	プレミアム 10%	プレミアム 20%
買収対価（百万円）	128,000	144,000	160,000	176,000	192,000
統合比率（B 社 1 株につき）	0.190	0.213	0.237	0.261	0.284
A 社の新株発行（千株）	28,444	32,000	35,556	39,111	42,667
買収後の合計株数（千株）	178,444	182,000	185,556	189,111	192,667
買収後の純利益（百万円）	60,000	60,000	60,000	60,000	60,000
買収後の EPS（円）	336	330	323	317	311
アクリーション/ダイルーション（%）	1	−1	−3	−5	−7
シナジー必要額（百万円）	−519	667	1,852	3,037	4,222

（出所）　筆者作成。

第4節　株式持ち合いの検証における CFO の受託者責任

政策投資，つまり株式持ち合いも有価証券への「投資」であるから，投資採択基準を定めて説明責任を果たすべきという投資家の声は強い。

コーポレートガバナンス・コード（金融庁・東証（2015））も以下のように定めている。

【原則１－４．いわゆる政策保有株式】

　上場会社がいわゆる政策保有株式として上場株式を保有する場合には，政策保有に関する方針を開示すべきである。また，毎年，取締役会で主要な政策保有についてそのリターンとリスクなどを踏まえた中長期的な経済合理性や将来の見通しを検証し，これを反映した保有のねらい・合理性について具体的な説明を行うべきである。

　上場会社は，政策保有株式に係る議決権の行使について，適切な対応を確保するための基準を策定・開示すべきである。

また，2018年6月に改訂されたコーポレートガバナンス・コード（東証(2018)）では，さらに次のように定められている。

【原則１－４．政策保有株式】

　上場会社が政策保有株式として上場株式を保有する場合には，政策保有株式の縮減に関する方針・考え方など，政策保有に関する方針を開示すべきである。また，毎年，取締役会で，個別の政策保有株式について，保有目的が適切か，保有に伴う便益やリスクが資本コストに見合っているか等を具体的に精査し，保有の適否を検証するとともに，そうした検証の内容について開示すべきである。

　上場会社は，政策保有株式に係る議決権の行使について，適切な対応を確保するための具体的な基準を策定・開示し，その基準に沿った対応を行うべきである。

柳(2010)では，世界の約8割の機関投資家が，日本企業の株式持ち合いがガバナンスや企業価値を悪化させていると危惧していることが報告されている。第1章で株式持ち合いの減少と「銀行ガバナンス」から「株主ガバナンス」へ

の変遷を紹介したが，いまだに投資家からは株式持ち合いは経営者の保身（エントレンチメント）の構図と捉えられている。1つは，議決権の売買（しかも，多くの場合が契約書もプレスリリースもなく，相互に株式を購入）によって，事実上，一般株主の議決権行使権利が制限されてしまうという問題がある。コーポレートガバナンス・コードでも説明が求められている所以である。

また，もう1つは，拠出資金は株主の資金であり，本書が指摘する資本生産性が問われる（資本コストを上回るリターンが上げられるのか）。つまり投資採択基準が問題になる。一般に，投資家からは「有価証券投資をするなら投資家のほうがプロなので，その資金は株主に返還してほしい」という要求になる。

この問題に関しては，スチュワードシップ・コードやコーポレートガバナンス・コードでも論点となり得るエンゲージメントのアジェンダである。社外独立取締役（過半数）の導入などでガバナンスを格段に高めなければ，投資家の懸念は払拭されず，株価下落の場合には含み損の影響も問われる中，持ち合い批判は依然として根強い。

戦略的提携など，必ずしも全ての持ち合いが株主利益を害するわけではないが，「良い持ち合い」，「悪い持ち合い」の両方があるとすれば，日本企業はその内容を開示して説明すべきである。すなわち，グローバルスタンダードに従うか，固有の事情を説明するか，ということになる（"Comply or Explain" 原則）。

ところが，多くの日本企業はその株式持ち合いの合理性について十分に定量的な説明責任を果たしているとは言えない。投資家から見ればブラックボックスになっていると言えよう。CFO の果たす役割は大きいのではないだろうか[10]。

やはり，株式持ち合いのための対価である有価証券購入資金は，会社の経営陣が株主から委託された資金の一部なので，エンゲージメントの中でCFO は説明責任を果たすべきである。それによって，価値創造的な「良い持ち合い」

10　筆者はエーザイのCFOとして，株式持ち合いを縮減してきているが，いまだに一定の残高はあり，全銘柄について，株数，金額，取得時期だけではなく，1件毎の取得理由，管理会計上の経済効果の試算（株式持ち合いのシナジー効果の NPV や IRR 計算）を行い，過半数が社外取締役から構成される取締役会に報告している。NPV はプラスのものもマイナスのものもあり，株式持ち合いの縮減の優先順位に反映させている。今後は，NPV 試算の精度の問題や，相手先との関係から相当難題ではあるが，経済効果が資本コストを上回っているかどうかを詳細に外部に開示して議論の対象とすることが課題と認識している。

は引き続き投資家に承認される可能性があるし，「悪い持ち合い（合理的な説明のつかない持ち合い）」は議論の中で徐々に淘汰される運命にあるだろう。

　柳（2010）で以前から主張してきた枠組みだが，2018年 6 月の改訂コーポレートガバナンス・コード（東証（2018））も勘案して，**図表 6 - 8** に筆者が CFO ポリシーで，実際に株式持ち合いの NPV を試算するフォーマットの例を示す。

　株式持ち合いの NPV 試算においては，分子たるキャッシュフローは本業のシナジー効果の見積もりのみを挿入する。戦略投資の CF だけを勘案し，有価証券投資としての通常の株式のキャピタルゲイン，インカムゲインの実績は含めない。また株式の投資であるので，分母に使う割引率は WACC（負債も含めた加重平均資本コスト）を用いず，株主資本コスト（原則として 8 ％以上）を適用する。

　「株式持ち合いを全面的に禁止すべき（提携効果は法的拘束力のある業務提携契約書で十分，なぜ株式を購入しなければならないのか）」といったストレートな主張もあるが，持ち合いは歴史的，文化的に定着しており，一気にすべてを禁止することは実務上難易度が高い。

　また，事業会社同士の提携効果によって本当に価値創造的な株式持ち合いや，実際に経営統合につながる持ち合いもあるかもしれない。

　しかし，「経営陣の保身のために議決権行使結果を歪める」，「株主の資金を有効に投資していない（エージェンシー・コストになる）」という投資家の主張も無視できない。有価証券投資のシナジー効果の経済的価値というファイナンスの

図表 6 - 8　**CFO ポリシーとしての株式持ち合いの NPV 試算**

【提案する開示例】
・対象先：ＡＢＣ株式会社（先方保有当社株式　00000株）
・当方保有株式数：ＸＸＸＸＸＸＸ株
・取得原価：ＸＸＸＸＸＸＸＸＸＸＸＸ円
・期末簿価：ＸＸＸＸＸＸＸＸＸＸＸＸ円
・期末時価：ＸＸＸＸＸＸＸＸＸＸＸＸ円
・保有理由：提携効果・共同仕入によるコスト削減を企図したもの。
・NPV 試算（概算）：±ＸＸＸＸＸＸＸ円（暫定割引率Ｘ％にて試算）
・IRR 試算（概算）：ＸＸ％（当社暫定株式コストＸ％に対して±Ｘポイント）
・保有期間と実績：過去ＸＸ年間保有，毎年平均Ｘ億円の経費削減に貢献

（出所）　柳（2010）より筆者作成。

側面はクリアできても，議決権を中心とするガバナンスの面が解決できないので，やはり持ち合い株式は解消，縮減が基本方針であるべきだろう。

　やはり，CFOは情報開示や投資家とのエンゲージメントによって十分に説明責任を果たすことが重要であり，コーポレートガバナンスの問題に加えて，特に資本生産性の視点から，投資採択基準を利用して持ち合いによる提携効果を社内的に定量化（NPVとIRRの試算）して，できるだけ評価しておくことが，企業の会計・財務の専門家にとって望ましいだろう。今後，コーポレートガバナンス新時代において，ますますCFOのコーポレート・スチュワードシップ（企業経営者の企業価値を維持・向上する受託者責任）が問われてくる。

第7章 最適資本構成に依拠した最適配当政策

第4章で提案した CFO ポリシーとしての財務戦略マップの三本柱の第3の柱は，企業価値向上に資する「最適資本構成に基づく最適配当政策」である。著名投資家のウォーレン・バフェットは「配当性向30％などの目標を掲げる企業は多いが，なぜそれが企業価値最大化になるのかを説明している企業はほとんどない」といった趣旨を述べている（Cunningham (2008)）。本章では「横並びの配当性向30％の誤謬」を超えて，絶対的な解はないものの，配当政策の最適解を模索してみたい。

財務戦略マップ3

　CFO ポリシーでは，企業価値を高めるための投資を，価値創造を担保する高度な投資採択基準で採択して全てまかなった上で，余剰資金および内部留保の還元（残余利益配当方針：Residual Theory of Dividend）も重要である。さらに言えば，バランスシートマネジメントとして，株主資本と総資産のバランスも考慮の上で，最適資本構成に基づく最適配当政策も検討しなければならない。それは資本効率の改善に密接に結び付いてくるからである。もちろん，市場に対するシグナリング効果（配当政策がどのようなメッセージを市場に送るのか）や株主の要望に応えるケータリング効果（株主・投資家はどのような株主還元を望んでいるのか）も勘案する必要がある。石川 (2010)，石川 (2019) が実証するように，配当の株価への影響力は強い（コロボレーション効果）。

第1節　配当パズルと日本企業の誤謬

　基本的に CFO は企業価値を生む投資を可能な限り採択して積極的に将来のための投資を行った後に，配当で株主に資金を返還することを考える(残余配当方針)。この原則から考えるとキャッシュフロー計算書に記載される FCF（フリー・キャッシュフロー）は全額株主還元に充てることが基本ともいえる。なぜなら，FCF は営業活動から創出されたキャッシュフローから資本的支出，つまり将来の成長のために必要な有形・無形の資産を取得する投資をまかなった上での「フリー」なキャッシュフロー（株主へ帰属する）であるからである。債務の返済の必要性や翌期以降に NPV プラスの投資が控えているなどの正当性がない限り，この原則が適用されるべきであろう。ウォーレン・バフェットは「企業が内部留保を許されるのは，その１ドルを１ドル以上にできる時だけだ」といった趣旨を述べている（Cunningham（2008））。

　また，過去の内部留保が過剰（過小）になれば，機動的に株主還元を見直す必要もあろう。つまり，バランストシートの最適化も考えなくてはならない。Jensen(1986)が示唆するように，過剰にキャッシュを積み上げるとエージェンシー問題が発生して経営者の保身につながるという考え（FCF 仮説）もある。また，成長企業は無配でも投資を優先し，成熟企業は株主還元を高めるべきというライフサイクル仮説もある。あるいは，配当政策が市場に示唆するシグナリング効果[1]や顧客たる株主の配当に対する要望に応える(ケータリング効果)側面もあろう。

　一方，Miller and Modigliani（1961）の MM 定理によれば，完全市場の下では配当は企業価値に影響を及ぼさないことが知られている。ただし，こうした配当無関連命題は完全市場を前提としており，実際の市場，特にわが国では配当が株価に及ぼす影響は強い（エージェンシー問題とシグナリング効果）。

　石川（2010）では，2007年４月から2009年２月の日経新聞に純利益予想と配当予想の異動の少なくともどちらか一方が掲載された8,921個のサンプルから，発表10日前から30日後までのベンチマークに対する累積平均異常リターンを示している。その結果，配当発表日から30日間の超過リターンは，増益で増配の場合は＋約８％である。また，利益が横ばいでも増配すれば超過リターンは＋約

　1　たとえば，増配は将来業績に関する経営者の自信を表す効果があると言われている。

4％となった。さらに，減益で減配の場合は▲約8％のところ，減益でも配当維持すれば▲約2％で済むことが観察された（数字は概算）。

その後のアップデートとして，石川（2019）でも，増益で増配の場合は＋約6％である。また，利益が横ばいでも増配すれば超過リターンは＋約3％となった。さらに，減益で減配の場合は▲約5％のところ，減益でも配当維持すれば▲約3％で済むことが「コロボレーション効果」として継続的に報告されている（数字は概算）。

日本の配当は欧米と比べても株価との相関が高く，強力なシグナリング効果が確認されている。株価の反応に照らせば，少なくとも短期的には安定配当には一定のメリットがある[2]。

このように配当にはさまざまな考え方があり，難問である。Black（1976）が「配当はパズルである」と言っている所以である。配当政策は一意ではなく，絶対的な解はないだろう。

わが国では平均配当性向が約30％レンジであること，生保協会も配当性向30％を要求してきたように国内投資家が配当性向30％を求める傾向もある（配当性向にはこだわらないという意見も多いことには留意）ことなどから，日本企業の横並び意識は強く，日本企業の配当性向は30％に分布が集中している（**図表7 -1**）。

かつての日本企業は安定配当だが配当性向が低く，米国企業よりも配当に消極的との批判があったが，近年の日本企業の配当政策は進歩して，平均配当性向は約30％レベルになり，日米配当性向を比較しても年度によっては大差ない水準で推移している（**図表7-2**）。

「キーワードは配当性向30％」，「配当政策は米国に近づいた」という声もある。しかしながら，日米総還元性向の比較では彼我の差は大きく，近年米国企業は利益のほぼ100％を株主に還元している（**図表7-3**）。

別のデータで日米配当性向を詳しく見てみると，配当性向の平均値が大差なくても対照的な分布になっている。日本企業の配当性向は横並び意識から平均

2　シグナリング効果としては，諏訪部（2006）も増配とその後のEPS（1株当たりの純利益）向上，株価の超過リターンを確認している（ただし情報の非対称性があり，成長の根拠が本物か外部と投資家は見極める必要あり＝「レモン市場」理論）。一方，花枝・芹田（2009）によれば，日本企業の安定配当志向は強く，日本企業の84％が減配しないことが重要と考えている。Brav et al.（2005）は米国でも「有配企業」は安定配当志向が強いことを示唆しており，米国でも有配企業の94％が減配しないことが重要と回答している。

図表7-1 企業の配当性向は横並びで30%に集中

〈中長期的に望ましい配当性向（投資家）〉

(回答数：H29年度：116，H28年度：93，H27年度：84)

〈日本企業の配当性向の分布〉

TOPIX構成企業（赤字企業を除く）

（出所）　生保協会（2019）より筆者作成。

　値である30%に集中する傾向がある一方，米国ではライフサイクル仮説が機能して企業の成長ステージごとに配当性向がフラットに分散しており，一番多いのは無配企業になっている（**図表7-4**）。

　さらに言えば，日米の配当性向が同じでも株主還元全体では趣が異なる。日本では配当神話が根強いが，実は米国は配当よりも自社株買いを重視する国である。したがって，配当性向ではなくて，総還元性向で比較を行う必要がある。日本の総還元性向は30%レベルに横並び意識で集中し，総還元比率は米国に対して大幅に劣位である。米国ではライフサイクル仮説でよりフラットな分布か

図表 7 - 2　日米配当性向の推移：日本では配当性向30％は魔法の数字

（出所）　Bloomberg より筆者作成。

図表 7 - 3　日米総還元性向の推移：米国は自社株買い志向

（出所）　Bloomberg より筆者作成。

つ，100％以上の総還元比率の企業が極めて多い。たとえ配当性向平均で米国に
追いついても，国際比較を行う外国人投資家は日本企業の総還元性向に不満を
抱いている蓋然性がある（**図表 7 - 5**）。

図表7-4	日米配当性向の分布比較：配当性向の平均は日米ともに30％ながら分布は対照的

〈TOPIX500：配当性向が30％に集中〉

〈S&P500：無配が最多，ライフサイクル〉

（出所）　みずほ証券の協力により筆者作成。

| 図表 7 - 5 | 日米総還元性向の分布比較：米国企業は100％以上の株主還元が最多を占める |

〈TOPIX500：自社株買い少なく30％に集中〉

〈S&P500：100％超が最多，ライフサイクル〉

（出所）　みずほ証券の協力により筆者作成。

　ここまで見てきたように，「配当性向30％は魔法の数字」と考える日本企業の配当性向は横並び意識から平均値である30％レベルに集中する傾向がある一方，成長企業は無配でも良いし，高い ROE で再投資できるなら投資家は配当を求めない。また，現金を貯め込んだ成熟企業には100％以上の株主還元を求める。言い換えれば，CFO は企業ごとの最適資本構成を勘案する必要がある。配当性向10％でも高過ぎる企業もあれば，配当性向300％でも低過ぎる企業もある。ここでコーポレートスチュワードシップとも言うべき CFO の最適な配当政策の立案と投資家との深い議論が求められるのである。

第2節　決算短信分析に見る日本企業の横並び意識と投資家とのギャップ

　柳（2014a）は，「日本企業は安定配当志向で横並び意識が強い」という仮説とそれに対する投資家の視座を確認するために，連結決算短信における配当政策の記述について調査して報告している[3]。

　配当に関する決算短信の記述内容の特徴を分析してみると，53％の企業が「安定配当」について記述しており，「将来の投資・不測の事態に備えて現金を留保したい」と言及した企業が48％であった。およそ半数が，横並び意識で「安定配当志向」であり，「内部留保を重視する」傾向があると推定できる。

　一方で投資家が重視すると思われる「資本効率」について説明している企業は８％にすぎず，「キャッシュフロー」についても７％しか触れていなかった（**図表７-６**）。

　こうした日本企業の決算短信の記述とアナリスト・投資家の評価の関係性を，日本証券アナリスト協会のディスクロージャー評価の個社別スコアを用いて分析したものが**図表７-７**である。

　仮説どおりの横並び意識で「安定配当」，「内部留保」を記述した企業の平均得点は，それらを記述しない企業よりもそれぞれ低くなっている。また，「資本効率」，「キャッシュフロー」については，言及した企業の得点平均は，言及しない企業よりもそれぞれ高い。この傾向はディスクロージャー総得点において

　3　調査のユニバースは TOPIX 100のうち「公益社団法人 日本証券アナリスト協会」による「証券アナリストによるディスクロージャー優良企業選定（平成22年度）」において評価の対象となった企業かつ過去３年分（2008年度〜2010年度）の財務データが入手可能である（企業⇒計83社）。

図表 7 - 6	決算短信の配当の記述内容は「安定配当」と「内部留保」

	企業数	割合
安定配当（画一的）	44社	53.0%
資本効率（ROE）	7社	8.4%
キャッシュ・フロー（FCF）	6社	7.2%
投資のための内部留保	40社	48.2%

「安定配当」や「投資のための内部留保」に関する記述が約半数の企業において見られる。

株主が求めるのは「安定配当」、「投資のための内部留保」、と考えている企業が多く見られた。

(出所)　柳（2014a）。

図表 7 - 7	決算短信における配当政策の記述と投資家評価のギャップ

決算短信の記述内容		ディスクロージャー総得点	ガバナンス得点
安定配当の記述	有	71.4点	66.8点
	無	*74.0点*	*69.6点*
内部留保の記述	有	71.8点	67.6点
	無	*73.4点*	*68.6点*
キャッシュフローの記述	有	*75.3点*	*74.5点*
	無	72.4点	67.6点
資本効率の記述	有	*75.2点*	*72.4点*
	無	72.4点	67.7点

(出所)　柳（2014a）。

も，ガバナンスの得点においても同様であった。

安定配当志向・内部留保重視の企業よりも，資本効率やキャッシュフローを意識して配当政策を説明する企業のほうが，アナリスト・投資家評価が高い傾向にある。日本企業と投資家の視座にギャップ（ダイコトミー）があることが示唆された。生保協会（2019）のデータもそれを裏付ける結果となっている（**図表7－8**）。

世界の投資家は株主価値最大化理論を意識して，資本効率の論点を追求し，配当政策については,「最適資本構成，バランスシートマネジメントを要求している」が,「配当性向30％は魔法の数字」に固執する横並びの日本企業とのギャップは大きい。改めて，ウォーレン・バフェットの言葉（Cunningham（2008））は示唆に富むと感じる。

図表７－８　**企業は安定配当を重視し，投資家は資本効率を重視する**

高い水準で一致	「総還元性向・配当性向の水準」
認識ギャップ大【企業＞投資家】	「株主還元・配当の安定性」
認識ギャップ大【企業＜投資家】	「余剰資金を抱えているかどうか」 「ROEの水準」 「事業の成長ステージ」

ａ．投資機会の有無
ｂ．余剰資金を抱えているかどうか
ｃ．事業の成長ステージ
ｄ．資本構成
ｅ．総還元性向・配当性向の水準
ｆ．株主還元・配当の安定性
ｇ．株価推移
ｈ．ROEの水準
ｉ．その他

※投資家は，複数選択から３つまで選択可へ変更

（回答数【企業】：2018年度：532）
（回答数【投資家】：2018年度：97）

（出所）　生保協会（2019）より筆者作成。

図表 7 - 9　投資家は配当政策の説明を受けていない

a．十分行っている
b．一定程度行っている
c．あまり行っていない
d．ほとんど行っていない

(回答数【企業】：2018年度：535, 2017年度：574, 2018年度：562)
(回答数【投資家】：2018年度：97, 2018年度：111, 2018年度：88)

(出所)　生保協会（2019）。

「配当性向30％などの目標を掲げる企業は多いが，なぜそれが企業価値最大化になるのかを説明している企業はほとんどない」。それを裏付けるように，生保協会（2019）では，企業は投資家に配当政策の説明を行っているつもり（配当性向30％）でも，投資家は配当政策の説明（最適資本構成）を受けていないと感じていることが浮き彫りになった（**図表 7 - 9**）。

第3節　CFO ポリシーとしての「最適資本構成に基づく最適配当政策」

それでは CFO が最適配当政策の企画・立案するにあたって，そのベースとなる最適資本構成はどのように考えればよいのだろうか。

本章では，下記の「格付け類推法」による最適資本構成の模索と資金調達のペッキングオーダー（Brealey and Myers（2002））も勘案した最適配当政策を提言したい。

格付け類推法

・最も効率的な格付けは BBB との仮説
　　　　　　　→ Junk（BB 以下）でプレミアムが急上昇
　　　　　　　→ BBB の倒産確率は平時は低い
・Financial Slack から A が実務上の目安
　　　　　　　→有事は BBB の社債発行が困難
　　　　　　　→ A の倒産確率は極めて低い
　　　　　　　→実務には余裕度が必要
・KPI をコントロールする

　たとえば，トレードオフ理論（負債の活用は資本コストを低減するが，過度になると倒産リスクも高まるのでバランスが重要）やペッキングオーダー理論（企業は現金，負債，株式の順で資金調達する）に基づいて最適資本構成を求めるが，実務上はクレジットを勘案した「信用格付け類推法」を簡便法として提案したい。

　一義的にはトレードオフ理論から格付け BBB 同等レベルの財務の健全性指標（Net DER，Net Debt/EBITDA，Interest Coverage Ratio 等）を最適資本構成と定義する考え方である。しかし，資金調達余力にも鑑み，財務の余裕度（Financial Slack）も考えた Myers（1984）[4]による修正ペッキングオーダー仮説に基づき，1 ノッチ上の格付け A レベルの指標を目標に，配当（または自社株買い）により資本構成を調整[5]することが財務戦略の選択肢になり得るだろう。**図表 7－10**にそのイメージ図を掲げる（参考例）。

4　Myers（1984）は，資本構成も配当同様に「パズル」であり，絶対的な解はないとするが，静的なトレードオフ理論に加え，動的なペッキングオーダー理論を主張している。つまり，資本コストの最小化を志向しつつも，企業は情報の非対称性と倒産リスクを勘案しており，さらに Financial Slack（将来投資のための借り入れ余力）も確保して資本構成を決定するとしている。

5　柔軟に保有現金を調整できる自社株買いのほうが適しているという指摘もある。ただし，総会決議で実行が確定する配当に対して，自社株買いでは，枠は確保できても，インサイダー情報，流動性，株価のレベル，経営陣のコミットメント等の諸事情によっては実行されない可能性がある。本章では日本企業の配当の誤謬にメスを入れるべく配当中心の記述としている。また，石川（2019）によれば，米国では，配当も自社株買いもフリーキャッシュフロー（FCF）仮説（Jensen 1986）によるエージェンシーコスト削減効果であり，代替可能で機動的に対応できる自社株買いが頻繁に行われるが，日本では，配当と自社株買いは別物で代替不可だ。つまり，日本では自社株買いはエージェンシーコスト削減効果となるが，配当はあくまでシグナリング効果が強い。

図表 7 –10　最適資本構成の KPI のイメージ

デット・キャパシティの算出
BBB 理論からの financial slack＝A 格レベル

＊1：Net DER：Net Debt Equity Ratio＝(有利子負債（借入金)－現金及び現金同等物－3
　　カ月超預金等－親会社保有投資有価証券)÷親会社の所有者に帰属する持分
＊2：Net Debt/EBITDA：Net Debt/Earnings Before Interest, Taxes, Depre-
　　ciation and Amortization

(出所)　筆者作成。

　また，具体例として，第4章で述べたように，筆者の作成したエーザイの
CFO ポリシー（当時）では，最適資本構成を信用格付け A（シングル A）レンジ
と仮定して，世界の医薬品産業の財務データと信用格付けからシミュレーショ
ンを行い，自己資本比率50－60％，Net DER（純負債資本比率）マイナス0.3－
プラス0.3を最適資本構成の KPI として採択して開示していた。これは CFO
のミッションと考える。

　基本的に，株主還元とのバランスで配慮すべき資金調達の順序は現金，負債，
株式のペッキングオーダーである（図表 7 –11）。手許現金が豊富なのに（あるい
は負債余力が十分あるのに）転換社債や新株の発行を行うことは知見の高い投資
家から批判される。クレジットの高い日本企業のリキャップ CB（転換社債を発
行して，その代わりに金で自社株買いを行う）の市場の評価が必ずしも芳しくない
理由の1つはここにもある。

　さらに，次世代 CFO の最適資本構成の立案では，信用格付けのシミュレー
ションやペッキングオーダーの検討に加えて，将来の投資機会，保有現金の水
準，シグナリング効果，安定配当，ROE ターゲット，エクイティ・スプレッド

| 図表7-11 | CFOポリシーの資金調達のペッキングオーダー |

ペッキング・オーダー（資金調達手段の優先順位付け）

CDE 原則

高　　1. *C*ash

優先度　2. *D*ebt（デット・キャパシティ算出）

低　　3. *E*quity（最後の手段）

（出所）　筆者作成。

なども用いて総合的に決定すべきであり，それに依拠して最適な配当政策を CFOポリシーとして模索すべきであろう。

　最適資本構成に基づく最適配当政策の具体的な KPI としては，たとえば柳 (2008) の推奨する DOE（株主資本配当率）[6]がある。DOE は株主から預かった株主資本に対する配当総額の比率を示すもの（株主資本コストのうち何%を現金で還元してカバーしているかとも解される）で，バランスシートマネジメントに適していると言える。あるいは，管理会計上の DOE の利用については，DOE を ROE と配当性向の積に分解して考察することが重要であり，ライフサイクル仮説を包含できる。つまり成長企業は ROE が高ければ配当性向が低くてもよく，成熟企業は ROE が低いなら配当性向を上げるべきであり，「DOE＝ROE×配当性向」であり，ハイブリッド指標である。

6　平成17年に企業会計基準委員会（ASBJ）は，企業会計基準第5号「貸借対照表の純資産の部の表示に関する会計基準」を発表し，3つの資本が混在する要因となった。つまり，従来は資本の部と呼ばれ，株主資本＝自己資本＝純資産であったものが，本改正にともない，純資産の部に変更され，株主資本は資本金，資本剰余金，利益剰余金，自己株式の合計になり，自己資本は株主資本に，その他有価証券評価差額金，繰り延べヘッジ損益，土地再評価差額金，為替換算調整勘定を加えたものと定義され，純資産は自己資本にさらに新株予約権と少数株主持分を加えたものとされた。これにより3つの ROE（株主資本利益率，自己資本利益率，純資産利益率），3つの DOE（株主資本配当率，自己資本配当率，純資産配当率）が存在する。当時の東証の DOE の定義は「株主資本配当率は，年間配当金を期末資本の部の合計で除したもの。株主が直接払い込んだ資金と，本来株主に帰属する利益を再投資している内部留保の合算である株主資本という「元手」に対して，株主に年間どれだけの配当金としての還元があったかをみる企業の経営効率を測定する指標。(計算式)株主資本配当率＝配当金総額/期末資本の部合計（新株式払込金を除く）×100（%）」であったが，現在は純資産配当率が東証の決算短信開示項目である。

図表 7 -12　最適資本構成に基づく最適配当政策のシェーマ

(出所)　柳（2013b），柳（2014a），柳（2015d）より筆者作成。

　こうした「最適資本構成に基づく最適配当政策」を具現化したディスクロージャーのイメージについて，ある意味で本章の結論として，そのシェーマを**図表 7 -12**に示す。

　この「最適資本構成に基づく最適配当政策のシェーマ」を詳しく解説すると，まず，株主は企業経営者に経営を委託しており，CFO は受託者責任，説明責任がある。しかし，企業と投資家は対立する立場にはなく，共通のゴールは全てのステークホルダーに配慮した持続的・長期的な企業価値（株主価値）の最大化である。これは経済的付加価値（EVA）やエクイティ・スプレッド，DCF 価値に代理される。

　その達成のためには，ビジネスモデル，新製品のイノベーション，経営戦略など経営陣の知見を結集して売上・利益を創出して FCF を長期的に最大化していくとともに，財務の健全性を確保することを前提条件に，資本コスト，WACC を最小化して資本効率を高めるバランスシートマネジメントが重要になる。

　ここで最適資本構成を CFO は訴求することになる。エーザイの CFO ポリシー（当時）では，最適資本構成を信用格付け A 格と定めて，自己資本比率や

Net DER の目標レンジを開示している。企業は生き物であり，ライフサイクル仮説も包含して，バランスシートが変化するたびに機動的に目標は修正してよい。その調整弁としても配当政策や自社株買い戦略の資本政策が大きな影響を及ぼす。ここから，DOE や配当性向・総還元性向を最適資本構成から目標設定することが CFO の責務である。

そして，第1章の世界の投資家サーベイでも配当について最重要と指摘されている「最適資本構成に基づく最適配当政策」を受けて，CFO は最適現金保有レベルを定めて投資家に説明する。エーザイの CFO ポリシーでは，運転資本の流動性補完である CCC（キャッシュ・コンバージョン・サイクル）を基本的に月商の3〜4カ月分と試算して，その部分を流動性補完の最適現金保有レベルとして，CFO が世界の投資家と議論をしていた(当時)。もちろん，企業のライフサイクルによっては，リスクバッファーや戦略投資の待機資金を「定量化」して加算して投資家に説明してもよいだろう。

こうしたコーポレートガバナンス，あるいはバランスシートマネジメントに優れた企業の保有現金は「リアルオプション」になり，資本コストを上回る投資に有効に使う，あるいは株主に還元されると，プレミアム評価を得る(保有する現金100円の価値評価が100円以上になる)。しかし，バランスシートガバナンスの劣悪な企業の保有現金はエージェンシーコストとしてディスカウント評価になる(保有現金100円が100円未満に見なされる)。バランスシートマネジメントは企業価値評価の観点から重要である。平均的なガバナンスの日本企業の保有現金100円はおよそ50円に見なされている。ESG の「G」が企業価値に影響しているのである。

なお，CFO のバランスシートマネジメントの視点から，最適資本構成による最適配当政策を検討する際のベースとして，企業の CFO は内部留保の水準を考えなくてはならない，伊藤レポートには下記の記載がある。

> 「特に内部留保とは，資本金・資本準備金を元手に事業拡大に成功した企業が株主に帰属する最終利益をその都度全額株主還元する代わりに，株主からの信任を前提（暗黙の了解を基）に翌期への追加資金として預託されたものと言える。したがって，ゴーイング・コンサーンとして企業が株主の期待に応えておらず，株主からの信任を全く得ていない場合には，内部留保を全額株主還元しなくてはならない事態になる。」[7]

これはバフェットの言葉（Cunningham（2008））とも重なる。

「企業が内部留保を許されるのは，その１ドルを１ドル以上にできる時だ
けだ。」

また，伊藤レポートにはエクイティ・スプレッドだけでなく，配当政策に関
しても筆者の記述が採択されているので参考までに最後に付記しておこう（近
藤・柳（2013）および，柳（2013a）がそのエビデンスとして掲載されている）。

「統計的に見ると，近年日本企業の配当性向は横並びの『安定配当志向』
を反映して平均値である30％レベルに集中する傾向がある。一方，米国で
は同じ平均配当性向30％であっても，ライフサイクル仮説のとおり企業の
成長ステージごとに分散しており，2007年から2010年のデータでは一番多
いのは無配企業という事実もある。企業ごとに最適配当政策を考えている
様子がうかがえる。」

「また，決算短信における配当政策の記述を見ると，日本企業は配当政策
において『安定配当』『将来投資のための内部留保』を記載する傾向が強い
ことが確認された。それに対してグローバルな機関投資家は，日本企業の
配当政策において『資本効率』を最も重視しており，配当政策の開示や IR
での説明に不満とするサーベイが報告された。また，国内投資家からも企
業の配当・株主還元の方針が資本コストや ROE に裏付けて合理的に説明
されていない点が指摘されている。」

「配当についても，最適資本構成に基づく方針を検討することが重要であ
る。財務の健全性を損なわない範囲での資本コスト最小化や KPI を意識し
た配当（または自社株買い）による資本構成や現金保有水準の調整等は，
企業の財務戦略の選択肢，あるいは投資家との対話の議題になり得る。そ

7　つまり企業価値創造理論では，内部留保はエクイティファイナンスに類似する概念と投資家
は捉えている（Brealey and Myers 2002）ので，内部留保ならびにそれを源泉とする現金保有
には，理論上，株主資本コスト（グローバル投資家のコンセンサスは 8 ％）がかかるのである。

| | | 図表7-13 | | 自社株買い公表と増配公表に対する市場の期待の変化 | | |

	増配予想	減配予想	安定配当予想	自社株買い発表	増配予想	減配予想
	（自社株買いなし）			（安定配当予想）	（自社株買いあり）	
当期r	8.29%	6.77%	6.45%	6.54%	7.74%	6.86%
前期r	7.30%	7.43%	6.65%	6.94%	7.32%	7.49%
△r	+0.99pt	▲0.66pt	▲0.20pt	▲0.40pt	+0.42pt	▲0.63pt
当期g	4.10%	2.92%	2.78%	2.18%	3.20%	2.53%
前期g	2.93%	2.99%	2.77%	2.78%	2.78%	3.02%
△g	+1.17pt	▲0.07pt	+0.01pt	▲0.60pt	+0.42pt	▲0.49pt

(注1) gとrは，同時逆算手法に基づいて推定されたインプライド期待成長率とインプライド期待リターンである。各グループは，当期有配企業だけに限定されている。
(注2) 2003-2015年の3月期決算企業。

(出所) 石川（2019）より筆者作成。

　の上で，将来の投資機会，流動性確保，シグナリング効果とともに，資金効率を考慮した配当政策を総合的に決定すべきである。」

　財務戦略マップに掲げた最適資本構成に基づく最適配当政策は，非常に重要かつ難易度の高い新時代のCFOの課題である。

　本章では主に配当政策を論じてきたが，参考までに，石川（2019）は，わが国においては「配当が自社株買いに勝る」という結果を実証している（**図表7-13**）。

　自社株買いで目先のROEやEPSが向上するし，株式市場の需給の改善から短期的には株価上昇につながる蓋然性が高い。しかしながら，実態をよく見てみると，自社株買い実施企業のROEは当期のみならず次期以降も相対的に劣悪である。

　具体的には，残余利益モデル（RIM）[8] とEaston et al.（2002）のモデルから，市場が自社株買い企業に対する成長期待と期待リターン（資本コスト）をともに低下させているということを，石川（2019）では同時に逆算して実証している。増配企業の場合は，その真逆である。

8　Ohlson（2001）が代表的な論文。

　たとえば自社株買い企業（安定配当）への市場の期待リターンは6.94％から6.54％へと0.40pt 下がり，成長率予想も2.78％から2.18％へと0.60pt 減速する。一方，増配企業（自社株買い無）は期待リターンが7.30％から8.29％へと0.99pt 増加し，成長率も2.93％から4.10％へと1.17pt も上昇する。

　米国では配当と自社株買いは類似しており，ともにフリーキャッシュフロー仮説で説明がつくが，日本では配当のシグナリング効果が強いことを示唆している。こうした実証研究もエビデンスにしながら，CFO は高度な株主還元政策を企画立案して，資本市場への説明責任[9]を果たすべきであろう。

9　CFO はインサイダーとして，in-house DCF により自社の理論株価を算出して，現在の株価と理論株価の乖離分析を行い，自社株買いの IRR を計算して意思決定を行うべきである。しかし，PBR 1 倍割れ企業に関しては，通常は（粉飾などがない限り）会計上の簿価純資産は正しいので，PBR 1 倍割れのキャッシュリッチ企業は自社株買いを行うべきである（もちろん，クレジットに懸念のある会社はその余裕はないだろう）。

第**8**章　CFO の非財務戦略としての 「柳モデル」 の提言

　基本的に，企業価値は現在の財務価値（見える価値）と持続的な財務価値の基盤となる非財務価値（見えない価値）から構成されており，会社はすべてのステークホルダーのために存在する「社会の公器」である[1]。CFO は持続的・長期的な企業価値創造の受託者責任を負っており，CFO ポリシーでは，前章までの「財務戦略」に加えて，潜在的な ESG（環境・社会・統治）[2]の価値を顕在化する「非財務戦略」を構築すべきである。

　本章では，企業理念や研究開発の価値，人的資本に代表される「非財務価値」と，資本効率（その代表的指標としてのエクイティ・スプレッド）に依拠する「財務的価値」の共生モデルを提示する。言い換えれば，それは「論語（倫理的価値，非財務資本）と算盤（資本効率，財務資本）」の同期化モデル，あるいは「CSR（Corporate Social Responsibility＝企業の社会的責任）と企業価値」の両立から高付加価値経営の概念フレームワークを示唆するものである[3]。こうした考え方

1　一義的な，あるいは法的な株式会社の所有者は株主であるが，全てのステークホルダーのために会社は存在することを前提として本章では ESG に代表される「非財務価値」と ROE を代理変数とする「財務的価値」の同期化モデルを考察する。それは長期の時間軸では共存共栄できるものである。ちなみに，伊藤・関谷（2016）は「企業はいろいろな活動を行って企業価値を創造している。その結果として財務業績が向上する。財務業績や戦略について投資家とコミュニケーションを取ることで，投資家の信頼を得ることができる。また，従業員が満足できるような組織体制や報酬制度を構築することも重要である。経営者のビジョンを実現するために，イノベーションを通じて，効果的かつ効率的な企業経営を行う必要もある。さらに，地域社会との共生を考えて，環境責任や社会貢献を行う必要もある。このような企業活動を通じて，ステークホルダー志向で企業価値を創造するのが企業の目的である。要するに，企業の活動は有形資産とインタンジブルズを結び付けて企業価値を創造すると考えられる」という趣旨を述べている。

2　ESG は環境（Environment），社会（Social），ガバナンス（Governance）の英語の頭文字を合わせた言葉。ESG に関する要素はさまざまであるが，たとえば「E」は地球温暖化対策，「S」は女性従業員の活躍，「G」は取締役の構成などが挙げられる。日本特有の近江商人で知られる「三方良し」の概念とも整合的だろう。

は，Porter（2011）の説く CSV（Creating Shared Value）による社会的価値と経済的価値の両立と整合的である。本章では，CFO の非財務戦略として「非財務資本とエクイティ・スプレッドの同期化モデル」，または「柳モデル」につき，筆者独自の概念フレームワークとそのエビデンスを提示する。

　この考え方は，「価値の最大化」と「ステークホルダー理論」を包含し，全てのステークホルダーを Win-Win で満たしたうえで，長期的な企業価値を最大化する "Enlightened Value Maximization Theory"（Jensen（2002））の考え方とも整合する。

第1節　拡大する非財務資本の価値と ESG 投資の急増

　Lev and Gu（2016）は，"The End of Accounting" という衝撃的なタイトルの書籍で，会計学者を驚かせたが，「1950年代には市場の企業価値評価（時価総額）のうち約90％を損益計算書の利益と貸借対照表の株主資本で説明ができたが，2013年には会計数値の説明能力が50％レベルにまで低下している」としている[4]。同じ趣旨で，多数の実証研究が，近年は会計上の価値よりもインタンジブルズの価値のほうが大きいことを証明している。IMA の機関紙 "Strategic Finance" の2017年5月号も "The Power of Intangibles"（Cokins and Shepherd（2017））という特集記事を組み，1975年には米国 S&P500企業の市場価値に占める有形資産と無形資産の割合が「8：2」であったのが，2015年では「2：8」に逆転しているというデータを掲載している（**図表 8 - 1**）。出所の Ocean Tomo

---

3　本書では，定性的な CSR，ESG，インタンジブルズ（オンバランス・オフバランスの無形資産），SDGs（国連の提唱する持続的な開発目標），自己創設のれん，などの言葉を使用するが，厳密にはそれぞれの定義（狭義）は当然異なる。しかしながら，議論の概念上または便宜上，それらの重複または相違する個々の概念を厳格に定義したり区別したりはせずに，総称（広義）して，さらにビジネスモデルやイノベーション，企業理念も含めて，見えない価値として「非財務資本（知的資本，人的資本，社会・関係資本，製造資本，自然資本）＝国際統合報告書評議会（IIRC）の定義」としている。そして，基本的に非財務資本は時間をかけて財務資本に転換される蓋然性が高いことを前提として議論している。市場が認識すれば非財務資本は現在の市場付加価値（PBR 1 倍超の部分）になる。
4　さらに，Lev and Gu（2016）は，投資家の投資判断においても，アナリストの業績予想や SEC（米国証券取引委員会）にファイルされた非財務情報に対して，財務諸表の有用性が大きく劣後すること，利益や ROE を過去の会計数値から予想する場合の誤差が倍増していること，損益計算書上の純利益に占める特別損益の割合が 2 割近くにまで上昇していることなどが示され，会計数値が企業価値を説明する能力が著しく低下していることがわかる。また，企業価値の源泉としてインタンジブルズをあげ，会計基準の欠陥として研究開発費などの無形資産への投資を費用計上してしまうことを指摘している。

図表 8 - 1　企業価値の 8 割は見えない価値（非財務資本）

（出所）　Ocean Tomo のウェブサイトより筆者作成。

によれば，この比率は2020年には「9 : 1 」になっている。こうした文献から
も，今や企業価値の約 8 割は見えない価値，非財務資本の価値になっていると
推察される。世界的に非財務価値革命，あるいは ESG ブームが巻き起こってい
る。
　加えて，非財務情報，インタンジブルズと財務業績，企業価値の関係性を調
査した実証研究は世界に多数存在するが，Friede, Busch and Bassen（2015）
が過去数十年に及ぶ世界の2,000本以上の実証研究の結果をまとめているが，約
半数が ESG と企業業績には正の関係があるとしている（**図表 8 - 2**）。「ESG
ジャーニー」といわれるように完全なる解はないものの，近年の傾向として，
ESG と企業価値は正の相関を持つ蓋然性がある程度はあるだろう。
　一方，ESG に配慮した持続可能な投資を推進する国際組織，世界持続的投資
連合（GSIA : Global Sustainable Investment Alliance）の2018年の統計では，世
界の ESG 投資残高は，3,300兆円を大きく超えて急増しており，世界の全運用
資産の約35%に相当するという。日本は欧州，米国に残高は劣後するものの，
2015年の年金積立金管理運用独立行政法人（GPIF）の国連責任投資原則（PRI）
署名後は ESG 投資残高が拡大しており，その成長率はグローバルでトップで
ある（**図表 8 - 3**）。

図表 8 - 2　ESG と企業業績の関係に関する過去の研究結果

ESG と企業業績の関係について調べた研究の結論

E，S，G のカテゴリ別に見た企業業績との関係

（出所）　Friede, Busch and Bassen（2015）より筆者作成。

図表 8 - 3　世界中で急増する ESG 投資

（兆ドル）

ESG 投資は31兆ドル（約3,350兆円）へ

■ 2016　■ 2018　成長率（年率）

（出所）　GSIA の資料より筆者作成。

　こうした ESG 投資のリターンはどうであろうか。2010年 9 月以降の分析によれば，欧州では MSCI[5]の ESG 指数が安定的に地域指数をアウトパフォームし，日本も近年はトレンドとしては地域指数をアウトパフォームする傾向が継続している。やはり ESG の意識が浸透している欧州の ESG 指数パフォーマンスの良さは際立っている。

　一方で，この期間では，北米は安定的にアンダーパフォームが続いている。日本は過去アンダーパフォームする時期もあったが，2013年央からはアウトパフォームする傾向が見られる。構成比が大きい北米のパフォーマンスが良くないため，World 指数ベースでは ESG 指数はアンダーパフォームする傾向になっている（**図表 8 - 4**）。日本企業の ESG が投資家の評価を得ていくことで，今後も安定的に日本企業の ESG が株価に反映されていくであろう。言い換えれば，非財務資本（ESG）から財務資本（株価）への転換が加速すると思われる。

　実際に，日本企業においても，**図表 8 - 5** にあるように，CSR（ESG）に前向きな企業（CSR 採用銘柄）[6]は，経済付加価値や資本効率が高く，株価はベンチマークをアウトパフォームする傾向がある。

　かかる環境下，日本企業サイドにおいても財務情報と非財務情報を結び付けて報告する統合報告書（Integrated Report）の採択企業が増加しており，KPMGジャパンの調査では，2018年の統合報告書発行企業数は414社となっている。自主的な統合報告書開示企業数では世界最多であり，気候関連財務情報開示タスクフォース（TCFD）賛同企業数も2019年 6 月末で161社（こちらも世界最多）となり，わが国においても ESG ブームの様相を呈してきている。

　今後の日本企業の CFO が求める「高付加価値経営」には，財務戦略に加え，非財務戦略が重要になってくる。市場の付加価値部分（PBR 1 倍超の部分）に関連する高邁な企業理念，本源的な研究開発の価値，忠実で優秀な人財などの「非財務資本（目に見えない価値）」において，わが国企業はより大きな潜在価値を有しているはずである。本章の後段で提案する「非財務資本とエクイティ・スプレッドの同期化モデル」または「柳モデル」により，非財務資本を将来の財務

5　世界的な株式指標算出会社で，ESG の評価でも有名である。
6　東洋経済新報社のアンケート回答企業で，CSR 格付けが存在する上場企業のうち，4 領域で1 つでも A 格の評価のある企業群から，公害・贈賄・女性登用でネガティブなファクターのある企業を除いた銘柄を「CSR（ESG）に前向きな企業」と定義した。

図表 8-4　MSCI ESG 指数のパフォーマンス

	世界		北米		日本		欧州		パシフィック	
	親指数	ESG指数	親指数	ESG指数	親指数	ESG指数	親指数	ESG指数	親指数	ESG指数
リターン	7.25%	6.99%	10.67%	9.96%	3.93%	4.09%	1.88%	2.39%	1.45%	0.78%
リスク	12.3%	12.1%	11.8%	11.6%	13.1%	13.1%	15.6%	15.2%	16.9%	17.5%
リターン/リスク	0.59	0.58	0.90	0.86	0.30	0.31	0.12	0.16	0.09	0.04
超過リターン	−0.26%		−0.71%		0.16%		0.51%		−0.68%	
超過リスク	1.06%		1.48%		1.49%		1.61%		4.12%	
情報比	−0.24		−0.48		0.11		0.32		−0.16	

（注）　日本の ESG 指数と親指数，日本を除くパシフィックの ESG 指数は Price Return。それ以外は Total Return。

（出所）　Bloomberg より筆者作成。

資本へ転換することが望まれる。

　まず，根源的に，PBR は会計上の純資産の何倍の時価総額が創出されているかを示す指標である。PBR が 1 倍超の部分が「市場付加価値」（PBR 1 倍は株主資本簿価）で，PBR 1 倍超は会計上の簿価を超えて市場による付加価値が創造で

図表 8 – 5	CSR に前向きな企業の指標比較

〈CSR フィルターを通した銘柄数〉

	条件項目	2012年	2013年	2014年	2015年	2016年
原始ユニバース	CSR 格付けデータが存在する上場銘柄	1,059	1,071	1,157	1,257	1,284
採用銘柄	Ａ格が１つでも取得できた企業	975	967	929	939	949
除外銘柄	公害ファクター	208	179	165	157	164
	贈賄ファクター	0	0	0	0	0
	女性ファクター	322	308	272	273	292
採用銘柄	CSR に前向きな企業	445	480	492	509	493

(注)　①CSR 格付において A 格が 4 領域において１つでも取得できた企業を残す。
　　　②企業公害ファクター：違反が１件でもあれば，除外する。
　　　③贈賄ファクター：１件でもあれば除外する。
　　　④女性ファクター：女性比率・平均年間給与・管理職女性比率・役員女性比率において，10
　　　　ランクで評価し，ランク 2 以下を除外する。

〈CSR に前向きな企業の株価リターン〉

評価日付（前年の CSR アンケートに基づき，CSR フィルターを使用し前年12月末にて採用企業を決定）		EVA（百万円）	ROIC	自己資本比率	デフォルト確立	評価日付から経過リターン			
						20日	40日	60日	120日
2012/1/4	CSR 非採用	18,865	6.04%	39.53%	0.17%	2.80%	11.55%	15.80%	1.76%
	CSR 採用	48,456	7.95%	50.99%	0.01%	1.24%	9.87%	15.17%	2.75%
	TOPIX					2.62%	11.97%	16.25%	1.58%
2013/1/4	CSR 非採用	20,002	5.90%	37.93%	0.23%	7.78%	11.91%	16.43%	31.90%
	CSR 採用	31,448	6.64%	50.73%	0.00%	8.11%	12.85%	15.65%	31.53%
	TOPIX					7.57%	11.31%	14.78%	30.93%
2014/1/6	CSR 非採用	39,635	5.45%	37.71%	0.07%	−11.70%	−6.29%	−5.05%	−0.40%
	CSR 採用	80,161	8.06%	54.59%	0.00%	−10.11%	−3.22%	−2.79%	3.25%
	TOPIX					−11.83%	−6.10%	−4.92%	−0.11%
2015/1/5	CSR 非採用	87,714	6.71%	39.65%	0.04%	−0.94%	7.64%	8.61%	16.40%
	CSR 採用	76,533	7.77%	55.30%	0.00%	0.81%	9.39%	12.74%	18.55%
	TOPIX					−0.62%	8.31%	10.02%	17.52%
2016/1/4	CSR 非採用	80,239	6.86%	40.37%	0.05%	−4.88%	−11.79%	−10.20%	−17.13%
	CSR 採用	83,997	7.98%	56.15%	0.00%	1.56%	−3.58%	−3.44%	−8.20%
	TOPIX					−3.81%	−10.57%	−9.85%	−16.39%
平均	CSR 非採用	56,764	6.27%	39.15%	0.09%	−2.71%	0.32%	2.42%	3.97%
	CSR 採用	68,301	7.73%	54.08%	0.00%	−0.03%	4.09%	6.18%	8.52%
	TOPIX					−1.21%	2.98%	5.26%	6.71%

(注)　EVA は Stewart（1991）による。

(出所)　金融データソリューションズのデータから筆者作成。

きていることを表す。

　逆に PBR が 1 倍割れするということは，市場付加価値がマイナスの価値破
壊の状態であり，企業の時価総額が会計上の価値（簿価）を下回る，つまり解散
価値に満たないことになる。もちろん，市場には「ノイズ」が多く，情報の非
対称性（説明責任の履行で一定程度の緩和は可能）も常時存在するために株価は間
違うものであり，短期的な株価や PBR を気にする必要はないが，長期にわたる
不特定多数の市場参加者の評価，つまり市場付加価値は上場企業の本源的な価
値に一定の相関を与えるものであろう。そして後述するように，長期の市場付
加価値の評価には，タイムラグや情報の非対称性があるものの，目に見えない
「無形資産（インタンジブルズ）」の価値，つまり研究開発の価値や，人財の重要
性などの非財務資本の価値も遅延浸透効果も含めて織り込まれている蓋然性が
高い。市場付加価値である PBR 1 倍超の部分は ESG の価値と関連しており
（PBR 仮説），国際統合報告書評議会（IIRC）の定める 5 つの非財務資本（知的資
本，製造資本，人的資本，社会・関係資本，自然資本）の価値とも基本的に整合的
である（IIRC（2013），Yanagi（2018a），Yanagi（2018b））[7]。

　かかる理論的背景を念頭に，改めて過去10年の PBR の国際比較を見てみる
と，わが国上場企業には厳しい「不都合な真実」が提示されている（**図表 3 -12**
（再掲）を参照）。

　こうしてみてみると，残念ながら，わが国企業の付加価値創造は潜在的な
ESG の価値にもかかわらず，英米に大きく劣後して見える。近年の日本株はア
ベノミクスによる株価上昇もあったが，リーマンショック後は概ね PBR は 1
倍前後で推移しており，全体としても日本は，ほとんど価値創造がない国（半数
近くが価値破壊企業と見なされている）である。要因としては，時間軸の差異（非
財務資本が財務資本に転換されるには時間がかかる＝遅延浸透効果）は別としても，
市場付加価値には情報の非対称性も関係している。

7　企業買収では，経営統合時の会計では相手方のバランスシート上の資産・負債を記帳するが，
通常プレミアムの支払いが発生し，支払額が被買収企業の純資産を上回る。この差額は，「のれ
ん代」としてブッキングされる。買収がない平時でも市場が企業価値評価をしており，PBR グ
ラフの通り，企業価値は会計上の簿価純資産に PBR 1 倍以上の市場付加価値を加えたものであ
る。つまり，この市場付加価値の部分は会計基準では M&A 時を除く平時には計上が許されな
い「自己創設のれん」であり，見えない価値，インタンジブルズの価値，ESG の価値または IIRC
の 5 つの非財務資本とも言えるだろう。言い換えれば，CFO の使命は説明責任も含めて「自己
創設のれんを創造すること（＝PBR を 1 倍以上にすること）」とも考えられる。

図表 3 -12　ESG の価値も包含した PBR の国際比較　（再掲）

（出所）　Bloomberg より筆者作成。

　日本企業の CFO は，「見えない価値を見える化」するために，トータルパッケージで以下の 4 つの条件を全てクリアする必要がある。

1．ESG と企業価値をつなぐモデル，概念フレームワークを策定して開示する（本章で詳説）。
2．ESG と企業価値の正の相関を示唆する実証研究の証拠を積み上げる（次章で詳説）。
3．統合報告書等で企業の社会貢献が長期的な経済価値に貢献する具体的事例を開示する（本章でケース紹介）。
4．世界の投資家との ESG エンゲージメントを徹底的に訴求する[8]。

8　エーザイでは筆者の CFO ポリシーに則り（当時），チームでおおよそ年間800件の投資家面談を行っていたが，近年は ESG に係るエンゲージメントが 3 割程度までシェアを高めてきていた。ESG のエンゲージメントでは「ESG パッケージ」と呼ばれる ESG のみを解説した50ページ近いスライドから成るパワーポイント集を用意して， 1 ～ 2 時間にわたり，非財務資本のみを ESG 投資家と徹底的に議論していた。

具体的に本章および次章で，これらの内容を解説していく。

ちなみに，ニッセイアセットマネジメントはアナリストの ESG 格付けと PBR の正の相関関係の傾向を公表している（**図表 8 - 6**）。

図表 8 - 6　アナリストの ESG 評価と PBR の正の相関関係

（出所）　ニッセイアセットマネジメントの資料より筆者作成。

第 2 節　研究開発の価値（知的資本）にフォーカスした 「Intrinsic Value モデル」の追求

┌─**【柳（2009）の Intrinsic Value モデル】**──────────────

市場付加価値（MVA）＝PBR 1 倍超の部分＝非財務資本関連（インタンジブルズ）＝「組織の価値」＋「人の価値」＋「顧客の価値」＋「ESG・CSR の価値（資本コスト低減効果）」

└──

企業と投資家のエンゲージメント（対話）では，財務情報や資本効率（ROE）の議論に投資家のフォーカスが集まるが，企業側としては，企業理念や ESG などの非財務情報も含めた長期的な視点も持続的な成長と企業価値向上，つまり「付加価値経営」には極めて重要である。特に筆者は製薬企業の CFO（当時）として研究開発の価値（知的資本）のモデル化を訴求してきた[9]。研究開発費は，あたかもサンクコストかのように会計上費用計上され，営業利益を減ずるもの

であるが，患者様のベネフィットとして社会に貢献して将来の企業価値を高め
るはずである。この趣旨は Lev and Gu（2016）の考え方と整合する。こうした
非財務価値を訴求するために，柳（2009）は IIRC のフレームワーク（IIRC
（2013））[10]公表前の2009年から財務資本と非財務資本の価値関連性についてのモ
デルを Intrinsic Value（企業の本源的価値）モデル（**図表 8 - 7**）として提唱して
きた。そこでは，「ROE 経営を超えた高付加価値経営」として，市場付加価値
（MVA）=「組織の価値」，「人の価値」，「顧客の価値」，「ESG/CSR の価値（資本

| **図表 8 - 7** | Intrinsic Value モデル（市場付加価値＝組織の価値＋人の価値＋顧客の価値＋CSR・ESG（サステナビリティ）の価値） |

（出所）　柳（2009）より筆者作成。

9　エーザイ CFO ポリシーで筆者（当時）は，製薬企業の「真の利益」は研究開発費控除前利益
として，これを「Pharma EBIT」として啓蒙，開示してきた。これは Lev and Gu（2016）の
提案とも一致している。
10　IIRC が2013年に統合報告のフレームワークを公表して注目された。統合報告書は従来のア
ニュアルレポートと環境社会報告書（CSR 報告書）を統合する場合も多いが，単なる両者の合
本ではなく，財務資本，製造資本，知的資本，人的資本，社会・関係資本，自然資本の 6 つの
資本とビジネスモデルを用いて，「統合思考」で財務情報と非財務情報を有機的に結び付けなが
ら，「インプット」，「アウトプット」，「アウトカム」の関係を示して持続的な企業価値向上を説
明する情報開示のツールである（IIRC（2013））。

コスト低減効果)」と定義している。

Intrinsic Value モデルでは，企業の本源的価値は，従来の企業価値を財務的に示す代表的な企業価値評価モデルである DCF（Discounted Cash Flow：キャッシュフローの割引現在価値）に研究開発（採択の go/no go の選択価値がある）のリアルオプション価値と研究開発の潜在価値（PI モデル）を加算して算出される。

そして，非財務価値を重視する CFO の高付加価値経営では，それは会計上の株主資本簿価に市場付加価値（MVA）とサステナビリティ（ESG/CSR）の価値を加味したものと解釈される。市場付加価値は「組織の価値」，「人の価値」，「顧客の価値」から構成され，「見えない価値」が重要かつ DCF 価値（＋リアルオプション価値）と整合的（非財務価値が将来のキャッシュフローに影響する）と考える。潜在的には「ESG/CSR の価値」が資本コスト低減のルートで企業価値増分に関連している。

加えて，研究開発（知的資本，研究員の能力も勘案すれば人的資本を含む）と定量的な付加価値の同期化については，柳（2009）以来，筆者は，短期的には，会計上費用計上され営業利益にマイナスの要因となり，特定のプロジェクトの商品価値も可視化していない段階の「基礎研究の価値」をリアルオプションと PI（Profitability Index）を使って，たとえば今日の研究費用 1 ドルが明日は1.1ドルの価値があるというモデルを主張してきた。以下にその概要を示す。

基礎研究の潜在価値の試算については，**図表 8 - 8** に簡単なモデルを紹介し，ロジックをまとめている。現在継続中のプロジェクトやパイプラインについての研究開発費は将来の DCF 価値（＋リアルオプション価値）に費用対効果で織り込めるが，商品をいまだ可視化できない潜在的な基礎研究の価値は短期的には会計上費用計上されるだけである。基礎研究（知的資本）は無価値なのだろうか。しかし，赤字のバイオベンチャーに高い市場付加価値（MVA）が付与され，PBR が10倍以上の場合も少なくない。これは将来の長期的なエクイティ・スプレッド向上を織り込んでバリュエーションがなされているわけである。

基礎研究には価値があるはずである。これを企業の過去の実績からリアルオプションとしての価値を定量化して，モデルにより本源的価値を推計してみたい。

たとえば**図表 8 - 8** の例では，わが国大手製薬企業の典型的なパターン（複数年度の同業他社平均）の過去の研究開発の成功事例から，1 商品が上市された場合の事業価値を1,300億円と仮定して，創薬にかかる資本コストは世界のバイオ

| 図表8-8 | リアルオプションとPIによる潜在的な研究価値（知的資本）の定量化モデル |

〈潜在価値計算結果〉

事業価値（単純PV） R&D投資の現在価値	174.5 524.0
単純NPV 単純PI	−349.6 0.33

オプション付NPV 単純NPV	12.3 −349.6	100% −2,844%
純オプション価値	361.9	2,944%

事業価値（OP行使確率調整後） R&D投資の現在価値（OP行使確率調整後）	151.5 139.2
オプション付NPV オプション付PI	12.3 1.09

〈PI＝1.09を前提に10年間1,000億円を研究投資した現在価値〉

(単位：億円)

年度	1	2	3	4	5	6	7	8	9	10
基礎研究投資	1,000	1,000	1,000	1,000	1,000	1,000	1,000	1,000	1,000	1,000
PI1.09による価値増分	90	90	90	90	90	90	90	90	90	90
10年間価値増分の現在価値総和	¥604									

(出所)　筆者作成。

ベンチャーの平均値から25％を使用。また，業界平均から創薬に3年，臨床試験に6年かかる前提とした。一方，業界平均から新商品を市場に送り出すまでに研究開発費は500億円強かかるものとする。厳しい業界平均の成功確率を調整して平均的な現在価値を考えると，これらの前提条件から試算される本件の事業価値は174億円になる。一方，単純合計の研究開発費想定金額の現在価値は524億円になる。したがって，単純な正味現在価値（NPV：Net Present Value）は350億円ものマイナスであり，この場合，企業は基礎研究（知的資本）を回避したほうが良いという結論になってしまう。単純な現在価値の費用対効果比較の

PIは0.33になり，今日の１ドルが33セントの価値しかない計算である。

　しかしながら，研究開発は「go/no go」の選択肢があり，「オプション価値」が存在するはずである。バイオベンチャーの株価の平均ボラティリティ200％を加味したリアルオプション価値362億円を計算して，企業価値評価に織り込むと，本件のオプション付きNPVは12億円のプラスになり，費用投入は正当化される。言い換えれば，投資効果の現在価値を投資の現在価値で除したPIは1.09になるので，今日の１ドルの研究開発投資が実は1.09ドルの価値があるということになるのである（米国ナスダック市場に事例が多いが，上場したばかりの赤字のバイオベンチャーに，相当の時価総額があるのは，こうしたリアルオプションの価値を市場が意識的・無意識的に織り込んでいるからである）。

　このPIを一般的な知的資本の価値創造ドライバーと仮定して，毎年のプロジェクトへのひも付きではない新規の研究予算を使って，知的資本投資の潜在価値を定量化することが可能になる。たとえば，PI 1.09を前提に10年間1,000億円を潜在的な研究に投資した場合の正味現在価値（NPV）は600億円強に至る。単純化されたモデルではあるが，非財務資本（知的資本・人的資本）の財務資本への転換による付加価値創造が概算で成立していることを示唆している。こうした概念フレームワークが具現化されて，ROE向上の遅延効果，さらに長期的には市場の理解を得て株価のパフォーマンスにつながる蓋然性がある。

第3節　IIRC-PBRモデル（PBR仮説）

【IIRC-PBRモデル】

株主価値＝長期的な時価総額＝株主資本簿価（BV）＋市場付加価値（MVA）

株主資本簿価（BV）＝PBR１倍以内の部分＝「財務資本」

市場付加価値（MVA）＝PBR１倍超の部分＝非財務資本関連（インタンジブルズ）＝「知的資本」＋「人的資本」＋「製造資本」＋「社会・関係資本」＋「自然資本」（＝遅延して将来の「財務資本」に転換されるもの）

　管理会計のバランストスコアカードを勘案した統合報告（伊藤（2014））を意識した製薬会社エーザイの統合報告書2019（当時）では，CFOポリシーに依拠して，IIRC（2013）の定義する財務的価値としての「財務資本」，非財務価値としての「知的資本」，「人的資本」，「製造資本」，「社会・関係資本」，「自然資本」

の 6 つの資本[11]と PBR の関係性モデル（IIRC-PBR モデル）を紹介している。

　当該統合報告書2019は，「株主価値＝長期的な時価総額＝株主資本簿価（BV）＋市場付加価値（MVA）」の前提で，株主資本簿価（PBR 1 倍以内の部分）を「財務資本」，そして市場付加価値（PBR 1 倍を超える部分）を「知的資本」，「人的資本」，「製造資本」，「社会・関係資本」，「自然資本」といった非財務資本と関連付けることにより，IIRC の 6 つの資本の価値関連性を説明している（**図表 8 - 9**）。

図表 8 - 9　IIRC-PBR モデル（市場付加価値＝「知的資本」＋「人的資本」＋「製造資本」＋「社会・関係資本」＋「自然資本」）

（出所）　エーザイ統合報告書2019。

　11　IIRC（2013）の定義する 6 つの資本の概略は以下のとおり。知的資本（特許や知的財産などの無形資産，ビジネスモデルも含めたイノベーション），人的資本（人財の能力や経験，イノベーションへの意欲），製造資本（製品の生産またはサービス提供に利用される設備），社会・関係資本（社会やさまざまなステークホルダーとの信頼関係，それを構築する仕組み），自然資本（企業活動を支え，企業活動により影響を受ける環境資源とプロセス），財務資本（企業活動を支える財務的基盤，狭義では会計上の純資産）。

　因みに，高質な ESG はリスク低減効果から r（株主資本コスト）を下げ，成長期待向上から g（利益成長率）を上げて，PER を高める，エクイティ・スプレッドの予想を高める効果がある。

　ここで，Intrinsic Value モデル，エーザイの IIRC-PBR モデル，残余利益モデルの 3 つの価値関連性をまとめてみよう[12]。

【柳（2009）の Intrinsic Value モデル】

市場付加価値（MVA）＝PBR 1 倍超の部分＝非財務資本関連（インタンジブルズ）＝「組織の価値」＋「人の価値」＋「顧客の価値」＋「ESG・CSR の価値（資本コスト低減効果）」

【IIRC-PBR モデル】

株主価値＝長期的な時価総額＝株主資本簿価（BV）＋市場付加価値（MVA）

株主資本簿価（BV）＝PBR 1 倍以内の部分＝「財務資本」

市場付加価値（MVA）＝PBR 1 倍超の部分＝非財務資本関連（インタンジブルズ）＝「知的資本」＋「人的資本」＋「製造資本」＋「社会・関係資本」＋「自然資本」（＝遅延して将来の「財務資本」に転換されるもの）

【残余利益モデル（RIM）】

市場付加価値（MVA）＝PBR 1 倍超の部分＝エクイティ・スプレッド（ROE－株主資本コスト）の金額流列の現在価値の総和

　この関係式から，CFO の非財務戦略の結論の意味を込めて，Yanagi and Michels-Kim（2018），Yanagi（2018a），Yanagi（2018b），柳編（2017）の趣旨から，**図表 8 -11**に「非財務資本とエクイティ・スプレッドの同期化モデル」（以下，筆者の柳モデル）を ESG と企業価値を同期化する概念フレームワークとして提案[13]する。

　このモデルは，G7 Impact Taskforce の英国政府あて答申書（G7 Impact Taskforce 2021），ハーバード・ビジネス・スクール（HBS）のインパクト加重

12　時価総額には市場のノイズや情報の非対称性が常に存在するために現実には等式は成り立たないが，長期的な時価総額には一定の示唆がある。また，非財務資本（将来財務資本に転換される）と市場付加価値も現実には一致しないものの，正の関係性があることを示唆する概念フレームワークである。

| 図表 8 −11 | 非財務資本とエクイティ・スプレッドの同期化モデル （柳モデル） |

Intrinsic Value モデル
（柳2009）

IIRC-PBR モデル

（出所）　Yanagi and Michels-Kim（2018），Yanagi（2018a, b），柳（2015d），柳編（2017）より
筆者作成。

会計イニシアティブ（IWAI）の論文（Panella and Zochowski（2021）），2022年
に話題となったサステナビリティ専門家の著書 "The Impact Challenge"（Fal-sarone（2022）），"The Case for Impact"（Haut（2022））等の海外の著書や論
文，報告書でも「柳モデル」として利用され，BlackRock のインパクト投資責
任者の Eric Rice 氏はじめ世界の ESG 投資家の一定層から「柳モデル」と呼ば
れていることから，本書では「柳モデル」とする。

特にアスペン研究所のフェローであり，シカゴ大学客員教授の Alessia Fal-sarone 氏は2022年の著書 "The Impact Challenge" の第2章の「Technical

---

13　筆者の「非財務資本とエクイティ・スプレッドの同期化モデル」（柳モデル）は，国内はもと
より，海外の投資家や研究者に幅広く支持されている。たとえば，Yanagi and Michels-Kim
（2018）が IMA（米国管理会計士協会）の Strategic Finance に掲載され，その趣旨を支持す
る書評も事後掲載された。また，Yanagi（2018a）が IIRC（国際統合報告評議会）のサイトに
採用され，IIRC のカンファレンスでも登壇して「柳モデル」，「IIRC-PBR モデル」を発表し
た。さらに英文単著の Yanagi（2018b）について欧米の投資家や研究者から反響があり，ハー
バード大学，ケンブリッジ大学，ニューヨーク大学の MBA コース等でも，「柳モデル」を講演
した。参考までに，ドラッカー研究所（クレアモント大学院大学）の ESG の「ドラッカースコ
ア」と PBR も米国企業を対象に正の相関が示されており，同研究所の Kelly Tang シニアディ
レクターは「柳モデル」を支持すると明言している。

Note」で「柳モデル」の詳細を解説して評価している。

　参考までに，「柳モデル」の実際の開示事例として，エーザイの統合報告書 2019（当時）を**図表 8 –12**に掲載する[14]。

　筆者の考案した概念フレームワークである「PBR モデル」を見ると，これらの等式により「市場付加価値（MVA）」を通じて残余利益の現在価値の総和とし

図表 8 –12 | **エーザイの非財務資本とエクイティ・スプレッドの同期化モデル（柳モデル）の開示事例**

（出所）　エーザイ統合報告書2019。

14　エーザイの統合報告における「非財務資本とエクイティ・スプレッドの同期化モデル」は専修大学の伊藤和憲教授他により2016年 7 月の『産業経理』で紹介されている（伊藤・西原（2016））。また，この同期化モデルについては2016年12月の ICGN/IIRC のロンドンカンファレンスでエーザイ CFO（当時）として筆者がプレゼンテーションを行っている。ただし，このモデルの成立要件はあくまでも「長期の時間軸」であり，ショートターミズムはその均衡を破壊することは銘記されたい。

てのエクイティ・スプレッドと非財務資本が相互補完的であることがわかる。つまり，エクイティ・スプレッド（資本コストを上回るROE）による価値創造は，ESGをはじめとする非財務資本の価値と市場付加価値創造を経由し，遅延して長期的には整合性がある。いわば『論語と算盤』の関係が成り立つのではないか。これを単なるROE経営を超えた（もちろん長期的に平均ROE 8％以上を確保する前提での），コーポレートガバナンス・コード新時代のCFOの受託者責任としての「高付加価値経営」の姿として本書では提案したい。

　伊藤レポートでは，「国内外の資金供給者から集められる『金融資本』，経営・事業を担う人財である『人的資本』，イノベーション創出能力の源泉となる『知的資本』，サプライチェーンや社会規範等の『社会・関係資本』，環境等の『自然資本』等，さまざまな資本を有効活用しなければならない。つまり広い意味での『資本効率（Capital Efficiency）』を高めることは日本の存立に関わる重要課題である」としている。

　経営理念や人財の価値，社会貢献などの非財務情報を重視する企業側の視点（ESG経営）は，資本効率（ROE）を求める長期の投資家とは市場付加価値（MVA）を経由して同期化でき，共に協働が可能であろう。「非財務資本と長期的なエクイティ・スプレッドの同期化モデル（柳モデル）」の開示事例は，Jensen（2002）のEnlightened Value Maximization Theory，あるいはPorter（2011）の唱えるCSV（Creating Shared Value），つまり社会的価値と経済的価値の両立とも整合的である。

　「新時代の高付加価値経営モデル（柳モデル）」では，CFOがすべてのステークホルダーに配慮して，社会的価値と経済的価値を両立させながら財務資本と非財務資本の価値関連性を訴求し，持続的かつ中長期的な企業価値最大化を図り，コーポレートスチュワードシップ[15]の観点から受託者責任と説明責任を果たすことが重要である。

　そして，世界の投資家は間接的にこのPBRモデルを支持していると言える。第1章，第2章で紹介したように，世界の投資家のうち大多数が「ESGと

15　「コーポレートスチュワードシップ」を再定義すれば，経営者（特にCFO）は「スチュワードシップ理論」に基づいて，株主・投資家の負託に応えるべく「自発的に」企業価値を最大化するモチベーションを持つ。「コーポレートガバナンス」は上位概念としての企業統治であり，社外取締役の導入や取締役会の構成が中心であるが，「コーポレートスチュワードシップ」は自主的に企業価値の最大化を目指した具体的な「財務戦略・資本政策」，「非財務戦略」であり「CFOポリシー」とも解釈することもできる。

ROE の価値関連性を説明してほしい」[16]と回答している。「柳モデル」を投資家は要望しているのである。

また，世界の投資家の大宗が「ESG の価値を100%PBR に織り込む」，「ESG の価値の相当部分を PBR に織り込む」としている。この投資家サーベイの結果は，ESG が PBR につながる蓋然性を示唆しており，間接的に筆者の「PBR 仮説」が資本市場参加者である長期投資家の大半から支持されていると解釈できよう。

第5節　「柳モデル」を示唆する定性的なエビデンス

それでは，CFO はどうすれば(たとえ部分的であったとしても)，定性的な非財務情報を財務的価値に結び付けることができるのだろうか。つまり，「非財務資本とエクイティ・スプレッドの同期化モデル（柳モデル）」を具体的に実践できるのであろうか。完全な解は存在しないが，具体的な企業と投資家のエンゲージメントを積み上げることが重要であろう。「高付加価値経営」の鍵になる，「見えない価値の見える化」に向けたいくつかの具体的な試みを紹介して方向性を示唆してみたい。

1　エーザイの事例（エーザイの統合報告書2019）

エーザイの企業理念 *hhc*（ヒューマン・ヘルス・ケア）[17]は患者様第一主義を謳い，「会社の使命は患者様貢献である」としている。これは広義の ESG である。しかし，そこにとどまらず，「その結果として売上・利益がもたらされる」とも明記されており，これは広義の ROE である。つまり，使命としての ESG

16　日本でも ESG が一大ブームだが，「日本企業の一部は ESG を低い ROE や PBR の言い訳，隠れ蓑にしてはいないか」という海外投資家の批判もある。実際，日本企業の一部は低 ROE の理由として「近江商人の三方良し」を引用することもあるが，2018年12月東証主催の「企業価値向上経営セミナー」で筆者と共に登壇したフィデリティ投信の三瓶裕喜氏は「古文書を調査したところ，一貫して近江商人の ROE は高かった（低マージンながら高回転率）」と警鐘を鳴らしている。近江商人は「三方良し＝ESG」と ROE を両立させていたとも言えよう（東証編/柳・三瓶（2018））。

17　エーザイは2005年6月の株主総会の特別決議で承認を得て，この企業理念を定款に挿入して，株主とこの企業理念，つまりある意味で「柳モデル」を共有している世界でも稀有な上場企業である。エーザイの *hhc* は，Porter（2011）の CSV および Jensen（2002）の Enlightened Value Maximization Theory とも整合性のある企業理念である。世界経済フォーラム（WEF）も2019年10月17日付記事 'Altruism can be good for business, as these companies show' でエーザイの企業理念を紹介している。

と結果としての ROE を両立する（この「使命と結果の順序」が重要であると強調する）「柳モデル」の考えが，エーザイの企業理念には当初から深くビルトインされているのである。

　この企業理念を具現化するプロジェクトの1つとして，エーザイでは「顧みられない熱帯病」の1つであるリンパ系フィラリア症治療薬（DEC 錠）を新興国の患者様へ WHO（世界保健機構）とタイアップして2020年までに22億錠無償供与する共同声明を発表している。2019年統合報告書発行時で既に19億錠の無償供与を完了しており，エーザイでは期限を延長して，この「顧みられない熱帯病」を完全制圧するまで無償で提供し続ける予定である。CFO（当時）としては，この医薬品アクセス（ATM）[18]の社会貢献は，寄附ではなく，あるいは単純な CSR（企業の社会的責任）だけにとどまらず，投資家・株主にも受け入れられる「超長期投資」の側面もあると考えていた。すなわち社会的価値と経済的価値の両立（CSV）である。エーザイでは IIRC のモデルに沿って，そのインプッ

図表 8 -13　**エーザイの医薬品アクセス問題（ATM）への取り組み**

（出所）　エーザイ統合報告書2019。

（図表 8 -13の続き）

（出所）　エーザイ統合報告書2019。

ト，アウトプット，そしてアウトカムを2019年統合報告書（当時）で説明している（**図表 8 -13**）。

　エーザイの CFO ポリシーおよび「柳モデル」に従って解釈すれば，これは，本書が提案する「高付加価値経営」を目指した試みで，ESG の S（社会貢献）による価値創造である。当初は赤字プロジェクトとして短期的な利益や ROE にはマイナス要因であるが，超長期では新興国ビジネスにおけるブランド価値，インド工場の稼働率上昇（＋先進国からの生産シフト効果）による生産性向上や従業員のスキルやモチベーション改善（離職率の大幅低下）などを通して NPV が

18　次章で実証研究を紹介するが，この医薬品アクセス問題（ATM）は，医薬品産業における ESG のマテリアリティ（重要性）が高い。エーザイでは ATM のさまざまなプロジェクトに尽力していることが功を奏し，2018年にはオランダの ATM 財団の選出する ATM インデックスで当時世界第 8 位にランクインしている。

プラスになることが実際に試算できている[19]。たとえば，筆者はCFO（当時）として，財務部門と生産部門の管理スタッフの協力を得て2018年度の管理会計PLを試算しているが，連結原価低減効果から当プロジェクトの単年度黒字化を確認している。このプロジェクトは，ある意味では，長期投資家とWin-Win関係の，ファイナンス理論上も正当化できる「超長期投資」なのである。これはESGが長期的かつ遅延効果としての企業価値向上につながる「柳モデル」を実践している具体例と言えるのではないだろうか。

　なお，本プロジェクトについては第10章の「インパクト加重会計」でも詳しく説明する。

2　独SAP社の事例（SAP社の2015年統合報告書より）

　ドイツに本社を置く欧州最大のITソフトウェア会社であるSAP社は主に「人的資本」の代理変数として，社内の従業員のエンゲージメント指数のポイントと営業利益の相関関係を分析して2015年の統合報告書で開示している。同社は非財務資本のパフォーマンスを測定する手法として，複数の事例を紹介している点が興味深い[20]。

　たとえば，SAP社の従業員エンゲージメント指数（EEI＝Employee Engagement Index）は，SAP社へのロイヤリティ，勤労意欲，プライドや帰属意識を測る指数である。EEIは，従業員へのサーベイ調査結果に基づいており，会社の成長戦略の要は，「人的資本」としての従業員のエンゲージメントであるとの認識から，この指標を適用して測定を実施している。

　その実効性を測定するために，SAP社では毎年10月から11月にかけて"People Survey（従業員調査）"を実施して，財務，非財務のパフォーマンスと従業員エンゲージメントの間の相関関係を分析している。その結果，EEIが1％変化すると，企業の目的である「成長を伴う利益獲得」，「顧客ロイヤリティ」に40百万ユーロ～50百万ユーロの影響をもたらすと当社では試算している。

19　日本経済新聞2016年7月26日「市場の力学　選ばれる会社（下）成長と共生　一つの軸に」（記者：藤原隆人他），日本経済新聞2019年10月1日「一目均衡　企業価値高めるインドの薬」（編集委員：小平龍四郎）参照。

20　2016年12月のICGN/IIRCのロンドンカンファレンスにおいて，当時のエーザイCFOとして筆者は，「エーザイの非財務資本とエクイティ・スプレッドの同期化モデル（柳モデル）」と「SAPの従業員指数と営業利益の相関関係」についてSAPのCFOと意見交換を行っている。基本的に非財務資本（ESG）を財務資本（企業価値）に転換する本書の高付加価値経営を志向している点で両者は共通の見解である。

　SAP 社では, 財務資本と非財務資本のパフォーマンスの具体的な相互関連性確立のためのフレームワーク構築に注力してきた。この結果, 4 つの環境・社会 (ESG の E と S) の指標, すなわちビジネス・ヘルス・カルチャー指数 (BHCI), 従業員エンゲージメント指数 (EEI), 従業員定着率, CO_2 排出量の 4 指標が営業利益に及ぼす影響を測定している (因果関係に基づく投下資本利益率も試算)。

　＊従業員エンゲージメント指数 (EEI) が 1 ％上昇すると, 営業利益に40百万ユーロ～50百万ユーロの正の影響をもたらす。

　＊従業員定着率が 1 ％改善すると, 営業利益に45百万ユーロ～55百万ユーロの正の影響をもたらす。

　＊ビジネス・ヘルス・カルチャー指数 (BHCI) が 1 ％良化すると, 営業利益に75百万ユーロ～85百万ユーロの正の影響をもたらす。

　＊ CO_2 排出量を 1 ％削減すると, 4 百万ユーロ営業利益に正の影響をもたらす (コスト削減が可能になる)。

　これらのイメージを**図表 8 -14**にまとめておく。

図表 8 -14　SAP 社の事例

社会・環境面のパフォーマンスと営業利益の関係を定量化	
非財務情報の数値化	**財務との関連性を定量化**
Employee Engagement Index (従業員エンゲージメント指数) ／ **Business Health Culture Index** (ビジネスヘルスカルチャー指数)	＊従業員エンゲージメント指数 (EEI) が 1 ％上昇すると, 営業利益に40百万ユーロ-50百万ユーロの正の影響をもたらす
ロイヤリティ, 勤労意欲, プライドや帰属意識を測る指数。従業員調査に基づき測定。／ 健康的でバランスのとれた就業を可能にする企業文化を測る指標。従業員調査に基づき測定。	＊従業員定着率が 1 ％改善すると, 営業利益に45百万ユーロ-55百万ユーロの正の影響をもたらす
Employee Retention (従業員定着率) ／ **Carbon Emissions** (CO_2排出量)	＊ビジネス・ヘルス・カルチャー指数 (BHCI) が 1 ％良化すると, 営業利益に75百万ユーロ-85百万ユーロの正の影響をもたらす
	＊CO_2排出量を 1 ％削減すると, 4 百万ユーロ営業利益に正の影響をもたらす (コスト削減が可能になる)

(出所)　独 SAP 社の統合報告書より筆者作成。

3　NY 州退職年金基金の ESG 統合とエンゲージメントの事例

　逆サイドの ESG 投資家の視点からの ESG に関する企業とのエンゲージメントの事例としては，柳・山口（2019）が，NY 州年金基金のケースを取り上げているので，参考のために紹介する。

　NY 州年金基金（New York State Common Retirement Fund，以下，当基金）は，総資産額2,074億ドル（2018年3月末現在）を運用する全米第3番目の規模の公的年金であり，約1億人以上の州政府や地方自治体機関職員や退職者からなる受益者に対して，長期的な観点から，年金事業の運営の安定ならびに受益者への安定した年金支給に資することを目的とする組織である[21]。

　当基金が採用している具体的な ESG 統合事例として，気候変動戦略を紹介する。気候変動が与える経済活動ならびに投資リターンへの影響は海外投資家の間では幅広く議論されている。当基金は，地球規模での気候変動の物理的影響，排出制限や炭素税等の公共政策，再生利用可能エネルギーや電気自動車に代表される技術革新が企業の経済活動に与える影響は長期的には広範囲に及び，低炭素社会への推移の潮流に乗り遅れた企業が企業価値を失い投資のパフォーマンスに影響を与えることを懸念している。したがって，当基金は，資産運用における気候変動リスクを低減するために，さまざまな気候変動戦略を実施している。

　第1に，気候変動を投資のリスク評価・分析に統合する取り組みとして，気候変動がポートフォリオに与える影響に関するシナリオ分析を実施し，毎年株式のポートフォリオについては，カーボンフットプリントを計測している。2016年に低炭素化社会に迅速に対応する企業への資本の配分を増やすことを目的として開発した低炭素インデックスは，ラッセル1000指数の構成企業について，企業の温暖化効果ガス排出量データを用いて投資の配分を決定し，トラッキングエラー目標の範囲内でラッセル1,000指標に比べて約70%以上の排出量削減を実現した。今後は，風力や太陽光発電やグリーンビルディング等をはじめとする低炭素化を実現する技術への投資を増やし，個別産業や企業の低炭素化への推移の実施状況を把握し，投資戦略に統合させていく。また，運用受託機関

21　NY 州財務長官のトーマス・ディナポリを最高責任者とし，当基金のリスク管理は資産クラスや地域等を分散し，最大の資産クラスである株式投資を通じて，9,000社以上のグローバル企業の株主になっている（2018年12月現在）。

については，気候変動リスクと機会の管理について，その実施状況を把握し，運用受託会社の包括的な気候変動リスクと機会の管理を促す。

　第 2 に，リスク管理の一環として，企業活動を化石燃料に依存している産業の中で具体的な戦略がない，もしくは既存の戦略が不十分な企業について，積極的に企業とのエンゲージメントを行っている。2008年以降，気候変動に関する120以上もの株主提案を提出し，2016年以降毎年300社以上の企業に書簡を送付している。エンゲージメントの形式は，個別企業との 1 対 1 の対話，Ceres に代表される投資家と企業をつなぐ組織や他のアセットオーナー，アセットマネージャーと共同で複数企業と対話を行うフォーラム，世界中の複数投資家と共同して企業と 5 年間エンゲージメントを行う Climate Action100＋等の取り組みが含まれる。具体的な要求内容は，温暖化効果ガス削減目標の設定，シナリオ分析を含む気候変動にかかわるリスクならびに機会分析結果の情報開示，再生利用可能エネルギーやエネルギー効率向上にかかわる戦略立案，気候変動に関する専門知識を有する取締役の任命等，個別企業の状況に応じて判断している。さらに，議決権行使を個別企業の取締役ならびに経営者に影響を与える重要なコミュニケーションの機会と位置付けており，重要な気候変動に関する情報開示等の株主提案には賛成票を投じ，気候変動を含む重要な ESG に関する情報開示が不十分な企業の取締役に反対票を投じている。

　第 3 に，金融市場がより適正に気候変動のリスクならびに企業の価値を設定するために，気候変動に関する公共政策や法整備の提言活動を行っている。具体的には，米国証券取引委員会や米国環境保護局，議員や政府機関関係者に対して，投資家にとっての気候変動問題の重要性，温暖化効果ガスをはじめとする企業の気候変動のリスクや機会に関する情報開示の義務付け，温暖化効果ガス排出量規制や株主権利の擁護等の提案や意見交換を行っている。

　このように，気候変動に代表される ESG は，投資家にとって，企業価値をより包括的かつ適正に判断するために必要な情報である。より多くの情報をもって投資家が企業価値を把握することで，より効率的に資本が配分され，金融市場がより適正な価格で企業価値を設定することにつながる。したがって，CFO が積極的に自らの ESG リスクや機会を明らかにする取り組みを行い，その情報を開示することで，ESG に関する企業努力や成果が株価に反映されることにつながるであろう。

第6節　良好な ESG が株主資本コストを低減する

　一方，筆者の「柳モデル」の切り口の1つとして，PBR は「エクイティ・スプレッド＝ROE－株主資本コスト (CoE)」の関数であるので，ESG がリスク低減，株主資本コスト (r) の低下につながることを訴求することは重要である。

　広義のコーポレートガバナンス (ESG の G) である情報開示と説明責任 (IR) と資本コストの「負の相関関係」を示す先行研究としては，Botosan (1997) が，1990年の製造業122社のアニュアルレポートをサンプルに回帰分析を実施し，独自基準によるディスクロージャーレベルの高さが，オールソンモデル (Ohlson (2001)) による期待値としての株主資本コストの縮小につながることを示唆している（優良ディスクロージャー企業と非優良ディスクロージャー企業との間では約0.28%の資本コストの差が出た）。また，Agarwal el al. (2008) によれば，米国の2000-2002年の IR 表彰企業は，情報の非対称性を緩和して流動性を高め，株価の超過リターンを獲得したことを示唆している。

　加えて，日本企業については，音川 (2000) が，「1998年度と1999年度の日本証券アナリスト協会によるディスクロージャー水準の高い企業は株主資本コストが小さい」ことを示唆している。また，須田編 (2004) は，1995-2000年度の「証券アナリストによるディスクロージャー優良企業選定」によるディスクロージャー・ランキングと株主資本コストの関係を検証して，「IR 評価が各セクターで3位以内の企業は，4位以下の企業よりも約0.5%株主資本コストが低く，1位の企業は4位以下の企業よりも約0.8%株主資本コストが低い」ことを報告している。

　たとえば，クリーンサープラスと定常状態を前提に，株主資本コストが8%で，純利益が1,000億円であれば，この企業の株主価値は PER (r-g の逆数) から考えると，1,000億円÷7.7%＝13,000億円に向上する (500億円の増分)。非財務資本である「見えない価値＝広義のガバナンス (IR)」が，企業価値に関連していると市場は解釈するのである。

　一方，ESG 全体については，Dhaliwal et al. (2011) が，米国の CSR 優良企業が CSR 報告書を公表して，非財務情報を訴求した初年度に資本コストを約1%低減していることを報告している。また，日本企業については，**図表 8 -15** にあるように，加藤編 (2018) が，野村証券のクオンツチームの行った実証から，MSCI の ESG 格付けと株主資本コストの負の相関関係を示唆している[22]。

図表8-15　ESG格付け（MSCI）別資本コスト差分比較

（出所）　加藤編（2018）より筆者作成。

　この実証研究をもとに，筆者はエーザイCFO（当時）としてエーザイのMSCIのESG格付けAA（ダブルA）の意義（執筆時）を平均的な日本の大企業のESG格付けBBB（トリプルB）に対して，0.30％株主資本コストを低減する（10％のプレミアムに相当すると試算）ことであると社内外でもアピールしていた。時価総額から逆算して，エーザイの資本コスト低減効果（時価総額×10％）は数千億円にも上ると解された（当時）。

　このように，PBRモデルから，「良質なESG」──「株主資本コストの低減」──「エクイティ・スプレッドの向上」──「PBRの上昇」のルートからも，ESGは企業価値向上に貢献でき，「見えない価値を見える化する」ことが可能になる蓋然性がある。

22　たとえば，MSCIのESG格付けAAA（トリプルA）企業のリスクプレミアムが6％だとすると，BBB（トリプルB）の企業のリスクプレミアムは6.46％，CCC（トリプルC）の企業のリスクプレミアムは8.54％ということになる。ちなみに，MSCIは日産のESG格付けをカルロス・ゴーン元CEOの逮捕前からCCCに格下げしていた。

第9章 「柳モデル」の定量的エビデンス

前章で説明したとおり，CFO の非財務戦略として，「見えない価値を見える化」するための「非財務資本とエクイティ・スプレッドの同期化モデル（柳モデル）」の概念フレームワークを本書の結論として提案した。そのスキームは**図表8 -11**に示したとおりである。

筆者の「柳モデル」の構成要素の理論は以下の3つになっている。

【柳（2009）の Intrinsic Value モデル】

市場付加価値（MVA）＝PBR 1 倍超の部分＝非財務資本関連（インタンジブルズ）＝「組織の価値」＋「人の価値」＋「顧客の価値」＋「ESG・CSR の価値（資本コスト低減効果）」

【IIRC-PBR モデル】

株主価値＝長期的な時価総額＝株主資本簿価（BV）＋市場付加価値（MVA）

株主資本簿価（BV）＝PBR 1 倍以内の部分＝「財務資本」

市場付加価値（MVA）＝PBR 1 倍超の部分＝非財務資本関連（インタンジブルズ）＝「知的資本」＋「人的資本」＋「製造資本」＋「社会・関係資本」＋「自然資本」（＝遅延して将来の「財務資本」に転換されるもの）

【残余利益モデル（RIM）】

市場付加価値（MVA）＝PBR 1 倍超の部分＝エクイティ・スプレッド（ROE－株主資本コスト）の金額流列の現在価値の総和

「柳モデル」を裏付けるケース研究や世界の投資家アンケートといった定性的証拠は前章で紹介した。本章では筆者の関与した実証研究で，この「柳モデル」の裏付けとなる定量的エビデンスを提示する。

第1節　IIRCの5つの非財務資本とPBRの相関関係

それでは，「IIRCの定義する5つの非財務資本[1]とPBRの関係性（IIRC-PBRモデル）」あるいは，「非財務資本とエクイティ・スプレッドの同期化モデル（柳モデル）」を相関関係の実証で裏付けることはできるだろうか。筆者がアドバイザーを務めた中央大学専門職大学院のリサーチプロジェクトが一定の成果を得たので，本節でPBRモデルを支える研究として紹介したい。編著者を務めた冨塚嘉一教授が2017年7月号の『企業会計』でIIRCの5つの非財務資本とPBRの直接的な関係について研究概要を報告している（冨塚（2017））。

当該研究では医薬品セクターを分析対象とした。医薬品企業を選択した理由は，IIRCの国際統合報告フレームワークを参照し，統合報告書を作成する企業の割合が高いためである。主に財務資本提供者に向けて統合報告の開示を推進しているIIRCのフレームワーク（IIRC（2013））を参照して，医薬品企業の過半数が統合報告書を作成している。当該研究は，統合報告書で開示された非財務情報を基に点数化して非財務資本を分析するため，IIRCのフレームワークの参照割合が最も大きい医薬品企業を分析対象にすることは妥当である。

分析手法としては，IIRCの5つの非財務資本を基にした独自の非財務情報評価（点数化）によって，5つの非財務資本と企業価値（PBR）との関係性を検証した。5つの非財務資本と企業価値との間の関係性を検証するために，先行研究を参考にして次のように仮説を設定した。

仮説1：5つの非財務資本を合わせた指標は企業価値との間に関係性を有する。

仮説2：知的資本，人的資本，製造資本，社会・関係資本，自然資本が，それぞれ企業価値との間に関係性を有する。

1　IIRC（国際統合報告評議会）の定義する6つの資本は，「知的資本」，「人的資本」，「製造資本」，「社会・関係資本」，「自然資本」の5つの非財務資本と「財務資本」を指す（IIRC（2013））。なお，本書の趣旨から「ESG」，「CSR」，「SDGs」，「非財務資本」，「インタンジブルズ」，「見えない価値」などを厳格に定義して区別することはしない。

　実証分析の結果，5 つの非財務資本を合わせた指標（5 つの非財務資本評価合計）と人的資本は 1 ％水準，社会・関係資本と自然資本は 5 ％水準，知的資本は 10％水準で，それぞれ PBR（企業価値）との有意な正の相関係数が示された[2]。したがって，知的資本，人的資本，社会・関係資本，自然資本，そしてこの 5 つの非財務資本評価合計の評価が高い企業は，企業価値(PBR)も高いという可能性が示唆された。

　つまり，仮説 1 は支持され，仮説 2 は製造資本を除いて支持されたことになる。分析結果のサマリーを**図表 9-1** に掲載する。

　5 つの非財務資本の評価点数（合計）と PBR（企業価値）の関係を示す相関係数は0.733であるが，その p 値が0.01未満であるので，1 ％水準で統計的に有意といえる。これは，非財務資本と企業価値の相関関係が，実際には偶然に過ぎないのに誤って「意味がある」と判断している可能性が 1 ％以下という示唆であるので，5 つの非財務資本と PBR の関係性は強いと判断できるだろう。

図表 9-1　**医薬品セクターの非財務資本と PBR の相関関係の分析結果[3]**
（関係性のフローチャートと相関係数）

***p<0.010, **p<0.050, *p<0.100

（注）　統合報告書の開示項目を点数化して分析。PBR は2015年 3 月末現在である。
（出所）　冨塚（2017）より筆者作成。

2　「製造資本」は正の関係にはあるものの，統計的に有意ではなかった。
3　医薬品セクターにおいて IIRC のフレームワークに準拠した2014年度統合報告書を開示している企業の14社（アステラス製薬，エーザイ，小野薬品工業，協和発酵キリン，キョーリン製薬ホールディングス，沢井製薬，塩野義製薬，第一三共，大正製薬ホールディングス，大日本住友製薬，武田薬品工業，田辺三菱製薬，中外製薬，日本新薬）を調査対象として分析した。なお，あすか製薬は15.3期末 PBR が 1 倍割れ，カイオム・バイオサイエンスは開示情報不足のため除外した。協和発酵キリンと中外製薬は12月決算である。

また，人的資本単独とPBRの相関係数は0.708で，やはりそのp値は0.01未満であり，有意水準1％をクリアしている。個別には，特に人的資本が企業価値に強い影響を及ぼしていることが示唆されている（まさに「企業は人なり」である）。ちなみに知的資本は相関係数が0.484で，10％水準で有意であった。

　このようにして，医薬品セクターをサンプルとして，IIRCの5つの非財務資本とPBR（企業価値）の正の相関係数が回帰分析によって有意に示された。「自己創設のれん」とも呼ぶべき，5つの非財務資本とPBRの関係性モデル（IIRC-PBRモデル）を裏付ける結果となっている。

第2節　研究開発投資のROE，株価への遅延浸透効果

　柳・目野・吉野（2016）はIIRCの5つの非財務資本のうち，特に「知的資本」としての研究開発投資に着目して，企業価値との関係性を調査すべく，「企業が研究開発投資（広義では知的資本・人的資本の融合とも解される）を増やすと，将来の企業財務（ROE），あるいは株価（株主価値）に対してどのような影響をもたらすか」について実証研究を行った。分析①では「研究開発費÷売上高」の変化とROEの変化の相関関係，分析②では「研究開発費÷売上高」の変化と株価パフォーマンスの関係について分析した。分析内容として，統計的検定の有意水準が20％と広いものやサンプル数が少ないものもあるなど，あくまで「参考」としての性格を有するが，一定の評価材料にはなるだろう。

【分析①：「研究開発投資÷売上高」の3年前差とROEの2年先差との関係】[4]

　「研究開発投資÷売上高」が高まった企業の将来のROEは向上するかについて検証した。具体的には，(1)「基準年度の研究開発投資÷売上高」と「基準年度の3年前の研究開発投資÷売上高」との差と，(2)基準年度の2年先のROEと基準年度のROEとの差，について相関係数（5年の期差での遅延浸透効果）を算出した。また，その相関係数の統計的な検定（片側）を行って有意性を調べた。基準年度は2002年度から2013年度までである。

4　分析データとしては，ユニバースは，TOPIX構成銘柄のうち，製造業かつ3月期決算企業。製造業は，東証33業種の中の食料品，繊維製品，パルプ・紙，化学，医薬品，石油・石炭製品，ゴム製品，ガラス・土石製品，鉄鋼，非鉄金属，金属製品，機械，電気機器，輸送用機器，精密機器，その他製品と定義した。また，財務データは，連結決算を優先として，かつ年度決算のデータのみとした。

　図表 9 - 2 に分析結果を示している。相関係数の有意性は有意比率で検証する。有意比率とは「相関係数が統計的に有意であったサンプル数÷全サンプル数」で算出され，「相関係数＞ 0，かつ p 値＜有意水準」の年度を有意であったと見なす。つまり，有意比率が高いほど，相関係数が正で，かつ統計的に有意な年度が多かったことを示す。

　まず，有意水準が片側10％とした場合の有意比率は25％であった。また，参考ではあるが，有意水準が片側20％とした場合の有意比率は50％であった。有意比率から，「研究開発投資÷売上高」の 3 年前差と ROE の 2 年先差の間に

図表 9 - 2	「研究開発投資÷売上高」の 3 年前差と ROE の 2 年先差の相関係数と有意比率

基準年度	研究開発費÷売上高の 3 年前差×ROE の 2 年先差	
	相関係数	p 値
2002	0.007	0.426
2003	0.288	0.000
2004	−0.010	0.393
2005	0.135	0.000
2006	0.027	0.239
2007	0.067	0.037
2008	0.038	0.160
2009	0.033	0.198
2010	0.007	0.424
2011	0.046	0.117
2012	0.004	0.458
2013	−0.026	0.246

検定	p 値の有意比率
片側10％検定	25％
片側20％検定	50％

（注）　基準年度ごとに，研究開発費÷売上高の 3 年前差と ROE の 2 年先差の相関係数を算出。
　　　　各年で片側検定を行って，p 値が10％未満（あるいは20％未満）の年度の数÷全サンプルの数を有意比率とする。
　　　　ただし，相関係数がマイナスの年度は，分子から除外する。

（出所）　柳・目野・吉野（2016）より筆者作成。

は，明確に統計的に有意な相関関係とは言えないものの，一定の正の関係は見られた。インタンジブルズとしての研究開発投資が遅延して ROE 向上につながるという傾向が観察でき，「非財務資本(研究開発投資)とエクイティ・スプレッド（ROE）の同期化」「柳モデル」を支える結果となった。

【分析②：「研究開発投資÷売上高」の 5 年前差と10年先10分位スプレッドリターンとの関係】

「研究開発投資÷売上高」が高まると，将来の株式リターンは上昇するかを検証した。具体的な検証手順は以下のとおりである。まず，(1)「基準年度の研究開発投資÷売上高」と，「基準年度の 5 年前の研究開発投資÷売上高」との差を取って10分位（値が大きいほうを第10分位，小さいほうを第 1 分位）とする。次に，(2)第10分位(P10)の銘柄群について，基準年度から10年先までのリターン[5]を算出して，第 1 分位(P1)の銘柄群についても同様の方法で10年先リターンを算出する。最後に，「P10の単純平均リターン－P1の単純平均リターン」でスプレッドリターン（High－Low）を算出する。基準年度は2004年度から2006年度である。

図表 9 - 3 に分析結果を掲載した。サンプルが 3 年分であることには注意が必要だが，2004年度から2006年度までの High－Low スプレッドリターンの平均値は＋16.9％，平均値÷標準偏差は2.956となり，将来のリターンへのプラスの効果が見られた。株式リターンは将来を見据えた動きをするため，財務情報

| 図表 9 - 3 | 「研究開発投資÷売上高」の 5 年前差と10年先スプレッドリターンとの関係 |

	P1 (Low)			P10 (High)			High－Low スプレッドリターン		
	平均値	標準偏差	平均値÷標準偏差	平均値	標準偏差	平均値÷標準偏差	平均値	標準偏差	平均値÷標準偏差
10年先リターン 2004年度－2006年度	31.4%	34.8%	0.902	48.3%	29.2%	1.655	16.9%	5.7%	2.956

（出所）　柳・目野・吉野（2016）より筆者作成。

5　[(10年先の株価÷基準年度株価)－1]×100を 3 月期決算の開示が出揃う 6 月末を起点として計算したもの。

（ROE）と比べて，より長期の遅延浸透効果が鮮明になると考えられる。研究開発投資が長期的には遅延してバリュエーションにつながるという「非財務資本（研究開発投資）とエクイティ・スプレッド（残余利益モデルによる株主価値）の同期化モデル」，筆者の PBR モデルの 1 つの形を示唆する結果となった。

　以上の分析①，分析②の 2 つの実証研究から，知的資本・人的資本としての研究開発投資（短期的には費用）が将来の企業業績（ROE），さらに長期的に遅延浸透して株主価値（株価）に正の相関をもつ蓋然性があることが示された[6]。ただし，柳・目野・吉野（2016）の実証分析は参考という位置付けであり，精緻な実証分析は今後の研究課題としたい。

第 3 節　市場付加価値（PBR 1 倍超の部分）と「人的資本」，「知的資本」の相関関係

　冨塚（2017）をフォローして，「柳モデル」を証明するために，柳・吉野（2017）では，ユニバースを全セクターにして，人件費を代理変数とする IIRC の「人的資本」と研究開発費に代表される「知的資本」が，それぞれ市場付加価値（MVA）の 1 割以上を説明する能力があることを示唆している。

　分析には，次の 2 つの回帰モデルを設定した。

（検証モデル 1 ）

$$（株式時価総額 - 自己資本：MVA）÷ 自己資本$$
$$= a0 + a1 × 人件費 ÷ 自己資本$$

（検証モデル 2 ）

$$（株式時価総額 - 自己資本：MVA）÷ 自己資本$$
$$= b0 + b1 × 研究開発費 ÷ 自己資本$$

　これらの 2 つの回帰モデルにおいて，「人件費 ÷ 自己資本と研究開発費 ÷ 自己資本」の回帰係数である a1 と b1 が各々統計的に有意となれば，人的資本，知的資本が MVA の形成に影響していることを示すので，IIRC-PBR モデルが証明

　6　同様に，井出・竹原（2016）は，特許情報が遅延して ROE，そして株価に浸透していくことを実証している。また柳（2009）はリアルオプションと PI（Profitability Index）により現在の研究開発投資が正の NPV を創出するモデルを紹介している。さらに，Fombrun and Shanley（1990）はコーポレート・レピュテーション（非財務資本）と PBR や投下資本利益率（ROIC）が正の相関関係にあることを証明している。

できる⁷。

この柳・吉野（2017）の実証結果を**図表 9 - 4** に掲げている。モデル１とモデル２の説明変数に用いた「人件費÷自己資本」と「研究開発費÷自己資本」の回帰係数はそれぞれ，0.4975，2.9801となった。これらの回帰係数が０からどの程度有意に離れているかについて検定（t 検定として知られる）を行った結果，t 値が正に大きかった（t 値は大きいほど有意で，一般に２以上で関係が強いとされる）。係数が０である確率（p 値）も１％未満と極めて小さく（p 値は小さいほど有意），いずれの係数も有意に正の値を取ることが示され，１％水準で統計的に有意である。人的資本，知的資本によりインタンジブルズを形成している企業ほど MVA も高い（PBR が高い）という関係が明らかとなった。また，決定係数（R^2）もそれぞれ，0.1047，0.1081となった。これらは，MVA（PBR１倍超の部分）の形成において，その10.47％が人件費，10.81％が研究開発費で説明されることを意味する。

こうした実証研究は，IIRC の人的資本と知的資本が PBR１倍超の部分である MVA の形成に貢献していることを有意に示し，IIRC-PBR モデル，それを統合した「柳モデル」を支える根拠となる。

図表 9 - 4	人的資本と知的資本の MVA（PBR）との関係性	
	モデル１	モデル２
	人件費	研究開発費
回帰係数	0.4975	2.9801
t 値	11.24	13.01
p 値	＜１％	＜１％
R^2	0.1047	0.1081

（注）　p 値は両側検定。誤差項の不均一分散に対処するため White の方法で標準誤差を修正。

（出所）　柳・吉野（2017）より筆者作成。

7　２つの回帰モデルは時価総額と人件費，研究開発費を自己資本でデフレートしている。被説明変数である MVA における自己資本は期末自己資本を用いる。一方，説明変数となる人件費と研究開発費をデフレートする自己資本は前年度末のものを使用。これは，前年度末時点で調達されている資本に対してのインタンジブルズ形成への費用を捉えるためである。対象期間は1999年度から2015年度。対象企業は東証１部の製造業のうち３月期決算企業。ただし，MVA が正の値，つまり PBR が１倍超の企業のみを対象。

第4節　PBRと「自然資本」の関係性

　柳・伊藤（2019）は，IIRC の「自然資本」（環境ファクター）と PBR の関係性を証明するために，GHG（温室効果ガス）の排出と PBR の相関関係を調査している。つまり，ESG の「E」と企業価値の関係である。

　分析手法として，PBR を被説明変数，GHG を説明変数とした回帰モデル，前提条件，用語の定義等を明らかにした上で，時系列的な実証結果を以下に報告する[8]。

　柳・伊藤（2019）は，さまざまな自然資本の中でも，多くの産業で多少なりとも影響があり，情報の開示が進んでいる GHG 排出量に関する分析[9]を紹介している。GHG については，2000年代中頃から一部企業で開示が行われている[10]。GHG 排出量は当然に企業規模の影響を受けるため，総資産や従業員数などのデータを用い，規模調整を施した 5 つのファクターを GHG ファクターとする。

　GHG 排出量とヒストリカル β の順位相関（Spearman）を計測すると，2008年ごろから安定的に正相関の傾向が認められ，近年は相関がさらに強まっている。GHG 排出量の多い銘柄は高 β であり，結果的として要求されるリスクプレミアムが高い可能性が考えられる。そこで GHG と PBR の順位相関を計測したところ，2011年ごろから安定的に逆相関を示す傾向が強まっており，ESG 投資の浸透し始めた近年においては，GHG 排出量が多い銘柄で PBR が低い傾向が見られている。

　8　ESG の巧拙が企業価値に影響を与えるプロセスとしては，①ESG が将来の企業業績（キャッシュフロー）の大小に影響を与える（エクイティ・スプレッドの ROE 向上効果），②ESG がリスクプレミアム（割引率）の高低に影響を与える（エクイティ・スプレッドの株主資本コスト低減効果），の 2 つのプロセスが考えられる。前者については，Friede et al.（2015）のサーベイによれば，ESG と将来の企業業績との間に関係があると結論付けた実証研究は，対象となった2,000本以上の論文のうち，およそ半分程度になっている。後者については近年報告された多くの研究（Zhu（2014），Dunn et al.（2017）等）で，ESG とリスクプレミアムには負の関係があり，企業価値の格差を生んでいることが示されている。また，伊藤他(2017)はコーポレートガバナンスに関するさまざまなファクター（日興ガバナンススコア）が，ROE 水準を調整した上でも，PBR と正の関係があることを示唆している。
　9　GHG 排出量のデータは，東証 1 部上場企業のおよそ 3 割強，銘柄数にして500-600銘柄程度で，2007年ごろから利用可能である。
　10　データが長期間にわたって取得可能なスコープ 1 （財やサービスの製造過程で直接排出される GHG）およびスコープ 2 （財やサービスの製造時に投入されるエネルギーを通じて間接的に排出される GHG）の合計を分析で利用した。

　一方でバリュエーションは，キャッシュフロー成長率や資本効率との関連が強いため，これらの影響をコントロールした場合であってもGHG排出量とバリュエーションとの間に関係があるかを確認する必要がある。そこで，以下のような2ファクターモデルを考える。

〈検証モデル1〉

$$\frac{P}{B_i} = \alpha + \beta_1 \cdot ROE_i + \beta_2 \cdot GHG\ factor_i + \varepsilon$$

　毎年度末（3月末）時点において，ユニバース（東証1部銘柄のうち，各GHGファクターが取得可能な銘柄）全銘柄を対象とした回帰分析を行う。被説明変数は各銘柄のPBRで，説明変数は予想ROEとGHGファクターの2つである。PBRはROEの水準に大きく影響を受けるため，ROEの影響を調整した上でもなおGHGファクターに説明力があるかどうかを確認するモデルとなっている。GHGファクターの説明力を見るために，回帰係数（β_2）のt値を確認したところ（**図表9-5**），2011年度ごろからは－2前後の値となり，ROEを調整した上でもなお，近年ではGHG排出量の多い銘柄ではPBRが低いという傾向を

図表9-5　**自然資本のPBRとの関係性(1)**

GHGファクター回帰係数のt値推移（2ファクターモデル）：近年GHG排出量はPBRと負の関係がある（ROE調整後）。

（出所）　柳・伊藤（2019）より筆者作成。

否定できない結果となっている。

　興味深いのは，コーポレートガバナンスの質と PBR との関係が日本でも現れ始めた時期と同じ頃から，GHG ファクターの有効性が高まっていることである。「日興ガバナンススコア（伊藤他（2017））」と GHG ファクターの順位相関は必ずしも高くなく，ごく最近になって GHG ファクターとガバナンススコアとの間に負の相関（GHG 排出量が多い銘柄ほどガバナンススコアが低いという関係）が見られるようになってきた。そこで，PBR を説明するファクターとして，ガバナンススコアを追加した(ESG の G をコントロールして E の影響を測る) 3 ファクターモデルを以下の回帰式で考える。

〈検証モデル 2 〉

$$\frac{P}{B_i} = \alpha + \beta_1 \cdot ROE_i + \beta_2 \cdot Gscore_i + \beta_3 \cdot GHG\ factor_i + \varepsilon$$

　このモデルは，ROE とガバナンスが PBR に与えている影響を調整した上で，なお GHG ファクターが PBR に対する説明力があるかを確認するものである。GHG ファクターに対する回帰係数（β_3）の t 値の推移（**図表 9 - 6**）を見

図表 9 - 6　自然資本の PBR との関係性(2)

GHG ファクター回帰係数の t 値推移（ 3 ファクターモデル）：近年 GHG 排出量は PBR と負の関係がある（ROE およびガバナンス調整後）。

（出所）　柳・伊藤（2019）より筆者作成。

ると，2ファクターモデル同様，2011年度以降ではGHG排出量の多い銘柄ではPBRが低いという傾向が実証された。ESGの「E」が企業価値に影響している。

参考までに，HBSの論文（Freiberg, Park, Serafeim, Zochowski（2021））でも環境インパクトとPBRの負の相関が証明されている（P値は1％未満で有意）。

このように，GHGを「自然資本」の代理変数として，ESG投資が急増している近年では，IIRCの自然資本がPBRに影響を及ぼしていること（GHGとPBRの負の相関関係）が示唆された。「柳モデル」の新たな証拠が得られたと考える。

第5節　グローバル医薬品セクターのESGマテリアリティ

ここまでの議論で，IIRC-PBRモデルからESGの価値がPBRに反映される蓋然性が高いことが示唆されたが，ESGのKPIは同等の重要性（マテリアリティ）を持つわけではなく，業界によってその軽重は個別に異なるであろう。たとえば，エネルギー産業では環境問題への対応やGHG低減努力が重要であろうし，労働集約的な小売業等では人的資本の価値が高いだろう。製造設備の大きい会社とITベンチャーではESGマテリアリティに違いがあるだろう。企業が営む事業や環境によって企業価値を左右するESGの非財務情報の影響度・重要度が異なるのは自然なことである。

たとえば，米国では，こうした業種ごとのESGマテリアリティを整理したSASB（米国サステナビリティ会計基準審議会）のSASB Materiality Map[11]が作成・公開されている。これによって，企業が属する業種と，それに対応する重要なESG項目が公表されている。Grewal et al.（2017）は，米国企業をユニバースとして，SASB Materiality Mapに準拠したESGのKPIが，それ以外のESGのKPIよりも強い株価情報増分を持つことを証明している。

柳（2019b）では，製薬企業であるエーザイのCFOとして，グローバル医薬品セクターのマテリアリティを考察しているが，スタートラインとして，**図表9 －7**にSASBのバイオテクノロジー＆医薬品セクターのESGマテリアリティ（SASB Materiality Map : Biotechnology & Pharmaceuticals）のサマリーを編集して掲載する。

また，日本の医薬品メーカーのエーザイでは，このような米国のSASBのマ

11　https://materiality.sasb.org/

図表 9 - 7　SASB によるバイオテクノロジー＆医薬品セクターのマテリアリティ（SASB Materiality Map：Biotechnology & Pharmaceuticals）のサマリー表

環境	×温室効果ガス排出量 ×空気のクオリティ ×エネルギーマネジメント ×水資源マネジメント ×廃棄物/有害物質マネジメント ×生態的影響
社会関係資本	●人権/コミュニティ・リレーションズ ×カスタマープライバシー ×データセキュリティ ●アクセス/アフォーダビリティ ●製品クオリティ/安全性 ●顧客 welfare ●販売慣行/製品ラベルリング
人的資本	×労働慣行 ×従業員の健康/安全 ●従業員エンゲージメント/ダイバーシティ/inclusion
ビジネスモデル/ イノベーション	×製品デザイン/ライフサイクルマネジメント ×ビジネスモデルのレジリエンス ●サプライチェーンマネジメント ×材料調達と効率性 ×地球温暖化による物理的影響
リーダーシップ/ ガバナンス	●企業倫理 ×競争行動 ×法的規制環境マネジメント ×緊急事態リスクマネジメント ×システミックリスクマネジメント

●マテリアリティとなる可能性が極めて高い課題
×マテリアリティとなる可能性が必ずしも高くない課題

（出所）　柳（2019b）より筆者作成。

テリアリティをベースにして，さらに毎年世界の機関投資家と ESG の議論を行って，そのフィードバックを取り込むことでアップデートしつつ，「エーザイの ESG マテリアリティ」を統合報告書2019（当時）で開示しているので，日本企業の参考開示事例として**図表 9 - 8** で紹介したい。

　こうした「ESG マテリアリティ」が米国や日本という国境を越えて，グローバル医薬品セクターにおいても一定の共通の示唆があるのか。柳（2019b）では，世界の大手製薬企業をユニバースにして，グローバル医薬品セクターの ESG マテリアリティにつき，AXA Investment Managers（ロンドン）の Yo Takatsuki，Head of ESG Research and Active Ownership（当時）の協力を得て実証研究を行った。

| 図表 9 - 8 | エーザイのマテリアリティ：統合報告書2019の開示事例 |

●エーザイのマテリアリティ・マトリックス

（　）内は，本報告書における主たる関連ページを示しています

（出所）　エーザイ統合報告書2019。

　ESG の KPI については，SASB のバイオテクノロジー＆医薬品セクターの
マテリアリティ（SASB Materiality Map：Biotechnology & Pharmaceuticals）
と合致・類似する項目を，AXA の契約する国際的な大手 ESG データプロバイ
ダー[12] 3 社の Vigeo, MSCI, Sustainalytics の ESG 評価から入手可能な34項目
を抽出[13]。PBR や ROE，時価総額といった財務情報は Bloomberg から入手し
た。結果としてユニバースは，グローバル医薬品セクター内で該当する ESG マ
テリアリティである34項目のすべてを入手可能な大手医薬品企業主要59社を時
価総額順に抽出した[14]。したがって，ESG 34項目の各評価機関のスコア×59

12　世界のバイサイド機関投資家が ESG 投資に利用できるデータ，調査レポート，分析ツールな
　　どを提供する主要ベンダーは，たとえば，Arabesque, Bloomberg, Covalence, Institutional
　　Shareholder Services, London Stock Exchange Group（FTSE Russell），MSCI,
　　Refinitiv, RepRisk, State Street Global Exchange, Sustainalytics, Truvalue Labs およ
　　び Vigeo Eiris（以下 Vigeo）の12社と言われる。
13　ESG の KPI34個の内訳は Vigeo 8，MSCI 14，Sustainalytics 12である。

社＝延べ2006サンプルと対応する PBR との相関関係を調査したことになる[15]。

　かかる前提で，回帰分析では，以下のような 2 ファクターモデルを適用した。

　　〈検証モデル： 2 ファクターモデル〉

$$\frac{P}{B_i} = \alpha + \beta_1 \cdot ROE_i + \beta_2 \cdot ESG\ factor_i + \varepsilon$$

　被説明変数は各銘柄の PBR で，説明変数は ROE と ESG ファクター(34項目の各評価機関のスコア) の 2 つである。PBR は ROE の水準に大きく影響を受けるため，ROE の影響を調整した上でもなおマテリアリティから厳選した ESG ファクターに説明力があるかどうかを確認するモデルとなっている。PBR と正の相関関係を示し，なおかつ p 値が10％未満で有意なマテリアリティの項目だけを最終結果として**図表 9 - 9** に掲載する。いずれの t 値も 2 前後であり，PBR と正の関係の強い 7 つのグローバル医薬品セクターの ESG マテリアリティを特定することができた。

　Vigeo の ESG 評価項目からは，「HRS1.1: Promotion of labour relations」，「CIN1.1: Promotion of the social and economic development」，「C&S2.4: Integration of social factors in the supply chain」，「C&S3.3: Transparency and integrity of influence strategies and practices」の 4 つ，MSCI からは，「Access to healthcare score」，「Access to healthcare management score」の 2 つ，Sustainalytics からは，「S.4.2.14 Value of drug donations-weighted score」の 1 つ，合計 7 つが90％以上の確率で PBR と正の相関があることが示唆された。

　p 値，t 値のレベルから見ても，グローバル医薬品セクターでは特に，貧困等で医薬品が手に入らない患者様にいかに貢献するかという，医薬品アクセス(ATM: Access to Medicine) 問題への取り組みが ESG において最重要課題であることがわかる[16]。特に MSCI の ATM 評価は企業価値との正の相関関係が

14　ちなみにユニバースには，米国の Johnson & Johnson (時価総額3,360億ドル)，スイスのロシュ (同2,320億ドル) などのビッグファーマから日本のツムラ (同20億ドル) まで59社が含まれており，世界の主要医薬品企業をほぼカバーしている。

15　データ基準日は AXA との取り決めにより，全て2019年 2 月15日とした。

16　参考までに，世界的に注目されているオランダの ATM 財団が公表する「ATM Index 2018」によれば，医薬品アクセスの評価の世界トップ 3 は GSK, Novartis, Johnson & Johnson(エーザイは第 8 位)となっているが，PBR はそれぞれ17， 3， 6 倍と極めて高い企業価値の創造になっている。

| 図表 9-9 | グローバル医薬品セクターにおける ESG マテリアリティの実証結果 |

2ファクターモデル：$\frac{P}{B_i}=\alpha+\beta_1\cdot ROE_i+\beta_2\cdot ESGfactor_i+\varepsilon$

	ESGのKPI	p値 (10%未満 を抽出)	t値
Vigeo	(HRS1.1) Promotion of labor relations	9%*	1.73
	(CIN1.1) Promotion of the social and economic development	5%**	1.98
	(C&S2.4) Integration of social factors in the supply chain	10%*	1.67
	(C&S3.3) Transparency and integrity of influence strategies and practices	3%**	2.31
MSCI	Access to healthcare score	1%***	2.57
	Access to healthcare management score	2%**	2.34
Sustainalytics	(S.4.2.14) Value of drug donations-weighted score	7%*	1.89

有意な正の相関

PBR

(2019/2/15基準)

***p<0.010, **p<0.050, *p<0.100

（出所）　柳（2019b）より筆者作成。

強い。前章の「DEC錠の無償提供」のケースで述べたようにエーザイがATM問題への取り組みをESG活動の重点項目としていることと整合性がある（第10章参照）。

第6節　「柳モデル」のエーザイにおける実証

それでは究極のテーマとして，「一企業のESGのKPIが一企業の企業価値に影響を及ぼしていることを統計学的有意差をもって実証研究で証明することができるのか」という命題に応えることはできるのだろうか。

2019年7月31日時点でエーザイの統合報告書のESGのKPIにつき，データが入手可能な限りできるだけ過年度まで遡り，時系列データを抽出して，筆者の「柳モデル」を証明すべく，つまりESGファクターとPBRの正の相関関係

を検証するために，PBRモデルの重回帰分析（ROEをコントロールした2ファクターモデル）を実行した。分析にはアビームコンサルティングの協力（今野愛美氏，武田景氏，杉森州平氏のチーム）を得て「Digital ESG」のプラットフォームを利用した。

なお，重回帰分析は，連結PBRと単体PBRのそれぞれにつき，実数ベースと両辺自然対数を取った対数変換モデルで分析を行った。

【分析モデル：ROEをコントロールした2ファクターモデル】
- **重回帰分析**：$PBR_i = \alpha + \beta_1 \cdot ROE_i + \beta_2 \cdot (ESG\ KPI_{i-t}) + \varepsilon_{i-t}$
- **重回帰分析（対数変換）**：$ln(PBR_i) = \alpha + \beta_1 \cdot ln(ROE_i)$
$$+ \beta_2 \cdot ln(ESG\ KPI_{i-t}) + \gamma_{i-t}$$

エーザイにおいて入手可能なESGのKPI 88個[17]に対して，年度をずらした変数[18]を作成し，延べ1,000以上のサンプルとなるエーザイのESGのKPIが何年後のPBRに影響を及ぼすかについて回帰分析を実行した（ESGのPBRへの遅延浸透効果を検証）。

なお，「柳モデル」ではESGは事後的・遅延的に企業価値に影響するという「遅延浸透効果仮説」の立場をとる。

【結果の第1次抽出条件】
第1次抽出条件は，以下の値を基準として，分析結果を抽出した。
- 自由度調整済み決定係数（R^2）：0.5以上
- エーザイのESGのKPIに係る相関係数のp値（有意確率）：0.1以下

17　エーザイのESG KPIは全部で97個抽出できたが，経年で値に変動がなく，分析に適さなかったESG KPI 9個を除外した。

18　ずらした年数はエーザイのESGのKPIによって異なる。データの観測数（被説明変数と説明変数が全てそろっている年数）が，回帰分析が実行できる最低限度（重回帰分析の場合は4年，単回帰分析の場合は3年）になるまでずらして分析。88種類のESGのKPIを平均約12年遡って，延べ1,088件のサンプルを入手して，最大28年分のPBRと期差分析を行った。

【第 1 次分析結果の概要】[19]

図表 9 -10　エーザイの PBR に有意な影響を及ぼす ESG の KPI の数

被説明変数	分析結果総数	上記条件で抽出される結果の数	ESG KPIとの相関		うち観測数が10以上の結果の数	ESG KPIとの相関	
			正	負		正	負
PBR (連結)	1,112	49	31	18	14	9	5
PBR (連結)(対数変換)	1,088	65	36	29	27	16	11
PBR (単体)	1,112	103	60	43	66	36	30
PBR (単体)(対数変換)	1,088	154	86	68	87	51	36

（出所）　アビームコンサルティング社の協力を得て筆者作成。

【重回帰分析の有意な第 2 次結果：対数ベースの連結 PBR と正の相関を持つ ESG の KPI（観測数10以上，p 値0.05未満，t 値 2 以上，R² 0.5以上）】

　第 1 次分結果から，実数ベースの PBR と対数ベースの PBR では内容に大差はなかったが，ここから本章では，統計的に有意な結果がより多く得られた，対数変換モデルの結果を紹介する。また，重要性の原則から連結 PBR を被説明変数とする重回帰分析で，「観測数10以上で，p 値 5 ％未満，t 値 2 以上，R^2 0.5以上」を統計的に有意な水準として，「正の相関関係」を示した結果（説明変数としての ESG の KPI）にフォーカスして第 2 次分析結果を詳細に報告する[20]。

　その明細は以下の**図表 9 -11**のとおりである。

　エーザイの ESG ファクターでは，人事データのより高い入手可能性から「人的資本」に有意な結果を得た KPI が多数見られた。障がい者雇用率（％）と連結人件費（柳・吉野（2017）と整合）が p 値 1 ％未満で有意，健康診断の受診率社員（％），女性管理職比率（％），社員数管理職比率（％），育児短時間勤務制度利用者数（人），地域別従業員数の EMEA と北米（人）が p 値 5 ％未満で有意に

19　相関の正負は，単純に ESG の KPI の値が増加したときの PBR の動きを表しているため，正の相関＝好ましい影響とは限らず，逆相関もあり得る（例：「離職率の増加⇔PBR の増加」など，正の関係性にあっても好ましくない関係である場合）。

20　負の相関関係を持つ ESG の KPI には，逆相関して好ましくない関係を示唆する内容も多く，その解釈は今後の課題として本章では割愛した。

図表9−11	エーザイの連結PBR（対数変換）と有意な正の相関関係を持つESGのKPIの明細（観測数10以上，p値0.05未満，t値2以上，R² 0.5以上）

ESG KPIの名称	遅延浸透年数（何年後に相関するか）	回帰係数	t値	p値	自由度調整済み決定係数	データ観測数	目指すべき方向	データ範囲
CO₂排出量-(t)	1	0.90875	5.2529	0.0002	0.723	15	−	G
お取引先（調剤薬局）-(軒)	0	3.30443	4.5508	0.0014	0.695	12	+	−
障がい者雇用率-(%)	11	3.35412	4.2549	0.0028	0.719	11	+	単体
人件費（連結）（百万円）	5	1.37839	4.4002	0.0032	0.753	10	+	G
健康診断の受診率社員(%)	10	38.57489	3.2582	0.0116	0.606	11	+	単体
承認取得した医療用医薬品数国内（品目）	4	0.24632	3.1282	0.0167	0.611	10	+	単体
女性管理職比率(%)	7	0.24126	2.9635	0.0180	0.564	11	+	単体
社員数管理職比率(%)	11	3.13584	2.9397	0.0187	0.560	11	+	単体
お取引先（薬局など）-(軒)	4	0.48170	2.9252	0.0191	0.558	11	+	−
研究開発費（連結）（百万円）	17	0.81916	2.9033	0.0198	0.554	11	+	G
「*hhc* ホットライン」お問い合わせ数-(件)	5	1.08195	2.8750	0.0207	0.550	11	+	単体
育児短時間勤務制度利用者数-(人)	9	0.33132	2.8945	0.0232	0.570	10	+	単体
研究開発費（単体）（百万円）	17	0.87695	2.7751	0.0241	0.533	11	+	単体
地域別従業員数EMEA（欧州・中東・アフリカ・ロシア・オセアニア）（人）	9	0.32826	2.7473	0.0252	0.529	11	+	G
育児短時間勤務制度利用者数-(人)	10	0.18883	2.8327	0.0253	0.664	10	+	単体
地域別従業員数アメリカス（北米）（人）	10	0.29289	2.6959	0.0272	0.520	11	+	G

（出所）　アビームコンサルティング社の協力を得て筆者作成。

PBRと正の関係がある。これは，入手可能なESGのKPIの種類に人事関係データが多いこともあるが，「企業は人財なり」という関係を裏付ける。あるいは，5つの非財務資本で「人的資本」が最もPBRとの正の相関が強いという結果を示唆した，冨塚（2017）とも整合する。「知的資本」では，承認取得した医療用医薬品数国内（品目），連結と単体の研究開発費（柳・吉野（2017）と整合）も有意水準5％で長期遅延浸透効果（柳・目野・吉野（2016）と整合）として，PBRにポジティブな影響を及ぼしている。製薬企業における長期的な研究開発投資

190

の重要性が改めて明示された。また,「社会・関係資本」では,お取引先数,ホットラインへの問い合わせ数が特に有効なファクターであった。CO_2排出量(t)はあるべき姿と逆相関の結果[21]となったが,これも,医薬品セクターでは環境問題の重要性が必ずしも高くはないとするエーザイのマテリアリティ・マトリックス,SASB のバイオテクノロジー&医薬品のマテリアリティ・マップとある意味で整合性があるとも解釈できよう。

　比較参考のために,この重回帰分析から有意な結果の出た第2次抽出 KPI をエーザイの統合報告書2019(当時)のマテリアリティ・マトリックスに合わせてプロットすると,**図表 9-12**のようになる。

　こうして見てみると,連結 PBR(対数ベース)を被説明変数として,統計的に有意に正の相関を示したエーザイの ESG の KPI は,やはりエーザイのマテリアリティ・マトリックスと親和性が高い。SASB のマテリアリティ・マップを参考に投資家意見でアップデートしたエーザイのマテリアリティ・マトリックスという定性的な区分と,重回帰分析による定量的証拠は概ね合致[22]しており,一定の示唆があるだろう。特に人的資本に加えて,製薬企業の成長の源である,研究開発費の PBR への長期遅延浸透効果が高い重要性を示しており,患者様第一主義を標榜するエーザイの企業理念 *hhc* と同期化して,ショートターミズムへのアンチテーゼともなろう。

　今回の本章のエーザイの ESG の KPI の PBR への関係では,KPI の入手可能性の問題もあり,特に人的資本と PBR と正の相関のある KPI が多く見られた。企業は人財が支えており,エーザイの企業理念とも整合性がある。エーザイという個別企業においても,非財務資本(ESG)は企業価値(PBR)に影響を及ぼしており,一定程度「見えない価値を見える化」することができたとも言えよう。個別のケースでも時系列分析で筆者の「柳モデル」の有効性を支持す

21　CO_2排出量は ESG の E(環境問題での取り組み)の観点からは,本章第4節の実証研究(柳・伊藤(2019))にあるように本来 PBR と「負の相関関係」にあるべきだが,医薬品産業でのマテリアリティが必ずしも強くないことに加えて,短期的には「操業度の向上→企業価値増加」の期待という側面もあり,本節の実証結果で CO_2 排出量が正の関係で統計的に有意になったのは,「ずらした年数」が1年の期差であった(短期的に1年後の PBR と正の相関)からとも考えられる。

22　既述のように,PBR との正の関係が統計的に有意な KPI のうち CO_2 排出量だけは,逆相関であり矛盾した結果になっているが,医薬品セクターにおける環境問題のマテリアリティのレベル(柳(2019b))からやむなし,あるいは短期的な「操業度向上→企業価値増加」期待の結果とも解釈できるだろう。

図表 9 -12	エーザイの統計的に有意な ESG の KPI とマテリアリティの整合性

有意水準1％のESG KPI　　有意水準5％のESG KPI

非常に強い / 強い — 長期投資家にとっての関心

社員への働き甲斐の醸成及び能力開発機会の提供
- 人件費（連結）……5 年*
- 地域別従業員数アメリカス（北米）……10年*
- 地域別従業員数 EMEA（欧州・中東・アフリカ・ロシア・オセアニア）……10年*
- 社員数管理職比率……10年超*

革新的な医薬品の創出
- 研究開発費（単体）……10年超*
- 研究開発費（連結）……10年超*
- 承認取得した医療用医薬品数（国内）…… 4 年*

製品の安全性情報管理
- hhc ホットラインお問合せ数……5 年*

地球環境に配慮した事業活動（CO_2排出量削減，廃棄物削減，水資源の有効活用）
- CO_2排出量…… 1 年*
- *ESG KPI が何年後の PBR に影響するか（遅延浸透効果）

ダイバーシティの推進　社員の健康サポートと安全衛生管理
- 女性管理職比率……7 年*
- 育児短時間勤務制度利用者数…… 9，10年*
- 障がい者雇用率……10年超*
- 健康診断の社員受診率……10年

コンプライアンスに則ったプロモーション
- 取引先（調剤薬局）……0 年*
- 取引先（薬局など）…… 4 年*

やや強い　　強い　　非常に強い
エーザイ事業へのインパクト

(注)　1088のサンプルに対して，ESG KPIを用いた重回帰分析結果（対数ベース）から，PBR（連結）と有意な正の関係を持つKPIを絞って表示。
　　　データ観測数が10以上，自由度調整済み決定係数が0.5以上，t値が2以上，p値が0.05以下のESG KPIを対象。

(出所)　アビームコンサルティング社の協力を得て筆者作成。

る示唆を得たと考えられる。CFO としては，この結果も踏まえて，継続的に「企業と投資家の ESG エンゲージメント」における筆者の「柳モデル」の訴求に活かしていきたい。

　筆者は本章で詳説した「エーザイの ESG の KPI と PBR の関係性（柳モデル）」の重回帰分析について，さらに研究を深めて，2020年 8 月の「エーザイ統合報告書2020」（当時）での開示と合わせて，世界の投資家とエンゲージメントを蓄積していたので，追加で紹介する。

　エーザイの実証結果の遅延浸透効果を感応度分析（95％の信頼確率）で解釈して，エーザイ統合報告書2020で以下のように概算(相関係数,遅延浸透効果とPBRや時価総額のレベルから換算）で相関関係をわかりやすく開示している（**図表9-13**）。

| 図表 9-13 | エーザイの ESG と企業価値の感応度 |

エーザイの ESG と企業価値の実証研究
感応度分析（信頼区間95％における平均値試算）

人件費投入を１割増やすと５年後の PBR が13.8％向上する

研究開発投資を１割増やすと10年超で PBR が8.2％拡大する

女性管理職比率が１割改善(例：8％から8.8％)すると７年後の PBR が2.4％上がる

育児時短制度利用者を１割増やすと９年後の PBR が3.3％向上する

エーザイの ESG の KPI が各々５-10年の遅延浸透効果で
企業価値500億円から3,000億円レベルを創造することを示唆

（出所）　エーザイ統合報告書2020。

・人財に10％追加投資すると５年後に PBR が13.8％向上し，約3,000億円の価値を事後的・遅延的に創造できる。
・研究開発に10％追加投資すると10年超の年数をかけて PBR が8.2％上昇し，約2,000億円の長期的な価値を生むことができる。
・10％女性管理職を増やすと７年後に PBR が2.4％改善し，約500億円の企業価値向上に繋がる。
・育児時短制度利用者が１割増えると９年後に PBR が3.3％向上し，約900億円の企業価値を創造できる。

　もちろん，上記はあくまで「相関関係」であり，「因果関係」の説明には具体的な ESG のプロジェクトの開示と対話の蓄積が極めて重要になる。今般，人件費や研究開発費，女性管理職の登用が企業価値創造に長期的・遅延浸透的に繋がるというエビデンスを得たので，エーザイではこの実証を統合報告書でも開示して，より説得力を持って個別のストーリーを訴求し，短期志向を排して長期志向で世界の投資家との対話を一層強化していた。

　このように人件費が5年後に，研究開発費が10年超で企業価値を創造することが証明できたので，CFOのプロフォーマとしては，これらは「費用」ではなく，将来価値を生む非財務資本への「投資」と見做して，営業利益に足し戻したESGの営業利益「ESG EBIT」をvalue proposition（新しい価値観の提案）として，**図表9-14**のようにエーザイ統合報告書2020（当時）で開示している。たとえば2019年度の会計上の営業利益は1,200億円レベルであるがESG EBITは3,600億円レベルと約3倍になっている。この開示により筆者はCFO（当時）としてショートターミズムに反論して長期的企業価値を訴求していた。こうした考え方と「柳モデル」は，日興アセットマネジメントの中野氏，野村アセットマネジメントの荻原氏，三菱UFJ信託の兵庫氏，東海上アセットマネジメン

図表9-14　「ESGの営業利益」の提案事例

ESG Value-Based　損益計算書

（単位：億円）

	2018年度	2019年度
売上収益	6,428	6,956
売上原価	1,845	1,757
うち生産活動に関わる人件費 人的資本	136	142
売上総利益（人件費加味）	4,719	5,341
研究開発費	1,448	1,401
研究開発費 知的資本 （うち人件費）	1,448 (456)	1,401 (464)
販売管理費	2,282	2,563
うち営業活動に関わる人件費 人的資本	871	880
その他損益	9	20
従来の営業利益	862	1,255
ESG EBIT	3,316	3,678

ESG EBIT＝営業利益＋研究開発費＋人件費

（出所）　エーザイ統合報告書2020。

トの菊池氏, 米国 BlackRock のインパクト投資責任者の Eric Rice 氏など, 内外の知見の高い長期投資家から支持を得ている。

　このように第9章第6節で述べてきた「柳モデル」とその実証は, いわば CFO のミッションともいえる「パーパスの証明」である。第8章第5節でも触れたエーザイの企業理念 (パーパス) は「使命としての患者様満足, その結果としての売上・利益創出」を基本としているが, 「柳モデル」の重回帰分析で, エーザイにおいては, 使命としての患者様貢献を最優先に, 研究開発費や人件費にいま先行投資をする, そしてその結果として5−10年の遅延浸透効果をもって事後的に PBR, つまり企業価値を向上させることを一定程度, 統計学的に有意に証明したのである。パーパスが「目的」であり, ESG 経営はその「手段」である。

　もちろん「ESG ジャーニー」とも言われるように, 我々はまだ旅の途中にあり, 目的地は遠い。ESG という定性的な側面を企業価値という定量的なものに置き換えることに完全な解はない。いまだに試行錯誤を繰り返しているのである。たとえば, 本章でフォーカスした, 「柳モデル」の重回帰分析も統計的な課題も多い。一企業の分析なので, 絶対的なサンプル数不足の問題があるし, 同業他社比較もできない。また統計的に有意差がつかなかった項目や結果が想定とは異なる KPI もある。さらに, これは相関であって因果の証明ではない。

　したがって, 実務の中で具体的な自社の事例, 開示, 説明を重ねる努力を継続する必要がある。それでも HBS の George Serafeim 教授は「これは世界初となる, 一企業の ESG と企業価値の相関を示唆する画期的な回帰分析であり, 実務との融合で相関が因果になる」と評価している。

　結論として, 「柳モデル」は「モデル, 実証 (相関), 開示 (相関, 因果), 対話 (因果)」の4つのトータルパッケージで, 世界の投資家とのエンゲージメントで訴求して, 見えない価値を見える化する試みであり, 4要素のうちどれ1つ欠くことはできないことは銘記されたい。

　そして, この「柳モデル」は, G7 Impact Taskforce の英国政府あて答申書 (G7 Impact Taskforce 2021), HBS のインパクト加重会計イニシアティブ (IWAI) の論文 (Panella and Zochowski (2021)), 2022年に話題となったサステナビリティ専門家の著書 "The Impact Challenge" (Falsarone (2022)), "The Case for Impact" (Haut (2022)), さらには柳モデルに特化した査読論文である Rahman and Varghese (2023) 等の海外の著書や論文, 報告書でも引用さ

れ，世界の ESG 投資家の一定層からも高い評価を得ている。

第7節　「柳モデル」は日本企業全体に適用可能か

1　柳モデルによる人件費・研究開発費と企業価値の関係

　柳モデルとエーザイでの回帰分析を日本企業全体にも適用することができるのか，筆者とアビームコンサルティングの杉森州平氏の共著論文(柳・杉森 2021)がその実証結果を報告しているので紹介する。

　当研究では，日本企業全体を代表して TOPIX100構成銘柄に採用された企業[23]を対象とし，2000年度～2019年度の20年分のデータを収集し，柳モデルとエーザイの事例の回帰式で実証を行った。

　分析に耐えうる十分なデータ量を確保するために，対象期間20年間のうちの8割以上の年度で実証分析に使用するすべてのデータがそろうこと，柳 (2021)の IIRC-PBR モデル（ESG の価値は PBR 1 倍超の部分に反映される）に従い，PBR が 1 倍超[24]であることを条件として対象企業を絞り込んだ結果，最終的に TOPIX100企業の中の49社を対象として抽出した。

　ESG ファクターは，各社の自主開示内容により差異が大きいため，公開情報から財務数値としても取得が可能な，「人的資本としての人件費」と「知的資本としての研究開発費」に ESG の KPI を絞り込んだ。

　分析モデルは，基本的には柳モデルとエーザイの回帰分析（柳 (2021)）で用いた，ROE をコントロールした 2 ファクターモデル（2022年 2 月10日付日本経済新聞「Deep Insight」で中山淳史コメンテーターは「エーザイの人財計算式」として紹介している）を使用した。説明変数が人件費あるいは研究開発費で，被説明変数が PBR である。つまり，財務資本としての ROE の影響をコントロールし，人的資本としての人件費，そして知的資本としての研究開発費を ESG の KPI として，それらが何年後の PBR にどうインパクトを与えているかを検証する回帰式である。

23　2019年10月末時点を基準日とした。

24　PBR 1 倍超の企業の基準は具体的には，分析対象期間である2000年から2019年の間で取得できた PBR の平均値が 1 倍超であることとした。

【柳モデルの回帰式（エーザイの人財計算式）】

パネルデータ重回帰分析（対数変換）：

$$\ln(PBRci) = \alpha + \beta1 \cdot \ln(ROEci) + \beta2 \cdot \ln(ESG\ KPIc(i-t))$$
$$+ \mu c(i-t)$$

人件費と研究開発費に対して，年度をずらした変数を作成し，何年後のPBR に影響を及ぼすか（遅延浸透効果）について回帰分析を実行した。「p値[25] 1％未満，t値2.5以上」を有意水準（正の相関がある）として，その結果を**図表9 -15**に示す。

結果としてTOPIX100企業をユニバースにした場合も，人件費と研究開発費は，p値1％未満かつt値2.5以上でPBRと有意な正の相関を持つことを確認することができた。

個別に見ると，人件費では6年から9年遅延して，研究開発費では6年から12年遅延してPBRを高める効果を持つという相関関係を検出した。

これらの分析結果は，柳モデルとエーザイの分析結果とも，基本的に整合するものである。

さらに，人件費の分析結果の中で最も有意性が高い結果となったものを使用してPBRの感応度を計算した。その結果，人件費投入を1割増加させることで，7年後にTOPIX100企業平均ではPBRが2.6％上昇するという示唆が得られた。

一方，エーザイの分析では，人件費投入を1割増加させることで5年後のPBRが13.8％上昇するという結果が確認された。つまり，上述の実証分析に比べて遅延浸透効果が短く値も大きいため，TOPIX100企業の平均的な数値に比してエーザイの人件費投資効果が高いことを示している。

同様の計算を研究開発費に対しても行うと，研究開発費投入を1割増加させることで，7年後にTOPIX100企業平均でPBRが3.0％上昇することとなる。

一方でエーザイの分析では，研究開発費投入を1割増加させることで，10年以上の年月を経てPBRが8.2％上昇するという結果になっている。

値はTOPIX100企業のものよりも大きく，研究開発費投資効果がより高いこ

25　p値とは，「もしある事象が偶然におこり得る時，観察された値と同等か，より極端な結果が得られる確率」を指す。一般にp=0.05を基準とするが，これは「実際には偶然に過ぎないのに，誤って『意味がある』と判断している」可能性が5％以下という意味である。

| 図表9-15 | TOPIX100企業をユニバースとする柳モデルの実証結果 |

TOPIX100企業の人件費・研究開発費とPBR[*1]の関係

パネルデータ重回帰分析（対数変換）[*2]：

$$\ln(PBR_{ci}) = \alpha + \beta_1 \cdot \ln(ROE_{ci}) + \beta_2 \cdot \ln(ESG\ KPI_{c(i-t)}) + \mu_{c(i-t)}$$

TOPIX100企業の人件費・研究開発費を20年遡及して（各19件の重回帰分析数）20年分のPBRと可能な限り照合

ESG KPI	遅延浸透効果（何年後に相関するか）	回帰係数[*3]	t値[*4]	p値	自由度修正済み決定係数[*5]	データ観測数	
人件費（百万円）	7	0.26	5.36	1.2e-07	0.18	576	*p*<0.01
	8	0.26	4.84	1.7e-06	0.15	528	
	9	0.18	3.08	0.002	0.18	488	
	6	0.12	2.73	0.006	0.15	622	
研究開発費（百万円）	7	0.30	7.06	5.4e-12	0.21	576	
	8	0.31	6.79	3.3e-11	0.20	528	
	9	0.26	5.50	6.5e-08	0.16	488	
	6	0.19	4.68	3.5e-06	0.19	625	
	10	0.22	4.47	1.0e-05	0.22	444	
	11	0.19	3.55	4.4e-04	0.21	396	
	12	0.16	2.79	0.006	0.15	352	

* 人件費・研究開発費を用いたパネルデータ重回帰分析結果（対数ベース）から，人件費・研究開発費それぞれ有意な結果をp値が低い順に表示。
　t値が2.5以上，p値が0.01以下の人件費・研究開発費を対象（アビームコンサルティング社の協力を得て作成）
* 1　Price Book-value Ratio 株価純資産倍率
* 2　α：ROEでも人件費・研究開発費でも説明できない，PBR上昇の影響要素，β_1：ROEとPBRの関係性の強さを示す値，β_2：ESG KPIとPBRの関係性の強さを示す値，ESG KPI：Environment（環境），Social（社会），Governance（企業統治）に関するKey Performance Indicator（重要業績指標）であり，当分析では人件費と研究開発費を活用，$\mu_{c(i-t)}$：回帰式で推定されるPBRと実際のPBRとの差分，c：分析対象となる企業，i：分析対象となる年度
* 3　説明変数（ROEやESG KPI）と非説明変数（PBR）の関係性の強さを表す指標
* 4　統計的にROEもしくはESG KPIがPBRと相関性があると言えるか否かを表す数値
* 5　回帰式（上記数式）全体の当てはまりの良さを確認する数値

とを示している。しかしながら，遅延浸透効果はエーザイの方が長くかかる。この点は，製薬産業における研究開発期間が他のセクターと比較して遙かに長いことと整合している。

さらに，追加分析として，TOPIX500にまでユニバースを広げ，PBR 1 倍超の企業と PBR 1 倍以下の企業にグループを分けて同様の柳モデルの重回帰分析を実行した。分析結果として，PBR 1 倍超のグループでは人件費投入の増加が 6 -11年後の PBR を，研究開発費投入の増加が 7 -11年後の PBR を引き上げることが確認された。

なお，PBR 1 倍以下のグループでは，PBR-IIRC モデルの示唆（PBR 1 倍以下では ESG の価値が具現化していない）のとおり，有意な結果が得られなかった。その結果を**図表 9 -16**に示す。

TOPIX500企業でも，柳モデルとエーザイの回帰分析の通り，人件費や研究開発費は遅延浸透効果をもって，6 -11年後の PBR を有意に向上させる正の相関が観察された。

| 図表 9 -16 | TOPIX500企業までユニバースを拡大した柳モデルの実証結果 |

日本企業全体の傾向はどうか？

TOPIX100，500企業全体の傾向を見ても人材への投資，知的資本への投資が，企業価値向上に寄与していることが判明

〈人件費，研究開発費の PBR への遅延浸透効果[1]〉

ESG KPI	対象	遅延浸透効果（何年後に相関するか）0 1 2 3 4 5 6 7 8 9 10 11 12 …
人件費	TOPIX 100	（PBR 向上効果！ 6～11年で PBR と正の相関）
	TOPIX 500	
研究開発費	TOPIX 100	
	TOPIX 500	

凡例：PBR と正の相関
　　　PBR と負の相関

＊ 1：人的資本（人件費），知的資本（研究開発費）が何年後に企業価値となるか，TOPIX100[2]，TOPIX500[3] 企業に対して柳モデルで分析　柳モデル：『CFO ポリシー』（中央経済社，2020），柳（2020），柳・杉森（2021）
＊ 2：公開情報からデータが取得でき，直近20年間の PBR 平均が 1 倍以上の49社
＊ 3：公開情報からデータが取得でき，直近20年間の PBR 平均が 1 倍以上の239社

　ただし，TOPIX500企業では人件費・研究開発費投入から 0 - 4 年の短期では，PBR と負の相関になっている点には注意が必要である。これは TOPIX100企業と比較して TOPIX500企業には十分に IR 部門にリソースを避けない企業も存在するため，情報の非対称性から「人件費・研究開発費増加 → 今期の利益減少 → 株式売却」といったショートターミズムに晒されているのでないかと推察する。

　しかしながら，TOPIX500企業でも人的資本や知的資本が中長期的な企業価値を高めることが示唆されてもいることが重要であり，日本企業は長期志向で市場に対峙すべきである。

　いずれにせよ，柳・杉森（2021）は柳モデルが日本企業全体にも適用可能であることを証明したと思料される。

　多くの日本企業にとって，主な企業価値創造の源泉はイノベーションであり，知的資本であろう。上記のように柳・杉森（2021）から，「柳モデル」により研究開発費と PBR が，遅延浸透効果をもって，正の相関を持つことが示唆された。

2　柳モデルによる特許情報と企業価値の関係

　さらに「知的資本」の頑強性テストとして，代理変数を高度化すべくアスタミューゼ社の「技術資産スコア」を用い，筆者とアビームコンサルティングの杉森州平氏が実証を行った（柳・杉森 2022）ので詳説する。

　アスタミューゼ社は，世界193カ国，39言語，7 億件を超える世界最大級の無形資産可視化データベースを保有している。それらを用いた分析やコンサルティングを実施しており，特にイノベーションに関連するデータを豊富に取り扱っている。

　同社は，知的資本として各企業が保有する特許 1 つ 1 つを，「他社への技術的脅威」，「権利の地理的範囲」，「権利の時間的範囲」の 3 つの観点で評価し，権利としてどの程度「広く」，「長く」，「効果的に」機能しているかを測る特許の評価指標を開発している。

　この評価値を企業単位でとらえたものが「技術資産スコア」であり，アスタミューゼ社は「トータルパテントアセット」，「パテントエッジスコア」，「トータルパテントポテンシャル」の 3 種類のスコアを算出し，各企業の知的資本の競争力の高さを評価している（**図表 9 -17**）。

　1 .「トータルパテントアセット」は，一定の基準以上の評価を得た特許を

図表9-17　アスタミューゼ社「技術資産スコア」の定義

3種類の技術資産スコアの考え方

「パテントエッジスコア」
＝最も高い評価を得た特許の評価値
　（最も競争力を発揮しうる技術の
　価値）

「トータルパテントアセット」
＝一定の基準（評価値50）以上の評価を得た特許
　の評価値×特許権利残存年数の合計
　（保有する特許のポートフォリオとしての価値）

「トータルパテントポテンシャル」
＝「パテントエッジスコア」
　×「トータルパテントアセット」
　（双方の観点の総合的な評価）

3つの観点により評価し算出

各特許の評価値

特許A　特許B　特許C　特許D　特許E

ある一企業が保有する特許全数
（評価が高い順に列挙）

＊　特許1件毎に「他社への技術的脅威」,「権利の地理的範囲」,「権利の時間的範囲」3つの観点で計
　算し, それらを掛け合わせた値を, 評価対象（本分析ではTOPIX100企業）の特許母集団内で偏差
　値化することにより算出。偏差値化しているため, 50以上であれば平均以上の評価を得たこととな
　る。

　　対象に, 特許権利残存年数を乗算して集計することで, 他社へインパクト
　を与えうる特許を, どの程度ポートフォリオとして保有しているかを示す
　スコアである。
　2.「パテントエッジスコア」は, 各企業で最も高い評価を得た特許の評価
　　値であり, その企業が最も競争力を発揮することができる技術の価値を示
　　すスコアである。
　3.「トータルパテントポテンシャル」は「トータルパテントアセット」と
　　「パテントエッジスコア」を掛け合わせることで, 各企業の特許ポート
　　フォリオの競争力の視点と, 特許ポートフォリオの中に突出した技術があ
　　るかという視点の双方で評価した総合的なスコアである。

　本分析では，柳・杉森（2021）の分析と同じく，「柳モデル」を TOPIX100企業に対して適用し，ESG の KPI に「技術資産スコア」をあてはめて，それぞれ時系列と横断面の両方の性質を持つパネルデータの重回帰分析を実行した。

【分析モデル：「柳モデル」に依拠した回帰式】

　　　　パネルデータ重回帰分析（対数変換）：

$$\ln(PBR_{ci}) = \alpha + \beta_1 \cdot \ln(ROE_{ci}) + \beta_2 \cdot \ln(ESG\ KPI_{c(i-t)}) + \mu_{c(i-t)}$$

　分析対象は TOPIX100構成銘柄に採用された企業[26]で，2001年度〜2020年度の20年分のデータを収集した。さらに，分析に耐えうる十分なデータ量を確保するために，対象期間20年間の内の 8 割以上の年度で実証分析に使用するデータがそろうこと，柳モデルの考え方に従い PBR が 1 倍超[27]であることを条件として対象企業を絞り込んだ。

　分析に使用する「技術資産スコア」3 つについて年度をずらした変数を作成し，何年後の PBR に影響を及ぼすか，それぞれ回帰分析を実行して検証した。分析結果は，「p 値 5 ％未満，t 値2.0以上」を有意水準として，統計的に有意と認められた分析結果を**図表 9 -18**に示した。

　結果として，すべての「技術資産スコア」で，6 〜10年いずれかの年数経過後の PBR と有意な正の相関を持つことを確認することができた。

　「技術資産スコア」の種類によって遅延浸透効果に若干の際はあるものの，総じて競争力の高い知的資本を保有する企業は将来的に企業価値が向上する傾向にあることを示している。

　一方で，いずれの「技術資産スコア」も 0 〜 4 年後，あるいは 1 〜 3 年後の期間においては PBR と負の相関を持つことも確認された。多くの場合，特許の価値が投資家の目に留まるのは，事業に活用される段階になってからとなる。そのため，企業価値向上に寄与するまで一定期間を要し，直近年度では研究開発にかかる先行費用となる。その期間が PBR との負の相関という形で表れていると推察される。

　日本を代表する企業全体としては，競争力の高い知的資本の獲得は，そのための事業投資が財務上費用増としてとらえられることで一時的に PBR を押し

26　分析時に TOPIX100企業に採用されていた，2021年 6 月末発表時の企業を対象とした。
27　「PBR 1 倍超」の具体的な基準は，分析対象期間である2001年から2020年の間で取得できた PBR の平均値が 1 倍超であることとした。

202

図表 9-18　アスタミューゼ社「技術資産スコア」の遅延浸透効果

TOPIX100企業の「技術資産スコア」とPBR*¹の関係

パネルデータ重回帰分析（対数変換）*²：

$$\ln(PBR_{ci}) = \alpha + \beta_1 \cdot \ln(ROE_{ci}) + \beta_2 \cdot \ln(ESG\ KPI_{c(i-t)}) + \mu_{c(i-t)}$$

TOPIX100企業の過去20年分の「技術資産スコア」を算出し、20年分のPBRと可能な限り照合（各19件の重回帰分析）

表内の数値は回帰係数*³、赤枠内が有意水準5%で有意な値となった結果の値。
p値：回帰係数は $<0.1:>0$　$<0.05:>0$　$<0.01:>0$　$<0.1:<0$　$<0.05:<0$　$<0.01:<0$　結果のみ赤枠のみ枠で記載

遅延浸透効果（何年後に相関するか）

技術資産スコア	分析対象企業数*⁵	0	1	2	3	4	5	6	7	8	9	10	11	12	13	14	15	16	17	18
トータルパテントアセット	52	-0.04	-0.03	-0.03	-0.03	-0.02	0.00	-0.02	-0.02	-0.02	-0.03	-0.03	0.00	-0.01	-0.01	-0.01	-0.01	0.05	0.06	0.06
パテントエッジスコア	62	0.03	-0.18	-0.25	-0.19	-0.13	0.00	-0.01	0.10	0.22	0.26	-0.03	-0.04	-0.36	-0.27	-0.10	0.09	0.10	0.07	-0.15
トータルパテントポテンシャル	52	-0.03	-0.03	-0.03	-0.02	-0.02	-0.01	-0.02	-0.02	-0.02	-0.03	-0.03	-0.01	-0.01	-0.01	-0.01	-0.01	0.05	0.06	0.04
トータルパテントアセット（調整）*⁴	62	-0.03	-0.03	-0.03	-0.02	-0.02	-0.01	-0.02	-0.02	-0.01	-0.01	-0.01	0.01	0.00	-0.01	-0.01	-0.01	0.00	0.04	0.04
トータルパテントポテンシャル（調整）*⁴	62	-0.02	-0.02	-0.02	-0.01	-0.01	-0.01	0.00	-0.01	-0.01	-0.01	-0.01	0.00	0.00	0.00	-0.01	-0.01	0.00	0.00	0.02

＊1　Price Book-value Ratio 株価純資産倍率
＊2　α：ROEでもESG KPIでも説明できない、PBR上の影響要素、β_1：ROEとPBRの関係性の強さを示す値、β_2：ESG KPIとPBRの関係性の強さを示す値、c：分析対象となる企業、i：分析対象となる年度、t：遅延浸透効果の年数を活用、$\mu_{c(i-t)}$：回帰式で推定されるPBRと実際のPBRとの差分、KPI：Environment（環境）、Social（社会）、Governance（企業統治）に関するKey Performance Indicator（重要業績指標）であり、当分析では「技術資産スコア」
＊3　説明変数であるESG KPI（技術資産スコア）と非説明変数であるPBRの関係性の強さを表す指標
＊4　「トータルパテントアセット」と「トータルパテントポテンシャル」は、性質上「0」と評価される場合がある。一方で、分析に使用した指標は対数変換しているため、「0」を取り扱うことができない。そこで、全企業のスコアに対して「1」を加算し、「0」が発生しないよう調整した指標でも分析を実行する
＊5　「技術資産スコア」の種類によって分析に使用できる企業数が異なるため、スコアごとに分析対象企業に差異が存在する

下げる。しかし，おおよそ 6 ～10年程度の期間を空けて PBR が向上することが示された。この結果は，研究開発費を知的資本の代理変数とした柳・杉森(2021)とも整合する。

3　女性の登用は企業価値を高めるのか

　エーザイのケース研究では，柳モデルの重回帰分析で，人件費が 5 年後の PBR と正の相関が強いことを証明している。特にエーザイでは女性管理職比率が 7 年後の PBR を高める関係にある。一方で，ハーバードビジネススクールとの共同研究による「エーザイの従業員インパクト会計」ではエーザイの人財の価値は大きいが，男女の賃金差・昇進差・人員差を価値破壊として一部マイナス計上している。

　ここから ESG の「S」として，日本企業に共通する社会的インパクトの課題として「男女格差」が浮き彫りになった。男女の賃金差，昇進昇給の差，雇用人数の男女比などは，各企業が今後改善すべき共通のダイバーシティの問題であろう。

　特に主要企業の約半数で女性役員がいない[28]日本においては，女性活躍の代表的な課題として「女性役員の登用」がある。日本企業全体をユニバースにして，実際に女性役員登用が企業価値向上に資するのか，その実効性を高めるための条件は何かについて，筆者と SMBC 日興証券の伊藤桂一氏の共著論文（柳・伊藤（2022））が実証研究を行っているので紹介したい。柳モデルの示唆のとおり，ESG の S あるいは人的資本，特にジェンダー・ダイバーシティ（男女平等）としての女性の登用は，企業価値に影響を及ぼしているのだろうか。

　コーポレート・ガバナンス強化の流れの中で，日本企業でも役員の独立性が高まるとともに，女性役員数も増加している。ただし，職層別の女性比率を見ると，女性役員比率はここ10年程度で大きく上昇している一方，女性部長比率や女性管理職比率の伸びは鈍い。社外取締役として女性を招聘しつつ，企業内では女性登用が進んでいないケースも多いのかもしれない。ダイバーシティと企業価値について検討を行う際には，単に「女性役員の登用」のみならず，さ

28　2021年12月15日付日本経済新聞「この数字2021年市場：51％」によれば，日本の主要上場企業のうち女性取締役が 1 人もいない企業は2021年度で51％に上る。大手議決権行使助言会社のグラスルイス（22年 2 月以降）と ISS（23年 2 月以降）は全上場会社に女性取締役を求める。特にグラスルイスは23年 2 月からプライム市場では女性取締役比率10％基準とする。

まざまな観点から検討を加える必要があると考えられる。

　女性役員の有無が企業価値（バリュエーション）に影響を与えるかを確認するためには，女性役員の有無以外の要因を揃えた上で，女性役員の有無によるバリュエーションの格差を比較する必要がある。PBRは，「柳モデル」を前提とすると，各企業の収益性の格差や，ガバナンスの質などにも影響を受ける。また女性「役員」の有無だけでは，必ずしも女性登用の度合いを測る上では適当な指標ではないかもしれない。そこで，女性登用を示す指標として，女性役員の有無に加え，女性管理職比率および女性従業員比率を追加し，女性登用と企業価値との関係を分析した結果を**図表 9 -19**に示す。

　図表 9 -19の 1 ， 2 ， 3 の各モデルでは，PBR への影響の強い財務資本としての ROE と，ESG の G としての日興ガバナンススコア（持ち合い比率など 9 種のガバナンス関連指標から作成したスコア）をコントロールした上で，女性役員の有無（説明変数）と対数 PBR（被説明変数）の関係を解析している。

　図表 9 -19のモデル 1 では，女性役員の有無と女性管理職比率を説明変数としている。女性役員の有無に対する相関は有意ではなく，女性役員がいる企業では PBR が高いという仮説は棄却される。一方で女性管理職比率と PBR は有意な正の相関がある。すなわち，エーザイにおける柳モデルの重回帰分析結果とも合致するが，女性管理職比率が高い企業ほど PBR が高い。興味深いのは，交差として「女性役員の有無×女性管理職比率」を見ると，同じ女性管理職比率であっても，女性役員がいる企業のほうがより PBR が高いことも示唆されたことである。

　モデル 2 では，同じ分析を女性管理職比率の代わりに女性従業員比率を説明変数として行った。ここでは，いずれの変数も有意な相関関係とはなっていない。企業価値を考える上では，どれだけ女性を採用しているかではなく，どれだけ女性を登用しているかが重要であると言えよう。

　また，モデル 3 はモデル 1 に時系列の調整を施したものである。結果はモデル 1 とほぼ整合的であった。すなわち，企業価値は女性役員の有無そのものには影響を受けないが，女性管理職比率には影響を受け，またその影響度合いは女性役員がいる企業のほうが強い，という結果が得られた。女性役員がいるだけでも，女性管理職の比率を高めるだけでも不十分で，両輪を同時に回すことによって一段と企業価値が上昇すると考えられる。

　株式市場は，女性役員の有無のみならず，エーザイにおける「柳モデル」が

| | 図表 9-19 | PBR とジェンダー・ダイバーシティの関係（モデル 1, 2, 3 ）[29] |

被説明変数：対数 PBR

	モデル	1	2	3
定数項	回帰係数 t 値	−0.62 −27.64 ***	−0.65 −25.76 ***	−0.84 −28.65 ***
女性役員	回帰係数 t 値	−0.02 −1.35	−0.01 −0.42	−0.00 −0.04
女性管理職	回帰係数 t 値	0.00 3.24 **		0.00 2.57 *
女性役員× 女性管理職	回帰係数 t 値	0.01 3.84 ***		0.00 2.59 **
女性従業員	回帰係数 t 値		0.12 1.69	
女性役員× 女性従業員	回帰係数 t 値		0.13 1.31	
ROE	回帰係数 t 値	6.29 57.06 ***	6.31 57.16 ***	6.16 58.70 ***
ガバナンス スコア	回帰係数 t 値	0.32 12.31 ***	0.36 13.99 ***	0.47 16.26 ***
年固定効果 サンプル数		N 4643	N 4643	Y 4632

（出所）　東洋経済新報社，QUICK，日興リサーチセンター，SMBC 日興証券。

29　ユニバースは2007-2021各年末の TOPIX1000構成銘柄のうち「東洋経済 CSR 総覧」の回答企業かつ関連データ取得可能な企業数の累計。対数 P/B を被説明変数としたパネル回帰分析の結果。t 値の下の***は 1 ％，**は 5 ％，*は10％未満の各有意水準。各モデルとも，コントロール変数として来期予想 ROE，日興ガバナンススコアを使用。モデル 1 および 3 では，女性役員フラグ（女性役員がいる場合に 1 ，いない場合に 0 ）および女性管理職比率，それらの交差項を説明変数として採用した。モデル 2 では，女性管理職比率の代わりに女性従業員比率を採用した。モデル 1 と 3 では説明変数は同じであるが，モデル 3 では年固定効果を考慮し，各データの時系列変化に伴う影響を取り除いた分析となっている。

示したように女性管理職を積極的に登用しているかも確認した上で適切な株価を付与している。企業全体として女性を活用している企業に対しては高い企業価値を与える一方，お飾りのように女性役員を配しているだけの企業には厳しい評価を行っている面もあろう。

つまり，ESGの「S」が企業価値に影響を及ぼすのだが，"Substance over Form"，つまり「形式より実質が大事」である。

「女性取締役が1人もいないと議決権行使助言会社から経営トップ再任議案に反対推奨が出てしまうから，至急，外部の女性会計士，弁護士，学者にお願いして，社外取締役として招聘しよう」，「でも，わが社の女性管理職比率は長年5％未満のままである」という日本企業も相当数あったのではないか。やはり本源的な内部昇格をベースとして女性管理職比率を高め，それと並行して女性役員を内外から登用して，実質的なダイバーシティ改善を図らないと企業価値は高まらない。そのための企業文化の変革，働き方改革，育児時短制度や研修制度の充実，人事考課システムや管理職登用基準の見直しは急務であろう。

もちろん，今回「柳モデル」の事例として紹介した，ESGの「S」の一部のKPIがPBRを高めるという実証はあくまで相関関係の議論であり，因果関係の証明ではない。日本企業が個々の具体的なストーリーや実績を示すことで，相関が因果に繋がって資本市場への説得力が一層増すだろう。

第8節　「柳モデル」の個別企業へのさらなる展開

筆者は本書の「柳モデル」と「エーザイの重回帰分析」を公開して内外の機関投資家から高い評価を得てきた[30]。しかしながら，日本企業の一部からは「柳モデルもエーザイも特殊な例で，いわば外れ値であり，一般の日本企業にはあてはまらないのではないか」という疑問の声も寄せられた。もちろん，「ESG経営の定量化」は企業ごとに個別事情を勘案しながら検討して，それぞれの説明責任を果たせばよい。

一方，アビームコンサルティングの関与もあり，いくつかの著名企業はすでに「柳モデル」とDigital ESGを採択して，自社のESG経営と企業価値の関係

30　たとえば，BlackrockのEric Rice氏，PinebridgeのAlessia Falsarone氏，Wellingtonの Jean Hynes氏，M＆GのCarl Vine氏，野村AMの荻原氏，日興AMの中野氏，三菱UFJ 信託の兵庫氏，東京海上AMの菊池氏などの著名投資家が「柳モデル」を支持している（当時）。

性を開示している。公開情報から著名企業の「柳モデル」の採択事例を抜粋して掲載する。

- KDDI は，2021年 5 月14日の2021年 3 月期決算発表説明会資料で高橋社長が，「KDDI の ESG と企業価値の関係性実証（信頼区間95％における平均値試算）」として，KDDI では，「温室効果ガス排出原単位を 1 割減らすと 6 年後の PBR が2.4％向上する」正の相関があることを説明している。そして，「『CFO ポリシー』（中央経済社，2020）にて柳良平氏が開発したモデルに基づき，アビームコンサルティング株式会社の Digital ESG Platform で分析（2021年 1 月）」と明記している。さらに，KDDI は統合報告書で，ESG 指標の値が変化した際にどの程度 PBR が向上するかの事例として，次のように分析結果を開示している。
  「温室効果ガス排出原単位を 1 割減らすと 6 年後の PBR が2.4％向上する。」
  「KDDI フィロソフィ勉強会回数を 1 割増やすと 1 年後の PBR が0.02％向上する。」
  「女性社員数割合を 1 割増やす（例：20％から22％）と13年後の PBR が3.4％向上する。」
  「研究開発費を 1 割増やすと 2 年後の PBR が0.0009％向上する。」

- NEC は，2021年12月10日の ESG 説明会資料で，「部長級以上の女性管理職を 1 ％増やすと 7 年後の PBR が3.3％向上する」，「従業員一人当たりの研修日数を 1 ％増やすと 5 年後の PBR が7.24％向上する」ことを開示している。その上で，分析モデルは柳モデル（『CFO ポリシー〈第 2 版〉』中央経済社，2021年）を採用し，分析実行はアビームコンサルティングの Digital ESG Platform 使用を明記している。また，統合報告書では，「2021年度は，NEC グループで取り組んでいる273個の非財務指標の 5 年から10年分のデータと PBR との相関を分析した結果，25個の非財務指標が PBR の向上に貢献しているという結果が得られました。また，この25個の半数以上は人的資本に関する指標でした」とも開示しているが，人的資本の重要性はエーザイの傾向とも合致する。

- 日清食品ホールディングスは2022年2月2日公開の価値創造レポートで「定量面の検証では，非財務資本と企業価値（PBR）の関係性を明らかにする分析モデル（柳モデル）を利用し，創業者精神に基づく ESG の取り組みと企業価値の間に正の相関関係があることが明らかになりました。今回分析に用いた約270項目に及ぶ非財務データのうち多数の項目が企業価値と関係することが判明しています。例えば，研究開発費1％増加時に7年後の PBR が＋1.4％，CO_2 排出量1％減少時に8年後の PBR が＋1.0％などの関係性が出ています」と記述している。そして，分析モデルは柳モデル（『CFO ポリシー〈第2版〉』中央経済社，2021年）を採用し，分析実行はアビームコンサルティングと明記している。このほかにも統合報告書では，ESG KPI の1％改善について，「市場規模は2年後に8.5％」，「Creative & Unique なコミュニケーションによるブランド力の向上は6年後に5.5％」，「社会課題に貢献する製品数が7年後に0.7％」，「プラスチック使用量が4年後に1.2％」，「水使用量が10年後に1.8％」と，PBR を高める相関があることも紹介している。

- JR 東日本は，2022年8月4日発行の JR 東日本グループレポートに，「非財務と PBR の関係性を明らかにする分析モデル（柳モデル）により，各重点課題における取組みが企業価値にどの程度影響を与えるかを，ROE を調整変数に加えて分析しました。この分析の結果として下記の相関関係が検出されています。鉄道事業の CO_2 排出量を1％減らすと，3年後の PBR が1.06％向上する。従業員1人当たりの年間平均研修時間を1％増やすと，同年の PBR が0.54％向上する」という趣旨を記載している。

　ちなみに，2024年6月末現在，柳モデルを採択して公式開示したのは，エーザイ，KDDI，NEC，日清食品 HD，JR 東日本，アサヒグループ HD，コマツ，ツムラ，クボタの9社である。
　さらに，これ以外にも，開示に至らないまでも，多くの企業が「柳モデル」を採用して ESG 経営の定量化を試算済み，あるいは導入を検討している。
　それでは，こうした個別企業の開示事例とは別に，一般的に日本企業全体に「柳モデル」を適用することは可能なのだろうか。これに関しては，前節のとおり，柳・杉森（2021，2022）が，TOPIX100をユニバースに，人的資本と知的資本が遅延浸透効果をもって企業価値と正の相関があることを，「柳モデル」と

Digital ESG で示唆している。「柳モデル」は日本企業全体にも適用可能であることを証明したと思料される。

　上記の企業をはじめ，すでに「柳モデル」を適用して自社の ESG 経営の定量化を図る企業は多数存在している。アビームコンサルティングは，過去に実施してきた「柳モデル」採択企業数十社の日本企業（非開示を含む）の分析結果をまとめたインサイトを2022年6月に公開し，多くの企業で定量的に管理され，かつ企業価値と有意かつ望ましい相関[31]が検出された割合が高い ESG の KPI を明らかにした（**図表 9-20**）[32]。

　ちなみに，この「アビーム TOP30」のうち，約3分の2の ESG 指標は，年度・業種をコントロールしたうえで TOPIX 全体に柳モデルを適用して PBR と正の相関を証明した実証研究の該当 ESG 指標と合致していることは示唆に富む（柳・長谷川・寺口・小松（2024））。

　概観として，CO_2排出量を中心とした環境分野や人的資本分野の指標など，ESG の分野で重要視される KPI が多数を占め，日本企業がこれまで意志を持って取り組んできた活動が，外部のステークホルダーの期待意識と一致して，企業価値評価（PBR）に織込まれつつあることが見て取れる。

　このトップ30には人的資本に関連する指標はさまざま登場しているが，「人材の採用〜定着〜育成」という流れの中でダイバーシティ＆インクルージョンに関連した取り組みの影響と価値連鎖が見えている。

● 従業員の採用

　「従業員の採用」においては，性別を問わず優秀な人材を獲得することの重要性が示唆された。特に，「キャリア採用数」（2位/3位）の指標で男性・女性が並んで上位に在ることが特徴的である。また，女性の採用に関しては「女性採用比率」（23位）が存在するが，実数値に目を向けると，日本企業におい

31　有意かつ望ましい相関とは，ESG 指標の値が目指すべき方向に推移した場合に PBR の向上と有意な相関性が認められた関係性を指す。たとえば，CO_2排出量は減少，女性管理職比率は増加を目指す指標と考えられる。なお，p 値0.05未満，かつ自由度調整済決定係数0.5以上であることを条件として相関性が認められたとしている。

32　「日本企業の企業価値を高める ESG 指標トップ30」のランキング方法としては，2019年8月〜2022年5月までの期間に分析を実施した日本企業数十社を対象（正確な会社数はアビームコンサルティングの方針で非開示）として，（企業によって指標の有無も異なってくるので）「望ましい相関が出た企業数/該当指標で分析した企業数」という望ましい結果（注記9）が出た企業の割合が多い指標の順番をランキングした。ただし，分析した企業があまりに少ない指標は除いて，少なくとも対象企業の20%以上の企業で分析した指標の中でのランキングとしている。

| 図表 9-20 | 日本企業の企業価値を高める ESG 指標トップ30 |

順位	ESG 区分	ESG トピック	指標名（一般的な名称に置換して記載）	単位
1	E	循環型社会の実現	原材料使用量	t
2	S	従業員の採用	キャリア採用数（男性）	人
3	S	従業員の採用	キャリア採用数（女性）	人
4	S	従業員の定着	退職者数/離職者数（女性）	人
5	S	人材の登用	新規管理職登用数	人
6	S	人材の育成	総研修時間	時間
7	S	知的財産の獲得・保護	登録特許件数	件
8	S	労働災害の防止	労働災害度数率	%
9	E	循環型社会の実現	産業廃棄物排出量	t
10	E	循環型社会の実現	リサイクル率	%
11	S	地域社会との関わり	工場・ミュージアム・ショールームなどの見学来場者数	人
12	E	循環型社会の実現	排水量	m^3
13	S	従業員の採用	社員数	人
14	E	循環型社会の実現	紙消費量	t
15	S	仕事と育児の両立	子の看護休暇取得者数	人
16	E	気候変動への対策	CO_2排出量-スコープ2	$t\text{-}CO_2$
17	S	仕事と育児の両立	育児休職取得者数（女性）	人
18	S	仕事と育児の両立	育児短時間勤務利用者数	人
19	E	循環型社会の実現	グリーン調達率	%
20	E	大気汚染物質の排出削減	NOx排出量	t
21	E	気候変動への対策	CO_2排出量原単位	$t\text{-}CO_2/円$
22	S	従業員の定着	退職者数/離職者数（男性）	人
23	S	従業員の採用	女性採用比率	%
24	S	人材の育成	海外トレーニー制度利用者数	人
25	S	人材の育成	従業員一人あたり研修費用	円/人
26	S	人材の育成	従業員一人あたり研修時間	時間/人
27	S	労働災害の防止	休業災害度数率	%
28	G	役員体制の強化	社外監査役人数	人
29	E	気候変動への対策	電気消費量	kWh
30	S	従業員の採用	障がい者雇用率	%

（出所）アビームコンサルティング株式会社（2022），「企業価値を向上させるESG指標TOP30~ESGを起点としたデータドリブン変革の実現に向けて~」（2022年6月公開）。

てその値が50%に達する企業はまだ少なく，積極的な推進が必要なのが現状
である。もちろん，実際にどのような従業員を採用することが多様性の確保
につながるかは各社の状況によっても異なる。企業は性別に限らず個社の状
況に応じて多様性を考慮し，今までリーチできていない層からも積極的に優
秀な人材を獲得していくことが重要だろう。

● 従業員の定着

　「従業員の定着」に関する指標では，性別により順位に差が出ている。「退
職者数/離職者数」は男性（22位）よりも女性（4位）の指標がより上位に位置
しており，企業においては特に女性の人材のリテンションが重要であると考
えられる。そして，その第一歩となる活動として，「仕事と育児の両立」があ
げられる。トップ30に入る指標の中には「子の看護休暇取得者数」(15位)，「育
児休職取得者数（女性）」(17位)，「育児短時間勤務利用者数」(18位)など，さ
まざまな働き方を求める従業員の定着とは切り離すことができない指標が多
く含まれる。また，「仕事と育児の両立」は女性だけではなく，すべての従業
員の働きやすさに関係する。「子の看護休暇取得者数」(15位)，「育児短時間勤
務利用者数」(18位)は，女性に限らず全社合計数の指標がランクインしてい
る。

● 人材の育成

　「人材の育成」という観点では，「総研修時間」（6位）や「従業員一人あた
り研修費用/時間」（25位/26位）といった指標が挙げられており，育成の重要
性が示された。特に，「海外トレーニー制度利用者数」(24位)は，グローバル
人材の育成といった具体的なトピックに対しての潮流を反映している点が興
味深い。ただし，本来は研修や育成に関して各社が従業員の属性ごとに方針
や目的，それを達成するための施策が整理されているべきである。これは人
材の育成に限った話ではなく，人材の採用〜定着〜育成の流れ全体，ひいて
は企業活動全体の中で，一貫して施策と効果の繋がりを確認していくべきと
言えるだろう。

　上記のとおり，**図表 9 -20**からは人的資本に関する多くの取組みが企業価値の
向上に寄与することが示唆された。人材育成に係る費用や働きやすい環境構築
のための費用等，一般に財務会計上費用とされる取組みが，中・長期的には企
業価値を向上させる要素だということが示されており，柳・杉森（2021）で実証

された人件費と企業価値との関係性とも通ずる。そしてこれはかねてから，多くの経営者，投資家らが「人材が企業価値の源泉」と信じてきたことの実証だということができよう[33]。

このように「柳モデル」と Digital ESG の活用により自社の ESG の取組みと企業価値との関係性の定量的な可視化が可能になる。ここで肝要となるのが，その定量化した情報をいかに経営管理に組み込み，更なる企業価値向上に繋げるかということである。

ここからは，**図表 9-20**のトップ30を構成する企業であり，なおかつ「柳モデル」分析結果を積極的に開示や投資家とのエンゲージメントに活用している日清食品 HD をケーススタディとして取り上げる。

日清食品 HD は，「柳モデル」分析により「研究開発費」や「社会課題に貢献する商品数」や「CO_2排出量」等の複数の ESG の KPI が企業価値の向上に寄与していることを実証し，統合報告書（NISIN VALUE REPORT 2021）に掲載，および投資家・アナリスト向けの説明会にて公開した（**図表 9-21**）。「Creative & Unique なコミュニケーションによるブランド力向上」が記載されているように，同社においても創造的な人材の育成と組織基盤の構築による企業ブランドの向上が，企業価値向上に寄与することが実証されており，人的資本への取り組みの重要性を再確認できる。

同社の開示で特筆すべき点は，「柳モデル」を用いた定量的な分析結果を自社の定性的な情報と結び付け，大局的に整理している点である。具体的には，ESG の活動が企業理念として掲げる「ミッション：創業者精神」に基づくものであることを説明し，「（非財務に関する）重点取組テーマ」として設定する定性的な実践と，「柳モデル」分析による定量的な実証の両面から企業価値との関係性を示している。これにより，「ミッション」という確固たる意志に基づいて取り組んできた活動の成果が企業価値向上へと繋がることを企図している。

33　人的資本に関連する取組みの推進が企業価値向上に寄与するトピックに着目してきたが，取り組みが後手になると企業価値毀損のリスクを孕む要素にも言及したい。社員の安全衛生（「労働災害度数率」（8 位），「休業災害度数率」（27位））や人権に係る取組みがこれに当たる。また人権などの一部の分野については，まだ定量化，データの蓄積が進んでおらずトップ30に表出してはいないが，今やこれら要素への配慮を欠いた企業は即時に市場から糾弾され，企業価値を大きく毀損することになる。企業価値向上の要素として筆頭に挙がることは少ないが，こうした企業の大きなリスクとなる分野についても，トップ30に挙げられるような取り組みと同等に重要課題として扱うべき対象であることを忘れてはならない。

| 図表 9 −21 | 日清食品 HD「柳モデル」分析結果の開示 |

2．創業者精神に基づく非財務の取り組みと企業価値の関係性の可視化・分析　NISSIN GROUP

▌① Return On Sustainability Index（俯瞰型分析）
創業者精神に基づく当社の活動が，定性面*に加えて定量データに基づく分析**の側面からも企業価値向上に繋がることを明らかにした

ESG-KPI（抜粋）と企業価値へのインパクト**	ミッション：創業者精神	当社の重点取組テーマ（非財務）
・市場規模の拡大（2年後に＋8.5%）　ESG-KPI を 1%改善した際，"何年後"に"何%PBR が向上するか"を示す	**食足世平** 食が足りてこそ世の中が平和になる	・食の安全安心 ・持続可能なサプライチェーンの構築
・研究開発費（7年後に＋1.4%）・Creative & Unique なコミュニケーションによるブランド力の向上（6年後に＋5.5%）	**食創為世** 世の中の為に食を創造する	・食の安全安心／人材育成，イノベーティブな組織基盤の開発 ・責任ある製品表示・お客様コミュニケーション
・社会課題に貢献する商品数（当年に＋1.0%）・食育イベントの開催数（7年後に＋0.7%）	**美健賢食** 美しく健康な体は賢い食生活から	・テクノロジーによる食と健康のソリューション提供／責任ある製品表示・お客様コミュニケーション
・育児短時間勤務：女性（1年後に＋0.7%）・プラスチック使用量（4年後に＋1.2%）・CO_2排出量（8年後に＋1.0%）・水使用量（10年後に＋1.8%）	**食為聖職** 職の仕事は聖職である	・食の安全安心／責任ある製品表示・お客様コミュニケーション ・気候変動問題へのチャレンジ ・資源有効活用へのチャレンジ

（左："定量"によるアプローチ　右："定性"によるアプローチ）

*　SASB マテリアリティマップをはじめとする各種外部評価機関の項目を考慮し，将来的な財務インパクトが高いと想定される ESG 要素を特定した当社の重点取組テーマ
**　"CFO ポリシー（中央経済社2020）"にて柳良平氏が開発したモデルに基づき，アビームコンサルティング株式会社の Digital ESG Platform で分析（2021年3月）

（出所）　日清食品 HD（2022年3月）投資家・アナリスト向けミーティング プレゼンテーション資料，p. 8。

　既述のとおり「柳モデル」では「モデル，実証，開示，対話」の4つのトータルパッケージにより世界の投資家を説得し ESG の見えざる価値を企業価値に繋げていくことを想定している。日清食品 HD はまさにそれを実践しているのである。日清食品 HD は分析結果を開示した年に「日経 ESG ブランドランキング」の総合順位を大きく躍進させた[34]。「柳モデル」をトータルパッケージで活用したことにより，多様なステークホルダーへの「自社の ESG の見えざる価値」の訴求に成功した事例といえよう。

34　日経 ESG「第 3 回 ESG ブランド調査」より。日清食品 HD は総合 9 位（前年度総合38位）。

　なお，日清食品 HD は毎年「柳モデル」の重回帰分析を行い，アップデートしていくと明言している。もちろん，ミッションまたはパーパスこそが「目的」であり，「柳モデル」や ESG 経営はそれを達成するための「手段」である。

第10章 インパクト加重会計（IWA）による定量化

第9章では，「柳モデル」に基づいて，ESGのPBRへの遅延浸透効果を回帰分析で測定して，その感応度分析を行い，エーザイおよびTOPIX100, 500を対象として，人的資本・知的資本への投資である人件費・研究開発費が5－10年かけて，事後的・長期的に企業価値向上に正の影響を及ぼす関係があることを示唆した。

そして，これを根拠として，筆者はエーザイCFO（当時）として，ESG会計の簡便法で，人件費・研究開発費を足し戻したESGの営業利益である「ESG EBIT」を用いて「エーザイの統合報告書2020/価値創造レポート2021」で開示した。

エーザイのESG EBITでは，「人件費は費用ではなく投資である」として，100％を価値評価しているが，「全ての人件費が価値創造的ではなく，良い人件費，悪い人件費もあり，マイナス項目も斟酌すべき」という視点も含めて追加的なESG会計を模索してきた。

ESG会計の先行事例としては，ハーバード・ビジネス・スクール（HBS）のGeorge Serafeim教授が主導するインパクト加重会計イニシアティブ（IWAI）がある。George Serafeim（2021）によれば，IWAIはインパクトの測定（Impact Measurement）として，ESGがもたらすさまざまな社会的インパクト（環境インパクト，雇用インパクト，製品インパクト）を勘案して従来の会計情報（GAAP）に調整を加える簡便法を提唱している。

小平（2021）は「社会的に最低限必要で公正と考えられる水準を上回る部分の給与は，従業員の生活水準の改善や満足度の向上に結び付きやすい。したがって，費用ではなく社会的な価値の創造と考えるべきではないか」とセラフェイム教授の主張を紹介している。そして，その小平（2021）が日本経済新聞で記述したように，筆者はHBSの認める日本第1号のIWAIのケースとして，セラ

フェイム教授のチームと共同研究を行い，「エーザイの従業員インパクト会計」（柳（2021））を算出し，エーザイの「価値創造レポート2021」で開示して世界の投資家と議論してきたので後述する。

因みに，「インパクト投資の父」とも呼ばれるロナルド・コーエン卿は著書（Cohen（2021））の中で，「測定できないものを管理することはできない，というのは経営の基本原則だ。正確なデータ，信頼できる測定が真の改革には不可欠だ」として，「だからこそ，HBS が生み出した IWAI は極めて重要なのだ。インパクトの貨幣換算によって，ポートフォリオ理論は次のステージに持ち上げられる。リスク・リターンの最適化と同様に，リスク・リターン・インパクトの最適化ができるようになるだろう」と主張している。

株主資本主義からステークホルダー資本主義(あるいはインパクト資本主義)へと変遷する中で，ESG やインパクトの定量化と開示の重要性が高まっている。日本でも2021年に誕生した岸田内閣は「新しい資本主義実現会議」を発足させたが，その中で渋澤健委員により，本章で述べる「柳モデルとエーザイの従業員インパクト会計」が参考事例として紹介された（内閣官房のウェブサイト参照）。一方，グローバルに俯瞰すると，2021年7月，英国政府は G 7 議長国として「インパクトタスクフォース2021」を立ち上げた。筆者は，インパクトの定量化，報告，会計に関する議論（Workstream A）に唯一の日本人として参加し，2021年12月の英国政府への最終報告書では，Impact Monetization の先行事例として「エーザイの従業員インパクト会計」が採択されている（G7 Impact Taskforce 2021）。また，HBS の IWAI チームの論文でも「柳モデル」を記載する一方で，HBS の関与した世界のインパクト加重会計のベストプラクティス 3 社として「エーザイの雇用インパクト会計」が韓国の SK グループ，スペインの Acciona とともに紹介されている（Panella and Zochowski（2021））。

第1節　IWAI 日本第1号としての「雇用インパクト会計」の開示

知る限り世界で初めて，筆者が「一企業（エーザイ）」の ESG の PBR に対する遅延浸透効果を重回帰分析で実証して開示したことが，HBS のセラフェイム教授の目に留まり，2021年に入り，HBS と「IWAI 日本第1号」の共同研究の契約を結んだ。すでに「柳モデル」の実証でエーザイの人件費が 5 年後の企業価値を高めることを証明していたことから，特に第1弾としては，雇用イン

パクトにフォーカスして，IWAIのフォーマット（Freiberg, Panella, Serafeim and Zochowski（2020））を日本流にアレンジして，「エーザイの従業員インパクト会計」を試算した。この結果は小平（2021）はじめメディアにも取り上げられ，投資家とのエンゲージメントでも高い評価が得られている。「エーザイ価値創造レポート2021」で開示した，ESG会計（IWAIの雇用インパクト会計）を**図表10-1**に掲示する。

　エーザイの「従業員インパクト会計（雇用インパクト会計）」の試算の前提は次のとおりである。

　　・エーザイ単体（日本）を取り扱い，今回の計算では海外の従業員は含まない。基準日は2019年末とした。従業員総数は3,207名，年間給与支払総額（12月基準で年換算）は358億円，平均年収理論値は11,148千円[1]。

図表10-1　エーザイ（単体）の「従業員インパクト会計」（IWAIの日本初の事例）

従業員インパクト会計　エーザイは2019年に269億円の正の価値を創出

エーザイ 従業員インパクト会計（単体）				（単位：億円）
年度	2019	Joint-research w/HBS for IWAI		
従業員数	3,207			
売上収益[1]	2,469			
EBITDA[1]	611			
給与合計	358			
従業員へのインパクト	インパクト	EBITDA（%）	売上収益（%）	給与（%）
賃金の質[2]	343	55.99%	13.87%	95.83%
従業員の機会[3]	(7)	−1.17%	−0.29%	−2.00%
小計	335	54.82%	13.59%	93.83%
労働者のコミュニティへのインパクト				
ダイバーシティ[4]	(78)	−12.70%	−3.15%	−21.73%
地域社会への貢献[5]	11	1.81%	0.45%	3.09%
小計	(67)	−10.89%	−2.70%	−18.64%
Total Impact	269	43.93%	10.89%	75.19%

※1　売上収益・EBITDAはセグメント情報から一定の前提で按分
※2　限界効用・男女賃金差調整後
※3　昇格昇給の男女差調整後
※4　人口比の男女人員差調整後
※5　地域失業率×従業員数×（年収−最低保障）

・エーザイ単体の売上収益，EBITDA は，セグメント情報から一定の比率で按分。正式のエーザイの個別財務諸表とは一致しない[2]。「実力理論値」ベースを HBS と試算した。

　こうした前提の上で，筆者と HBS で協議して日本流にアレンジした IWAI の「雇用インパクト会計」の計算方式を解説する。ESG 会計の価値提案による「ESG EBIT」のように人件費は「費用」ではなく，「投資」として営業利益に足し戻すべきもの，あるいは社会的インパクトを創出するものとして認識すべきであるが，人件費100％全額の足し戻しには一部の投資家から批判もあった。そこで，今回は人件費総額を価値創造と見做さずに，IWAI のフォーマット（Freiberg, Panella, Serafeim and Zochowski（2020））を日本企業に合わせて微調整の上で適用して，給与総額に限界効用，男女賃金差，昇進昇級の機会，多様性，地域社会への貢献を加減することで，より精緻に雇用インパクトを試算した。

　まず，「賃金の質」であるが，はじめに日本のエーザイ従業員居住地の最低生活賃金[3]を勘案するが，エーザイの年収は高く，全て付加価値とした。さらに，そのエーザイの給与総額358億円から，限界効用逓減分と男女賃金格差補正分を差し引いて「賃金の質」を計算している。限界効用は Jebb, Tay, Diener and Oishi（2018）からエーザイの従業員が勤務する都道府県の生活水準も加味して修正して，従業員の給与満足度を HBS が計算した。その結果，エーザイ従業員の給与満足度の飽和点は年収11,990千円（加重平均）となった。つまり，それ以上の年収の従業員給与には限界効用逓減の法則から価値創造を減額（年収が高いほど満足度は100％とはならず低減していく）している。また，階層別・役職別の男女賃金差を算出し，女性従業員が男性従業員よりも平均給与が低い部分を減額して調整している。因みに国内企業平均との比較では，エーザイは経営層の男女賃金格差の比率は変わらないものの，中間管理職[4]やエントリーレベルで

1　12月末基準で年換算しているため，2019年度有価証券報告書（3月末基準）の開示ベースの平均年収と厳密には一致しないが，概ね等しい水準。

2　日本の親会社がパートナーからのマイルストーンを収益認識する金額が多い一方で，海外子会社の研究開発費を本社から補填するなど，特殊な会計処理が正規の財務諸表に大きく影響してしまうため，セグメント情報から「実力理論値」を試算した。

3　エーザイ従業員が勤務する都道府県の4人家族の最低生活賃金の平均値は年収2,832千円であった。ただし，データの入手が困難であった都道府県もあり，計算のカバー率は92％である。

は日本の平均を大きくアウトパフォームしており，相対的な男女賃金差は小さい。その結果，給与総額358億円に対して，社会的インパクトを創出する「賃金の質」は343億円となった。この結果，人件費総額100％ではなく，調整後の人件費を賃金の価値創造と定義した。

　次に「従業員の機会」は，機能別・職階別に男女比率を算出し，上級管理職比率がエーザイの全体の女性従業員数の比率である23％になるように昇進昇格を平等化して試算したギャップを控除している。この調整は 7 億円の減額となっている。

　「ダイバーシティ」の項目では，エーザイの女性従業員比率を日本の女性人口比率51％まで高めるために，不足分の909名をエントリーレベルで新規雇用したと仮定して78億円をインパクトから減算して，男女雇用者数を平等化する計算[5]をしている。

　最後に「地域社会への貢献」では，エーザイ従業員の勤務する全都道府県のそれぞれの失業率と最低生活賃金を加味して，エーザイ従業員の雇用が地域社会に作り出す社会的インパクトを試算した[6]。その結果，エーザイの雇用は各都道府県に11億円の社会的インパクトを創出している。因みに従業員 1 人当たりの雇用インパクトが大きいのは沖縄県，青森県，大阪府であり，総額としての雇用効果が大きいのは東京都，茨城県，岐阜県[7]であった。

　これらの加減算の結果，エーザイ単体の給与総額358億円のうち，269億円が「正の社会的インパクト創出」として認識されたことになる。これは，給与総額の75％にあたり，EBITDA 試算値の44％にあたる。ESG 会計ではエーザイの従業員インパクトを加味すると ESG の EBITDA は会計数値の 4 割増の価値がある。また人財投資効率は75％と高い。

　参考までに HBS の試算した米国優良企業のケースと比べてみても，エーザイの人財投資効率は優れていると言えよう。**図表10- 2** を参照していただきたい。

4　たとえば，日本企業の平均では中間管理職の女性賃金は男性の89％であるが，エーザイの女性中間管理職の賃金は男性の96％となっている。

5　女性従業員不足数909名×エントリーレベルの平均年収8,549千円＝78億円

6　各都道府県の平均失業率×エーザイの従業員数×（エーザイの平均年収－各都道府県の最低生活賃金）

7　エーザイは東京都文京区に本社を置き，茨城県つくば市にメインの研究所を有し，岐阜県川島町にマザー工場がある。

| 図表10- 2 | HBS 試算によるエーザイの人財投資効率の米国企業との比較 |

従業員インパクトの他社比較：米国優良企業と比較しても高い人財投資効率

地域，産業にかかわらず同様の傾向が見られる

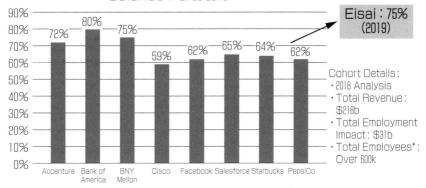

Note: Due to insufficient data, certain analyses were excluded from this company cohort that are important to understanding organizational employment impact. These dimensions are illuminated in "Accounting for Organizational Employment Impact" (Freiberg et al, 2020), and include: Wage Equity, Career Advancement, Safety, Culture, and Workplace Wellness.
*Number of employees as reported in company-filed EEO-1 disclosure. All employees assumed to be Full Time. Future analyses will incorporate Part Time and supply chain workers to depict more comprehensive workforce.
**EBIT is used in place of EBITDA for Bank of America and BNY Mellon.

Source: HBS for IWAI

　エーザイの人財投資効率（IWAI 方式による従業員インパクト÷給与総額）は 75％であるが，HBS の試算した米国のブルーチップと比べてみると，エーザイの人財投資効率は，ペプシコ，スターバックス，セールスフォース，ファイスブック，シスコを凌駕して，アクセンチュア，バンクオブアメリカ，BNY と肩を並べてトップグループに入る[8]。

　これらも簡便法による参考数値ではあるが，IWAI の日本第 1 号のケースとして，「雇用インパクト会計」に関して HBS との共同研究を行い，その結果を

　8　IWAI の米国企業との比較では規模や計算基準の違いには留意が必要である。たとえば米国企業では都道府県ではなく州ごとのデータを使用している。また，多様性は男女差に加えて，多民族国家として米国の研究では人種別差異も勘案されている。

「エーザイ価値創造レポート2021」で開示したことは日本企業のESGの定量化や説明責任の改善に一石を投じたと考えている。

　参考までに，HBSの論文（Fadhel, Panella, Rouen, Serafeim（2021））でも雇用インパクトの「賃金の質」，「ダイバーシティ」がトービンのQ（PBRと近似値）と正の相関をもつことが実証されている（P値は1％未満で有意）。

　この「エーザイの従業員インパクト会計」では，HBS（IWAI）のセラフェイム教授のチーム（当時）の3名（George Serafeim, David Freiberg, Katie Panella）の多大なる貢献があった。また，当時のエーザイ社内でもの庄門充財経本部長はじめ財務部門，人事部門，開示部門から献身的な協力を得た。さらに，CEOや社外取締役の支持・支援をいただいた一方で，従業員組合幹部のグループにも「決算労使協議会」の場でこのエーザイの「従業員インパクト会計」を説明したところ，強い賛同と共に「インパクト加重会計で日本の従業員が大きな価値創造を果たしていることが数値で明らかになった」，「人財投資効率が米国企業と比べてもトップクラスとは嬉しい」，「社員は大変モチベーションが上がる」とのフィードバックが得られた。

第2節　顧みられない熱帯病治療薬の無償配布の「製品インパクト会計」

　第8章第5節にも記述したように，エーザイはグローバルヘルスの一環として，開発途上国・新興国の方々に必要な医薬品を提供するために，医薬品アクセス（ATM）活動によるSDGs貢献に取り組んでいる。ATMは国籍や経済格差，社会的地位を問わず，生きるために不可欠なものであるが，世界には疾患に対する十分な知識もなく，必要な医薬品を入手できない人々が約20億人いると言われており，その多くは開発途上国・新興国の貧困層の人々である。

　特にエーザイは，世界保健機構（WHO）と2010年11月にリンパ系フィラリア症（LF）治療薬DEC錠（ジエチルカルバマジン錠）の無償提供に合意，2010年から開発し，2013年にWHOの事前認定を取得し，製造・供給している。さらに2017年のロンドン宣言5周年記念イベントで，DEC錠を必要とするすべてのLF蔓延国において制圧が達成されるまで，2020年以降も継続提供することを発表している（2020年度末時点でWHOを通じてLF蔓延国28カ国に無償提供したDEC錠は20.2億錠）。

　LFは蚊を媒介として感染する顧みられない熱帯病（NTDs：Neglected Tropical Diseases）の１つで，開発途上国を中心に世界で約8.93億人が感染のリスクに晒されている。WHO は LF の制圧に向け，LF 蔓延国において治療薬の集団投与（MDA）を行っている。エーザイは，MDA に用いられる３種類の LF 治療薬のうち，DEC 錠を無償で提供しているが，これを「長期投資」と位置付けている（エーザイ価値創造レポート2021）。

1　世界初のグローバルヘルスの製品インパクト会計

　前節のように，柳（2021）では，日本初のインパクト加重会計（IWA）による「エーザイの従業員インパクト会計」を公表した。

　今回は，エーザイの DEC 錠という製品の無償提供による社会的インパクトを，筆者と Co-Founder, Impact Weighted Accounting Japan のデビッド・フリーバーグ氏が共著論文（柳・フリーバーグ（2022））でインパクト加重会計（IWA）により測定したので紹介したい。これは，エーザイの協力[9]のもと計算した，知る限り世界初のグローバルヘルスの「製品インパクト会計」（IWA フレームワーク：Serafeim and Trinh（2020））である。その主な前提は以下のとおりである。

- ・WHO との契約に基づく2014年から2018年の５年間のエーザイの DEC 錠の無償提供（プライス・ゼロ）実績の社会的インパクトを定量化する。
- ・当該５年間の DEC 錠の無償提供は16億錠，総投資額（製造コスト）は約24億円，GSK の LF 治療薬との２剤併用による MDA で開発途上国25カ国への DEC 錠提供。
- ・DEC 錠の１人当たりの服用数は体重により変動する。WHO によれば１回の投与で DEC 錠は平均2.5錠使用されている。５－６回の MDA で LF はコントロールできるとされる（Stone et al.(2016)）。エーザイは当該５年間で16億錠の DEC 錠を提供し，1.5億人に予防的投与が施され，760万人が慢性的な LF を回避でき，10億回のリンパ炎急性発作（ADL）[10]の回避ができた。
- ・エーザイの「ジエチルカルバマジン」と GSK の「アルベンダゾール」の２つの LF 治療薬の併用療法で MDA を行った期間，国・地域に限定した計

9　特にエーザイの飛弾隆之氏，庄門充氏から多大なるご協力を得た。概要はエーザイの統合報告書（エーザイ価値創造レポート2022）で開示されている。
10　ADL の急性発作は平均４日間症状が継続して労働生産性は75％失われる。DEC 錠はその急性発作の発生頻度を減らすことができる。

算。その社会的インパクトの貢献を50：50に帰属するものと仮定して，全体のインパクトの半分をエーザイの社会的インパクト創造とした。

（Quantity）

MDA によって DEC 錠の提供を受けた人数が計算サンプルの量になるが，すべての人が薬の服用から同じ恩恵を受けるわけではないので，インパクトによって次の3つの「恩恵ごとのグループ（Benefit Cohorts）」に分類した。

Benefit Cohort 1：MDA によるリスク人口低減により LF に感染することが避けられた人々

Benefit Cohort 2：LF に感染しながらも無症候性から臨床疾患の状態への病状の悪化が回避できた人々

Benefit Cohort 3：LF に感染して臨床疾患の状態にありながらもさらなる病状の悪化を回避できた人々，あるいは病状が回復した人々

その内訳と人数は**図表10-3**をご覧いただきたい。

図表10-3　DEC 錠無償提供の恩恵を受けたインパクトごとの人数

	人数・回
2014-2018年の DEC 錠の総投与回数[11]	649,389,200
2014-2018年に DEC 錠の投与を受けた人数[12]	150,908,621
DEC 錠の提供で LF の感染リスクが減った人数[13]	118,420,643
DEC 錠の恩恵を受けた人数の合計	19,312,041
Benefit Cohort 1[14]	11,842,064
Benefit Cohort 2[15]	2,489,992
Benefit Cohort 3[16]	4,979,984

（出所）　Turner et al.（2016），Chu et al.（2010），Stone et al.（2016）.

11　計算上，2014-2018年の5年間でエーザイが無償提供した DEC 錠16億錠を，1回の投与の平均値2.5錠（WHO）で割った数。
12　DEC 錠の投与を受けた人数については，5年間の全ての MDA のラウンドにおける平均投与人数を25カ国分集計して，異常値排除して計算している。
13　LF の感染リスク減少は，Turner et al.（2016）および WHO から推計して，MDA の回数によりリスク低減効果の係数を加重平均して計算している。

（Duration）

MDA の影響は予防や教育も含めて生涯継続するので DEC 錠の効果は超長期に及ぶものである。したがって効果の発現する期間は Benefit Cohort ごとの人々の平均余命とした。

（Access）

製品アクセスについては，エーザイは無償で DEC 錠を提供しているので問題はない。

（Quality）

DEC 錠提供による効果測定として次の 4 つの健康や病状の改善点を評価した。

・感染リスクに晒されている人口とそれ以外も含めて LF 蔓延を低減できたか。
・リンパ炎症による急性発作（ADL）の頻度を減らせたかどうか。
・慢性の陰嚢水腫（hydrocele），リンパ浮腫（lymphedema）を減らせたかどうか。
・LF 感染後の無症候期から臨床疾患の段階への悪化を阻止できるか。

ここから，Turner et al.（2016）等をもとにして，LF の病状の変化と治療インパクトのフローチャートをモデルにすると**図表10- 4** のようになる。

効果的な MDA の適用（特に 5 - 6 ラウンドでほぼコントロールできる）により LF 感染リスクに晒されている人口を低減することができ，そのうちの10%は LF に感染するリスクがあったところ感染しないで済む恩恵に預かれる。これが Benefit Cohort 1であり，DEC 錠の無償提供で約12百万人が救われたことに

14　DEC 錠の提供で LF の感染リスクが減った人数の10%が，投与しなければ LF に感染したと想定されるので，感染回避の恩恵を受けた人数は，118,420,643人×10%＝11,842,064人になる。

15　LF リスク人口の10%が感染し，そのうち66%が無症候性の感染である。そしてその50%が臨床疾患の状態への病状が悪化する。DEC 錠投与によりこの無症候性から臨床疾患の状態への病状の悪化を避けられた人数。

16　LF リスク人口の10%が感染し，そのうち33%が臨床疾患の状態になる。この臨床疾患の状態にありながらもさらなる病状の悪化を回避，あるいは病状が回復した人数。

図表10-4	LF の病状と治療インパクトのベースラインモデル

（出所）　Turner et al.（2016）.

なる。また，LF 治療薬により，LF 感染後の無症候期から臨床疾患の段階への悪化を50％阻止できる（Benefit Cohort 2）。そして，DEC 錠投与により，慢性のLF 患者のADL 急性発作頻度を50％低減できる。さらに陰嚢水腫の患者の10％，リンパ腫患者の15％が5ラウンドのMDA で慢性症状の改善が得られる（Benefit Cohort 3）。

　そして，経済効果としては，年間300日の労働日数（前提）のうち，慢性の陰嚢水腫の患者では15％の日数（45日），リンパ腫患者では19％（57日）の労働日数を喪失しており，これに最低賃金（国際労働機関：ILO と Turner et al.（2016）より25カ国ごとに算出）を掛けると，DEC 錠投与による陰嚢水腫，リンパ腫の罹患回避または病状改善により，取り戻せる25カ国の年間賃金総計を計算できる。また急性 ADL は平均4日間症状が継続して労働生産性は75％失われるところ，DEC 錠は急性発作の頻度を減らすので，取り戻せる労働時間に最低賃金を乗じた年間総賃金が DEC 錠によって得られる。さらに DEC 錠はヘルスケアコストも削減できる（年間の DEC 錠投与の恩恵の内訳：賃金回復95％，医療費削減5％）。そして，こうした毎年のインパクトは生涯続くものであるので，平均余命の間継続する。平均余命は Benefit Cohort 1，2では43年，Benefit Cohort

3では33年であるので，それを乗じて通算の総インパクトを算出することができる。

【DEC錠無償提供により取り戻せる労働時間×最低賃金×平均余命×人数
＋回避できる医療費×平均余命×人数＝製品インパクトの総計】

2　5年間のDEC錠無償提供は7兆円の社会的インパクトを創出

　こうした開発途上国25カ国におけるライフスパンでの貢献から，IWAのフレームワークに依拠して，エーザイのDEC錠無償配布の社会的インパクトを試算すると**図表10-5**のような製品インパクトの会計になる[17]。

　エーザイは2014年から2018年の5年間で16億錠のLF治療薬であるDEC錠を開発途上国25カ国で無償配布して約7兆円の社会的なインパクトを創出したことになり，年平均約1,600億円の価値創造の貢献である。

図表10-5	エーザイのDEC錠無償配布の製品インパクト	
	ライフタイムの社会的インパクト（百万円）	年間平均の社会的インパクト（百万円）
Benefit Cohort 1	7,696,728	178,994
Benefit Cohort 2	5,072,366	117,962
Benefit Cohort 3	765,921	23,210
社会的インパクトの合計	13,535,015	320,165
エーザイの貢献による社会的インパクト創造	6,767,507	160,083

17　平均余命はBenefit Cohort 1，2では43年，Benefit Cohort 3では33年であるので，33年後からはBenefit Cohort 3の恩恵を計算に含めていない。また将来の便益は現在価値に割り引くべきとの考えもあるが，負担を将来世代へ先送りせずに今すぐ社会善を実行するIWAのポリシー（Freiberg et al.（2021））に従って割引現在価値を用いてはいない。既述のようにMDAはGSKとエーザイの2つの治療剤の併用であるので，貢献度を50：50と仮定してエーザイの社会的インパクトを2分の1にしている。

3　製品インパクト会計ではエーザイの EBITDA は 2 倍になる

　ここから IWA のフレームワークによるエーザイの製品インパクト会計は**図表10-6**のようになる。これは知る限り世界初のグローバルヘルスの製品インパクトの定量化と開示である。

図表10-6	エーザイのインパクト加重会計（製品インパクト会計）		
	FY2018	FY2019	FY2020
売上収益	642,834	695,621	645,942
EBITDA	120,805	163,618	92,877
DEC 錠の製品インパクト	160,083	160,083	160,083
インパクト加重会計の総利益	280,888	323,701	252,960
売上収益に対するインパクトの比率（％）	25％	23％	25％
財務会計上の EBITDA に対するインパクトの比率（％）	133％	98％	172％

（単位：百万円）

　エーザイの DEC 錠無償配布のライフタイムの社会的インパクトは約 7 兆円になる。これを平均余命（Benefit Cohort 1, 2 では43年，Benefit Cohort 3 では33年）で割ることで，エーザイ貢献分の年平均の社会的インパクトを計算すると約1,600億円になる。この約1,600億円を価値創造として財務会計上の EBITDA に加算すると，IWA ではエーザイの EBITDA はおおよそ 2 倍程度になる。製品インパクト会計では，顧みられない熱帯病 LF の治療薬 DEC 錠の無償提供は大きな企業価値を創出していることになる。

　顧みられない熱帯病治療薬の無償配布という ESG の S の価値創造（社会的インパクト）を製品インパクト会計で測定して開示することによって，従業員エンゲージメントでは，社員のモチベーション高め，インパクト投資家・ESG 投資家との対話では，一層有効なエビデンスになるだろう。

　すなわち，インパクト加重会計の計算と開示は，今期の PL（業績予想）に変化を与えなくても，顧客・社会・従業員を味方につけて長期投資家の支持を得て，資本コストを引き下げて長期的な企業価値向上に資すると考える。

第3節　まとめ：CFO の財務・非財務戦略が国富の最大化へ貢献する

　本書では，持続的に企業価値を高めるための「CFO の財務・非財務戦略」を論じてきたが，その内容はグローバルスタンダードの知見の高い海外投資家の企業サイドへの要望と合致する。たとえば，エンゲージメントのリーダーで世界中から尊敬を集める英国の長期投資家であるハーミーズは**図表10-7**のような内容を企業に要請している。

図表10-7　ハーミーズ原則「上場企業に期待すること」
1．企業は株主と率直かつ継続的にレベルの高い対話を行うべき 2．*企業は持続的に資本コストを上回るリターンを生み出すべき* 3．企業は投資計画を長期的な株主価値創造の視点から厳格に審査し，特に多角化やコア事業の拡大に係る M&A ではより高いハードルを適用すべき 4．企業は最適資本構成を企図して長期的な資本コストを最小化すべき，デットとエクイティのバランスを熟考すべき 5．*企業は長期的な株主価値の最大化も視野に入れて，他のステークホルダーとの関係を有効にマネージすべき* 6．*企業は長期的なサステナビリティを高める視点から，環境問題や社会的責任を有効にマネージすべき* 7．*コーポレートガバナンスでは，企業と株主の長期的な利益に資するように取締役会の客観性と独立性を担保すべき*。理想的には取締役会議長は業務執行から独立した社外取締役が担うべき（他の形式をとる場合には，株主に説明して正当化する必要がある）

（出所）　ハーミーズのサイトより筆者作成。

　CFO の受託者責任として持続的・長期的[18]な企業価値の最大化があり，その実現のためには，エクイティ・スプレッドに代表される高度な財務戦略に加えて，ESG という「見えない価値を見える化する」非財務戦略も必要になる。たしかに，ESG という定性的なものを ROE に代表される定量的な企業価値に統合して説明することはハードルが高いだろう。「ESG ジャーニー」の途中にあるのだ。

18　ショートターミズム（短期志向）は「柳モデル」の均衡を破壊する。たとえば，人件費・研究開発費を今期極端にカットすれば，今期の ROE は一時的にかさ上げできるが，持続性（サステナビリティ）がなく，将来的に人財のモチベーションが下がり，新製品も創出できないので，長期的 ROE は低下して，企業価値の総和は毀損される。

　絶対的な解はないが，本書で述べたように，以下の4つのトータルパッケージで「柳モデル」は初めて説得力を持ち，非財務資本とエクイティ・スプレッドの同期化につながると思料される。

1．ESGと企業価値を繋ぐモデル，概念フレームワークを策定して開示する。
2．ESGと企業価値の正の相関を示唆する実証研究の証拠を積み上げる。
3．統合報告書等で企業の社会貢献が長期的な経済価値に貢献する具体的事例を開示する。
4．世界の投資家とのESGエンゲージメントを徹底的に訴求する。

　この4つのうちどれか1つを欠いてもESGと企業価値を結びつけることはできない。この4つを有機的に関連させて業務の中で繰り返すことで，相関が因果になり，「柳モデル」はESGの定量化に貢献できるだろう。

　世界トップクラスの製薬企業（ビックファーマ）の一角であるNovartis社で社会的インパクト責任者を務めるSonja Haut氏は，2022年の著書"The Case for Impact"で「柳モデル」はじめ世界中のインパクトやESGの定量化の試みを紹介している。彼女は「必要な洞察を可能にするために，データは必ずしも完璧である必要はない。私にとって大切なのは一定の論点に光を当てられるかどうかである。もしそうであるなら，インパクト定量化はトップマネジメントに重要な論点に注目してもらえる助けになるだろう」と言っている。まさに「ESGジャーニー」なのである。

　本章では，第9章で紹介した実証研究に加えて，「柳モデル」を裏付けるインパクト加重会計を詳説した。世界の投資家は，日本企業に対して「ESGと企業価値の価値関連性を説明してほしい」と要望し，原則として相当程度，「ESGをPBRに織り込みたい」としている。日本企業における潜在的なESGの価値に鑑みれば，「柳モデル」の訴求により，非財務資本をエクイティ・スプレッドと同期化できれば，つまり，見えない価値を見える化できれば，PBRは大きく上昇してCFOの受託者責任としての企業価値の最大化が果たせるだろう。筆者は「柳モデル」の実現により，日本企業の企業価値は倍増できると信じている。そしてそれは，投資や雇用，年金リターンの改善を経由して国富の最大化に資する蓋然性が高い。次世代CFOが洗練された財務戦略と非財務戦略を遂行して，一層の価値創造を果たされんことを願ってやまない。

【参考文献】

石川博行（2010）『株価を動かす配当政策－コロボレーション効果の実証分析』中央経済社。

石川博行（2019）『会社を伸ばす株主還元』中央経済社。

井出真吾・竹原均（2016）「特許情報の株価への浸透過程の分析－Mid-term Alpha Driver としての技術競争力－」『証券アナリストジャーナル』54⑽：68-77。

伊藤和憲（2014）「管理会計の視点から見た統合報告」『企業会計』66(5)：83-88。

伊藤和憲・関谷浩行（2016）「インタンジブルズと企業価値に関わる理論的モデルの構築」『会計学研究』42：1-32。

伊藤和憲・西原利昭（2016）「エーザイのステークホルダー・エンゲージメント」『産業経理』76(2)：39-51。

伊藤邦雄（2015）「持続的成長を実現する変革シナリオ（記念講演）」『証券アナリストジャーナル』53⑿：49-61。

伊藤桂一（2022）「クオンツ：良い自社株買い，悪い自社株買い」『SMBC日興証券ストラテジーレポート』SMBC日興証券。

伊藤桂一・太田佳代子・藤川隆宗・佐藤史仁（2017）「日興ガバナンススコアの開発」『SMBC日興証券日本株ストラテジーレポート』SMBC日興証券。

音川和久（2000）「IR活動の資本コスト低減効果」『會計』158(4)：543-555。

加藤康之編（2018）『ESG投資の研究』一灯舎。

金融庁（2014）『責任ある機関投資家の諸原則（日本版スチュワードシップ・コード）－投資と対話を通じて企業の持続的成長を促すために－』。

金融庁・東証（2015）『コーポレートガバナンス・コード原案－会社の持続的な成長と中長期的な企業価値向上のために－』。

経済産業省（2014）『「持続的成長への競争力とインセンティブ－企業と投資家の望ましい関係構築－」プロジェクト（伊藤レポート）最終報告書』。

小平龍四郎（2021）「一目均衡：ESG15年，進化する会計」『日本経済新聞』2021年4月20日朝刊。

近藤一仁・柳良平（2013）『企業価値評価改善のための財務・IR&SR戦略』中央経済社。

鈴木一功（2024）「現預金保有と企業価値再考」『証券アナリストジャーナル』2024(4)：54-59。

須田一幸編（2004）『ディスクロージャーの戦略と効果』森山書店。

諏訪部貴詞（2006）「株主価値を向上させる配当政策」『証券アナリストジャーナル』2006(7)：34-47。

生命保険協会（2019）『株式価値向上に向けた取り組みについて』平成29年度生命保険協会調査。

セラフェイム，G.（2021）「ESG戦略で競争優位を築く方法」『DIAMONDハーバード・ビジネス・レビュー』2021(1)：30-44。

芹田敏夫・花枝英樹（2015）「サーベイ調査からみた日本企業の財務政策」『組織科学』49(1)：32-44。

東京証券取引所（2012）『企業価値向上表彰』。

東京証券取引所（2017）『資本政策に関する株主・投資家との対話のために－リキャップCB

を題材として－』。

東京証券取引所（2018）『改訂コーポレートガバナンス・コード－会社の持続的な成長と中長期的な企業価値の向上のために－』。

東京証券取引所編　柳良平・三瓶裕喜（2018）『企業価値向上経営セミナー：「資本コスト」認識の経営戦略上の意義（講義録）』。

冨塚嘉一（2017）「非財務資本は企業価値に結び付くか？　－医薬品企業の統合報告書に基づく実証分析－」『企業会計』69(7)：116-122。

中山淳史（2022）「Deep Insight：エーザイの『人財計算式』　人の価値を見える化する」『日本経済新聞』2022年2月20日朝刊。

西川郁生編　石川博之・柳良平他（2016）『企業価値向上のための財務会計リテラシー』日本経済新聞出版社。

西崎健司・倉澤資成（2002）「株式保有構成と企業価値－コーポレートガバナンスに関する一考察－」『日本銀行金融市場局ワーキングペーパーシリーズ』2002-J-4。

日本 IR 協議会（JIRA）（2016）（2018）『IR 活動の実態調査』日本 IR 協議会。

花枝英樹・芹田敏夫（2009）「ペイアウト政策のサーベイ調査：日米比較を中心に」『証券アナリストジャーナル』2009(8)。

藤井秀樹・山本利章（1999）「会計情報とキャッシュフロー情報の株価説明能力に関する比較研究－Ohlson モデルの適用と改善の試み－」『会計』156(2)：14-29。

柳良平（2008）「純資産配当率（DOE）の管理会計的利用」『企業価値』60(1)：90-96。

柳良平（2009）『企業価値最大化の財務戦略』同友館。

柳良平（2010）『企業価値を高める管理会計の改善マニュアル』中央経済社。

柳良平（2011）『日本型脱予算経営』同友館。

柳良平（2013a）「Equity Spread の開示と対話の提言」『企業会計』65(1)：86-93。

柳良平（2013b）「配当政策と IR の在り方に係る一考察」『インベスター・リレーションズ』2013(7)：58-77。

柳良平（2014a）「最適資本構成に基づく最適配当政策の重要性」『企業会計』66(7)：44-51。

柳良平（2014b）「日本版スチュワードシップ・コードと資本効率に係る一考察」『インベスター・リレーションズ』2014(8)：48-62。

柳良平（2014c）「管理会計と日本企業の現金の価値」『メルコ管理会計研究』7(1)：3-14。

柳良平（2015a）「エーザイの統合報告パイロット・スタディ」『企業会計』67(4)：106-113。

柳良平（2015b）「コーポレートガバナンス・コードと「株主との対話」－投資家サーベイの示唆とエンゲージメント・アジェンダの提案－」『インベスター・リレーションズ』2015(9)：68-84。

柳良平（2015c）「ROE 向上へ向けた企業と投資家の望ましい関係：伊藤レポートを受けて－投資家サーベイの示唆とエクイティ・スプレッドの考察－」『証券アナリストジャーナル』2015(6)：17-27。

柳良平（2015d）『ROE 革命の財務戦略』中央経済社。

柳良平（2016）「わが国ガバナンス改革はどう評価されたのか－2016年グローバル投資家サーベイをもとに－」『企業会計』68(6)：120-128。

柳良平（2017）「世界の投資家は日本企業をどう見ているか－2017年グローバル投資家サーベ

イの示唆するもの－」『企業会計』69(5)：108-114。

柳良平編著（2017）『ROE 経営と見えない価値－高付加価値経営をめざして－』中央経済社。

柳良平（2018）「ROE 経営と見えない価値を求める世界の投資家－2018年グローバル投資家サーベイの示唆－」『企業会計』70(11)：103-110。

柳良平 (2019a)「エクイティ・スプレッドを軸とした資本コスト経営」『企業会計』71(8)：41-49。

柳良平 (2019b)「IIRC-PBR モデルとグローバル医薬品セクターの ESG Materiality」『月刊資本市場』2019(11)：18-28。

柳良平（2021）「従業員インパクト会計の統合報告書での開示」『月刊資本市場』2021(9)：24-34。

柳良平（2022）「日本企業の価値創造に係る資本市場の視座の変遷－グローバル投資家サーベイ時系列分析（2007-2022）－」『月刊資本市場』2022(7)：42-53。

柳良平・伊藤桂一（2022）「ダイバーシティと企業価値の関係性：柳モデルと女性登用の実効性」『月刊資本市場』2022(5)： 4 -14。

柳良平・上崎勲(2017)「日本企業におけるコーポレートガバナンスと保有現金価値の関係性－平均的な企業の保有する現金の限界的価値の検証－」『インベスター・リレーションズ』2017 No. 11：22-40。

柳良平・杉森州平（2022）「知的資本の PBR への遅延浸透効果：『アスタミューゼスコア』と『柳モデル』の応用」『月刊資本市場』2022(2)：36-46。

柳良平・杉森州平（2023）「『柳モデル』と Digital ESG 適用事例からの示唆」『月刊資本市場』2023(2)。

柳良平/デビッド・フリーバーグ（2022）「顧みられない熱帯病治療薬無償配布の ESG 会計：グローバルヘルスの『製品インパクト会計』の新機軸」『月刊資本市場』2022(9)：38-49。

柳良平・目野博之・吉野貴晶（2015）「エクイティ・スプレッドと価値創造に係る一考察」『月刊資本市場』2015(7)：24-33。

柳良平・目野博之・吉野貴晶（2016）「非財務資本とエクイティ・スプレッドの同期化モデルの考察」『月刊資本市場』2016(11)： 4 -13。

柳良平・広木隆・井出真吾（2019）『ROE を超える企業価値創造』日本経済新聞出版社。

柳良平・吉野貴晶（2017）「人的資本・知的資本と企業価値（PBR）の関係性の考察」『月刊資本市場』2017(10)： 4 -13。

柳良平・山口絵里（2019）「ROESG モデルの提言と NY 州退職年金基金の事例」『月刊資本市場』2019(3)：14-23。

柳良平・伊藤桂一（2019）「ROESG モデルと自然資本のエビデンス」『月刊資本市場』2019(9)：36-46。

柳良平・杉森州平（2021）「ESG の PBR への遅延浸透効果と統合報告での開示」『企業会計』73(2)：112-120。

柳良平・長谷川恭司・寺口政行・小松雅彦（2024）「柳モデルの TOPIX 採用全銘柄への適用に係る実証研究の示唆」『月刊資本市場』2024(7)。

山口聖・馬場大治（2012）「日本企業の現金保有に対するマーケットの評価」『経営財務研究』2 (1.2)：108-122。

山を動かす研究会編 (2014)『ROE 最貧国　日本を変える』日本経済新聞出版社。

AFP (2011) "Current Trends in Estimating and Applying the Cost of Capital-Report of Survey Results 2011".

Agarwal, V., A. Liao, R. Taffler, and E. Nash (2008) "The Impact of Effective Investor Relations on Market Value", SSRN Working Paper.

Ammann, M., D. Oesch, and M.M. Schmid (2011) "Cash Holdings and Corporate Governance Around the World", Working Paper.

Asian Corporate Governance Association (2008) "White Paper on Corporate Governance in Japan", ACGA.

Black F. (1976) "The Dividend Puzzle", The Journal of Portfolio Management 2(2) : 5-8.

Botosan, Christine (1997) "Disclosure level and the cost of equity capital", The Accounting Review. 72(3) : 323-349.

Brav A., Graham J.R., Harvey C.R., Michaely R. (2005) "Payout policy in the 21st century", Journal of Financial Economics. 77(3) : 483-527.

Brealey R.A., Myers S.C., Allen F. (2002) "Principles of Corporate Finance Global Edition 10th Edition", McGraw-Hill.

Chu, B.K., Hooper, P.J., Bradley, M.H., McFarland, D.A. and Ottesen, E.A. (2010) The economic benefits resulting from the first 8 years of the Global Programme to Eliminate Lymphatic Filariasis (2000-2007), PLoS neglected tropical diseases, 4(6), p.e708.

Cohen, R. (2021) "Impact : Reshaping Capitalism to Drive Real Change", Morgan James Pub. (斎藤聖美訳, 2021『インパクト投資　社会を良くする資本主義を目指して』日本経済新聞社出版)

Cokins, G., and Shepherd, N. (2017) "The Power of Intangibles", Strategic Finance : 2017(5).

Cunningham, Lawrence A. (2008) "The Essays of Warren Buffet for Corporate America", Pan Rolling. (増沢浩一監訳, 2008『バフェットからの手紙』パン・ローリング社)

Dunn, J., S. Fitzgibbons, and L. Pomorski (2017) "Assessing Risk Through Environmental, Social and Governance Exposures", Journal of Investment Management.

Dhaliwal et al. (2011) "Voluntary Nonfinancial Disclosure and the Cost of Equity Capital : The Initiation of Corporate Social Responsibility Reporting", The Accounting Review, Vol. 86, 2011(1) : 59-100.

Dittmar A. and J. Mahrt-Smith (2007) "Corporate Governance and the value of cash holdings", Journal of Financial Economics 83 : 599-634.

Easton, P., G. Taylor, P. Shroff, and T. Sougiannis (2002) "Using forecasts of earnings to simultaneously estimate growth and the rate of return on equity investment", Journal of Accounting Research 40(3) : 657-676.

Fadhel, A., Panella, K., Rouen, E. and Serafeim, G. (2021) "Accounting for Employment Impact at Scale", Harvard Business School Accounting & Management Unit Working Paper No. 22-018.

Falsarone, A. (2022) "The Impact Challenge", CRC Press.

Fama, E., and K. French (1993) "Common Risk Factors in the Returns on Stocks and Bonds", Journal of Financial Economics 33 : 3-56.

Fernandez, P. and Campo J. (2010) "Market Risk Premium Used in 2010 by Analysts and Companies : A Survey with 2,400 Answers", SSRN.

Fombrun, C. and M. Shanley (1990) "What's in a Name? Reputation Building and Corporate Strategy", Academy of Management Journal 33(2) : 233-258.

Francis et al. (2000) "Comparing the Accuracy and Explainability of Dividend, Free Cash Flow, and Abnormal Earnings Equity Value Estimates", Journal of Accounting Research (38) : 45-70.

Freiberg, D., Park, D.G., Serafeim, G. and Zochowski, R. (2021) Corporate environmental impact : measurement, data and information, Harvard Business School Accounting & Management Unit Working Paper, (20-098).

Freiberg, Panella, Serafeim and Zochowski (2020) "Accounting for Organizational Employment Impact", Harvard Business School Accounting & Management Unit Working Paper No. 21-050.

Freiberg, Panella, Serafeim and Zochowski (2020) "Accounting for Organizational Employment Impact", Harvard Business School Accounting & Management Unit Working Paper No. 21-050.

Friede, G, Busch, T., Bassen, A. (2015) "ESG and financial performance aggregated evidence from more than 2000 empirical studies", Journal of Sustainable Finance & Investment (5) 4 : 210-233.

G7 Impact Taskforce (2021) "Financing a better world requires impact transparency, integrity and harmonization" (Workstream A).

Gompers, P.A., Ishii, J.L., Metrick, A. (2003) "Corporate Governance and Equity Prices", Quarterly Journal of Economics (118) 1 : 107-155.

Grewal, Hauptmann and Serafeim (2017) "Materiality Sustainability Information and Stock Price Informativeness".

Haut, S. (2022) "The Case for Impact".

IIRC (2013) "The International IR Framework. International Integrated Reporting Council".

IMA (1997) "Measuring and Managing Shareholder Value Creation." Statements on Management Accounting".

Jebb, Tay, Diener and Oishi (2018) "Happiness, income satiation and turning points around the world", Nature Human Behaviour volume 2 : 33-38.

Jensen, M.C. (1986) "Agency Cost for Free Cash Flow, Corporate Finance, and the Takeovers", American Economic Review 57(2) : 283-306.

Jensen, M.C. (2002) "Value maximization, Stakeholder theory, and the Corporate Objective Function", Business Ethics Quarterly 12(2) : 235-256.

Kaplan, Robert. S. and Norton David. P. (1996) "Using the Balanced Scorecard as a Strategic Management System", Harvard Business Review. January-February 1996.

Lev, B., Gu, F. (2016) "The End of Accounting and the Path Forward for Investors and Managers", Wiley Finance. (伊藤邦雄監訳, 2018『会計の再生』中央経済社)

Miller and Modigliani (1961) "Dividend Policy, Growth and Valuation of Shares", Journal of Business 34 : 411-433.

Myers. S.C. (1984) "The Capital Structure Puzzle", The Journal of Finance 39 : 575-592.

NIRI (2004) "Standards of Practice for Investor Relations".

Ohlson, J.A. (2001) "Earnings, Book Values, and Dividends in Equity Valuation : An Empirical Perspective", Contemporary Accounting Research 18(1) : 107-120.

Panella and Zochowski (2021) "Uses and Applications of Impact-Weighted Accounts", Harvard Business School Impact Weighted Accounts.

Porter, M.E. and Kramer, M.R (2011) "Creating Shared Value", Harvard Business Review (6) : 8-31.

Rahman, A. and Varghese, V. (2023) Would adopting the "Yanagi Model" be Japan's path to building an ESG friendly economy?, Green and Low-Carbon Economy, October 2023.

Serafeim, G. and Trinh, K. (2020) A framework for product impact-weighted accounts, Harvard Business School Accounting & Management Unit Working Paper, (20-076).

Stark, A.W. and Thomas, H.M. (1998) "On the Empirical Relationship between Market Value Residual Income in the UK", Management Accounting Research (9) : 445-460.

Stewart, S. (1991) "The Quest for Value", Stern Stewart & Co..

Stone, C.M., Kastner, R., Steinmann, P., Chitnis, N., Tanner, M. and Tediosi, F. (2016) Modelling the health impact and cost-effectiveness of lymphatic filariasis eradication under varying levels of mass drug administration scale-up and geographic coverage, BMJ Global Health, 1(1), p.e000021.

Turner, H.C., Bettis, A.A., Chu, B.K., McFarland, D.A., Hooper, P.J., Ottesen, E.A. and Bradley, M.H. (2016) The health and economic benefits of the global programme to eliminate lymphatic filariasis (2000-2014), Infectious diseases of poverty, 5(04), pp.26-44.

Yanagi, R. (2018a) "Value proposition of integrated reporting and the price-book ratio model : Evidence from Japan", IIRC.

Yanagi, R. (2018b) "Corporate Governance and Value Creation in Japan", Springer.

Yanagi, R. and Michels-Kim, N. (2018) "Integrating Nonfinancials to Create value". Strategic Finance : 2018(1).

Yanagi, R. and Michels-Kim, N. (2021) "Eisai's ESG Investments". Strategic Finance (IMA) : 2021(5).

Zhu, F. (2014) "Corporate governance and the cost of capital : An international study", International Review of Finance 14(3) : 393-429.

索　　引

あ

や

ら

わ

《著者紹介》

柳 良 平（やなぎ りょうへい）

博士（経済学）京都大学
早稲田大学大学院会計研究科 客員教授
アビームコンサルティング株式会社 エグゼクティブアドバイザー
M&G インベストメンツジャパン株式会社 副社長

公職として東京証券取引所上場制度整備懇談会委員，G7インパクト・タスクフォース2021
委員等を務める。
職歴としては，銀行支店長，メーカーIR・財務部長，UBS証券エグゼクティブディレク
ター，エーザイ専務執行役CFO等を経て現職。早稲田大学客員教授として10年以上大学院
で教壇に立つ。2022年9月より早稲田大学「会計ESG講座」の共同責任者を務める。Institutional Investor誌の2022年機関投資家投票でヘルスケアセクターのThe Best CFO第1
位（5回目）に選出。米国公認管理会計士（US CMA），米国公認財務管理士（US CFM）。

【主 著】

英文単著に"Corporate Governance and Value Creation in Japan"（Springer社），和文
単著に『ROE革命の財務戦略』，『管理会計の改善マニュアル』（以上，中央経済社），『企業
価値最大化の財務戦略』，『日本型脱予算経営』（以上，同友館），共著に『企業価値評価改
善のための財務・IR&SR戦略』，『コーポレート・ファイナンスの実務』（以上，中央経済
社），『ROEを超える企業価値創造』，『企業価値向上のための財務会計リテラシー』（以上，
日本経済新聞出版社），編著に『ROE経営と見えない価値』（中央経済社）がある。

CFOポリシー：財務・非財務戦略による価値創造〈第3版〉

2020年1月10日　第1版第1刷発行
2021年4月25日　第1版第9刷発行
2021年9月1日　第2版第1刷発行
2022年9月20日　第2版第3刷発行
2023年4月1日　第3版第1刷発行
2024年8月25日　第3版第4刷発行

著　者　柳　　　良　　平
発行者　山　本　　　継
発行所　㈱中央経済社
発売元　㈱中央経済グループ
　　　　パブリッシング

〒101-0051　東京都千代田区神田神保町1-35
電話 03（3293）3371（編集代表）
　　 03（3293）3381（営業代表）
https://www.chuokeizai.co.jp
印刷／昭和情報プロセス㈱
製本／侑 井 上 製 本 所

© Ryohei Yanagi, 2023

■最新の監査諸基準・報告書・法令を収録■

監査法規集

中央経済社編

本法規集は，企業会計審議会より公表された監査基準をはじめとする諸基準，日本公認会計士協会より公表された各種監査基準委員会報告書・実務指針等，および関係法令等を体系的に整理して編集したものである。監査論の学習・研究用に，また公認会計士や企業等の監査実務に役立つ1冊。

《主要内容》

企業会計審議会編＝監査基準／不正リスク対応基準／中間監査基準／四半期レビュー基準／品質管理基準／保証業務の枠組みに関する意見書／内部統制基準・実施基準

会計士協会委員会報告＝会則／倫理規則／監査事務所における品質管理　《**監査基準委員会報告書**》監査報告書の体系・用語／総括的な目的／監査業務の品質管理／監査調書／監査における不正／監査における法令の検討／監査役等とのコミュニケーション／監査計画／重要な虚偽表示リスク／監査計画・実施の重要性／評価リスクに対する監査手続／虚偽表示の評価／監査証拠／特定項目の監査証拠／確認／分析的手続／監査サンプリング／見積りの監査／後発事象／継続企業／経営者確認書／専門家の利用／意見の形成と監査報告／除外事項付意見　他《**監査・保証実務委員会報告**》継続企業の開示／後発事象／会計方針の変更／内部統制監査／四半期レビュー実務指針／監査報告書の文例

関係法令編＝会社法・同施行規則・同計算規則／金商法・同施行令／監査証明府令・同ガイドライン／内部統制府令・同ガイドライン／公認会計士法・同施行令・同施行規則

法改正解釈指針編＝大会社等監査における単独監査の禁止／非監査証明業務／規制対象範囲／ローテーション／就職制限又は公認会計士・監査法人の業務制限